偉人名言迷言事典

真山知幸 著

笠間書院

まえがき

人からある言葉を投げかけられることで、勇気づけられたり、逆に、落ち込んでしまったりする。その言葉と出会う前後で、自分を取り巻く具体的な状況は、何一つ変わっていないとしても、である。

言葉とは、物事のとらえ方そのものだ。そのなかでも、人生の景色を一変させてしまう力を持つのが、「名言」と呼ばれるものである。

本書では、古今東西で活躍した偉人たちの名言を収載している。偉人たちが困難に直面したときに、どんなふうに物事をとらえ、いかに壁を乗り越えてきたのか。それを知ることは、現代に生きる私たちにとっても、大きな武器になることだろう。

もちろん、名言のみでも十分、価値のあるものだが、実のところ、名言だけでは人物像がなかなか見えてこないのが、偉人が偉人と呼ばれるゆえんである。

というのも、歴史に名を刻む偉人たちは、その余人に代えがたい功績を残す一方で、私生活ではトラブルの絶えない問題児であることが少なくない。社会性も欠如しがちだ。

幼少期を紐解いてみたならば、むしろ劣等生のほうが多いくらいである。類まれな才能と強烈な個性を持つがゆえに、偉人たちは、みな人生に生きづらさを抱えていたといってよい。

また、生まれながらに不幸な境遇を持つ偉人も多くいる。逆境のなかで、世界を変える才能が育まれるからかもしれない。過酷な前半生と実りある後半生では、別世界のような偉人も珍しくはない。

本書では、名言だけではなく、偉人らしからぬ泣き言や愚痴などの「迷言」も取り上げている。偉人ごとに「名言」と「迷言」の両方を収載するという、奇妙な事典となった。おそらく世界で初めての試みではないだろうか。

人の心はいつだってリバーシブルだ。光もあれば影もあり、また、表もあれば裏もある。その人物の迷言を知ることで、名言がより深く心に響くこともあれば、思わぬ嘆きに共感して、偉人の存在がより身近になるに違いない。

思いどおりにいかないことのほうが多いのが人生である。それでもめげずに楽しんで日々を送るために、物事に光をあてる「名言」と、人間の弱さや人生の理不尽さから出た「迷言」がともに心の処方箋となることだろう。

なお、人物は順不同だが、巻末の索引で人物別、職業別、名言迷言別に探すことができる。気になった偉人の名言、迷言からお楽しみいただければと思う。

真山知幸

目次

索引

偉人名言迷言事典

No. **01**

Albert Einstein

アルベルト・アインシュタイン

1879年～1955年。ドイツのウルム市生まれ。理論物理学者。1921年、光量子仮説に基づく光電効果の理論的解明でノーベル物理学賞を受賞。「特殊相対性理論」「相対性理論」などを発表し、世界に名を馳せた。「20世紀最大の天才」「現代物理学の父」とも呼ばれる。

「天才」の代名詞的存在であるアルベルト・アインシュタインだが、頭脳明晰《めいせき》なそぶりは幼年時代には全く見られなかった。そもそも話し出すのが遅く、両親はひどく心配した。医師にも相談したようで、その時期については、アインシュタイン自身が「3つにはなっていたのは間違いありません」[1]と言っている。

小学生になっても口数が少なく、子どもらしく外を駆け回るようなこともなかった。息子の将来を危惧した両親が雇った家庭教師からは「のらくら神父さん」[2]とひどいあだ名をつけられていた。身体が疲れるような遊びは一切しない子どもだったという。

かといって、成績が抜群によかったというわけでもない。国語と算数は比較的出来がよかったものの、外国語と歴史の成績が悪かった。授業でもやる気がなかったようで、教師に叱責《しっせき》されている。

「きみの、授業中のぼやっとした馬鹿みたいな態度が、みんなの規律を乱し、クラスの評判をおとしているのがわからんのか」[2]

アインシュタインは歴史が好きではなかったことは認めながらも「科目そのものより教授法が問題だった」[1]と教育者の教え方に疑問を呈している。

学校教育の枠組みでは評価されなかったアインシュタイン。学校のシステム自体に強い不信感を持っており、それはこの言葉に凝縮されている。

名

「学校が制裁や権威をふりかざして教育を行うのは許されない。生徒の素直な気持ちと自信を失わせ、卑屈な人間にしてしまうからである」[2]

ならば、学校で散々な劣等生のレッテルを貼られながらも、アインシュタインが卑屈な人間にならなかったのはなぜだろうか。それは、運動嫌いで傍《はた》からはぼんやり

[1] アリス・カラプリス編、林一訳、林大訳『アインシュタインは語る』大月書店
[2] ゲルハルト・プラウゼ著、丸山匠訳、加藤慶二訳『天才の通信簿』講談社

しているように見えたかもしれないが、脳の中では、自分の宇宙を獲得していたからにほかならない。

5歳のときに病気で寝ていると、父が小さな羅針盤をくれた。アインシュタインは、その針の動きの背後にある、人間が持つものよりはるかに偉大な力に思いを馳せて、夢中になり羅針盤を眺めたという。また、12歳でユークリッド平面幾何学の本に心をわしづかみにされ、13歳のときには、ルードヴィヒ・ビュヒナーの『力と物質』をむさぼるように読んだ。

「12歳から16歳の間に、微積分学の諸原理を含む数学の初歩を学んだ」[3]。自身の独学についてそう述べていることから、そもそも学校教育の枠外でアインシュタインは散歩を楽しむように、学問に従事していたのだ。

そのせいか、アインシュタインは緻密な計算力ではなく直感力に秀でており、研究者になってからも、しばしば計算ミスが見られたという。それでありながら、高度な計算では確実に答えにたどり着いた。その理由について、アインシュタインはこう答えている。

迷

「鼻が利くんだ」[4]

天才らしい言葉ではあるが、これでは、まるでわからない。「才能を両親のどちらから受け継いだと思うか」という質問に対する答えのほうが、まだクリアだ。

名

「私には特別な才能などありません。ただ好奇心が激しく強いだけです」[1]

己の感性と好奇心で難問に挑んだアインシュタインは、大学でも授業をサボりがちで、教授から何かと目をつけられて、やはり苦言を呈されていた。

「君は頭がいいんだが、困ったことに大きな欠点がひとつある。なにしろ何を言われようと聞く耳を持たないんだから」[5]

教授と関係性が悪かったため、助手にもなれず、ほかの大学に求職するも結果は振るわない。実家からの就職へのプレッシャーが日に日に増すなか、恋人のミレヴァからは妊娠を告げられ、いよいよ追い詰められてきたらしい。教授陣への愚痴も過激になっている。

[3] C・ゼーリッヒ著、広重徹訳『新訳版　アインシュタインの生涯』東京図書
[4] 山口智司著『トンデモ偉人伝　天才編』彩図社
[5] ロジャー・ハイフィールド著、ポール・カーター著、古賀弥生訳『裸のアインシュタイン─女も宇宙も愛しぬいた男の大爆発』徳間書店

迷

「ほんとにひどいよ、あの老いぼれ俗物連中が同類じゃない人間の邪魔をすることといったら」[5]

アインシュタインは友人の伝手《つて》を頼って、なんとか特許庁に職を得ることとなった。この時点で世間的にはまるで評価されていなかったことになる。

だが、労働時間が決まっている特許庁で働いたことで、空いた時間に、自分の論文に取り組むことができた。むしろ、助手として教授の研究を手伝うよりも、はるかに自分らしい時間を持てたのである。

そもそもアインシュタインはどんな環境でも、自分の思索を深められた。友人から「待ち合わせの時間に間に合わないかもしれない」と告げられたときに「待つことは全くかまわない」として、こう答えている。

名

「どうして僕の問題を考えるのに、家よりポツダムの橋の上のほうがやりにくいことがあるんだね？」[6][7]

1919年、ロンドンのタイムス紙が「ニュートンの理論くつがえされる」[5]とアインシュタインの発見を取り上げると、その日を境に、世界中のマスコミから注目されるようになる。成功などというものはいい加減なものだとアインシュタインは実感したことだろう。

名

「成功した人間になろうとするな。むしろ、価値のある人間になろうとせよ」[1]

事実、彼を取り巻く世界の認識が「落ちこぼれ」から「天才物理学者」へと急速に変わっていただけで、アインシュタインはアインシュタインのまま。相変わらず、宇宙の法則への好奇心以外は何も持ち合わせてはいない。

かつて受験したときは不合格にされたチューリッヒ連邦工科大学で教授を務めることができたが、教壇に上るアインシュタインの背広はいつもくしゃくしゃで擦り切れており、髭もめったに剃らなかった。食生活にも関心はなく、食べたい時間に好きな物だけを自由に食べて、タバコを吸い、睡眠も不規則だった。お菓子の包み紙があれば、いきなりそこに計算し始める始末だった。

[6] デニス・オーヴァーバイ著、中島健訳『アインシュタインの恋』青土社
[7] Philipp Frank . Einstein: His Life And Times. Da Capo Press.

あるとき、プリンストン高等研究所の学部長秘書のところに、アインシュタインの住所を尋ねる電話があった。当然、勝手に教えることはできない。そう断ると、電話の主はしばし沈黙して、悲しげにこう言ったという。

迷

「それは困った。実はそのアインシュタインが、私なんです。家がどこだったか、わからなくなってしまったんですよ」[8]

常識的な生活ができないアインシュタインは、最初の妻であるミレヴァと離婚。すでに義姉のエルザと不倫関係にあったため、早く離婚するために「ノーベル物理学賞の賞金で妻と子を養う」[5]という条件を出して双方は合意。宣言どおりにノーベル賞を獲ってしまう。

アインシュタインは離婚から約4カ月後にエルザと再婚するが、書斎に立ち入らせず、寝室は別々。結局、外で浮気を繰り返し、その相手ともわずらわしい関係になることは避けていた。エルザにはこんな手紙を出すほど入れ込んでいたのは何だったのか。結婚生活もまたアインシュタインにとって社会生活と同様に難事業だった。

名

「ぼくは誰かを愛さなくてはいけないのです。そうでなくてはみじめです。そして、その誰かとは、あなたです」[5]

迷

「結婚とは、偶然の結果を長続きさせようとする、成功の見込みのない企てです。結婚はすべて危険です」[5]

結局のところ、アインシュタインには仕事しかなかった。あらゆるほかの欲求、例えば、食欲も睡眠欲も性欲も、アインシュタインには、効率よく解消するものでしかなかったのだろう。真理の探究という大仕事のみが、アインシュタインを明日へと突き動かしたのだった。

名

「真理を目指す努力は、ほかのどんな努力よりも先におこなわなければならない」[1]

[8] 稲永和豊著『知的巨人たちの晩年』講談社
[9] 矢野健太郎著『アインシュタイン』講談社学術文庫

No. **02**

ナポレオン・ボナパルト

Napoleon Bonaparte

1769年〜1821年。フランスのコルシカ島生まれ。軍の司令官としてオーストリア軍に連勝。35歳でフランス第一帝政の皇帝となった。中部ヨーロッパを制覇するが、ロシア遠征に失敗し退位。翌年パリに戻り、再度帝位につくもワーテルローの戦いに敗れ、島流しにされる。

「英雄」の代名詞的人物、ナポレオン・ボナパルト。有名な「余の辞書に不可能の文字はない」という名言は、残念ながら、ナポレオンが言ったという確証がない。だが、その言葉にふさわしいほどの立身出世を遂げたことは確かである。

コルシカ島という小さな島に生まれたナポレオンは、フランス語をうまく話すことができず、小学校ではクラスメートにからかわれてばかり。友達も作れずに、英雄たちの伝記や、軍事にまつわる本を読みあさった。孤独な読書経験は、のちに戦地で活かされることになる。

また、軍人になるための学校では砲兵科へ進学。大砲を運ぶという、ひときわ地味な科を選んだ。この選択も、戦争で大砲を効果的に取り入れるための下地となった。

英雄らしからぬ、暗い青春時代を過ごしたナポレオンだが、その刃《やいば》を研ぐには十分な期間となったようだ。徐々に頭角を現していく。

24歳のときに、トゥーロンの戦いで指揮官としてイギリス軍を撃退。さらに王党派の反乱を鎮圧することに成功し、26歳でイタリア遠征軍総司令官に任命された。

その翌年には、こんな檄《げき》を飛ばして、部下たちの士気を上げた。

名

「皆が故郷の村に帰還して《オレはイタリア遠征軍に加わっていたのだぜ！》と誇らかにいえるようになりたいと念じている。戦友よ、私は諸君にこの征服を約束する」〔1〕

この戦に勝利すれば、どんなよいことが待っているのか。また、どんな自分になれるのかを、具体的にイメージさせているのが、何とも巧みである。

ナポレオンには目の前にいる兵士たちだけではなく、その後ろにいる家族や友人の姿も見えていたのだろう。

〔1〕オクターヴ・オブリ編、大塚幸男訳『ナポレオン言行録』岩波文庫

また、師団長など年上の兵が多かったこともナポレオンを大きく成長させた。

名

「私よりずっと年長の部下たちを指揮するには、甚だしい遠慮と同時に、極度に厳しい態度が必要であり不可欠であった」[2]

実践を通してリーダーシップを学ぶ姿は20代とは思えないが、ちょうど同じ時期に妻のジョゼフィーヌへと宛てた手紙は何とも若者らしく、苦悶に満ちている。

いつかジョゼフィーヌが自分に興味がなくなるのではないか、とこんな嘆きを綴った。

迷

「いつか、君は私をもはや愛さなくなるのだろう、それならそうといっておくれ」[1]

迷

「もしも君が死んだら、私もすぐに死ぬだろう、絶望し憔悴《しょうすい》し果てて」[1]

微笑ましい文面だが、ジョゼフィーヌから返事が来ないと、だんだんと文面はエスカレートしていく。

迷

「私はもはや君を全く愛しない、それどころか、君を憎む。君は卑しく、いかにも無器用で、いかにも馬鹿で、いかにもきたならしい」[1]

迷

「君は一向に手紙をくれない、君は夫を愛していない、君は君の手紙が夫を喜ばせることを知っているくせに、なぐり書きのわずか六行から成る手紙さえ出そうとはしないのだね！」[1]

この剣幕だと、仮にジョゼフィーヌが「なぐり書きのわずか六行から成る手紙」を出したところで、腹を立てるとしか思えないが、なぜジョゼフィーヌは、ナポレオンに返事を出さなかったのだろうか。

ナポレオンが手紙を出しすぎて、返事を書く間がなかったというのはあるだろう。なにしろ、多いときは1日に4通も妻に手紙を書いたというから、尋常ではない。

［2］長塚隆二著『不可能を可能にする ナポレオン語録』日本教文社

また、ナポレオンはひどく悪筆だった。判読に時間がかかり、返事が書けなかったのかもしれない。

しかし、一番の理由は、ナポレオンが遠征でいないことをよいことに、ジョゼフィーヌは浮気を繰り返していたからだろう。夫に手紙の返事を出す暇があれば、魅力的な男性との時間を過ごしたい。ジョゼフィーヌはそんな奔放な女性だった。

ナポレオンもそのことをよく知っていた。離れていれば、不安になるのもわからなくはない。

迷

「あなたの時間を独占しあなたの日々を思いのままに動かして、夫のことにかかずらう暇をあなたに与えないその素敵な、新しい愛人はいったい誰なのですか？　ジョゼフィーヌさん、気をつけられるがよい、一夜、戸を蹴破って、私が闖入《ちんにゅう》するかも知れませんよ」[1]

ここまで来ると気の毒にもなるが、ジョゼフィーヌの浮気を止めようにも止められないほど、ナポレオンが多忙だったのもまた事実である。

ヨーロッパ諸国との戦争で、連戦連勝を飾ったナポレオン。ついに皇帝にまで上りつめると、独裁者としての顔を見せることになる。

議会のなかでも、自分に反対することが多い、護民院を弾圧。夜会や舞踏会など旧態依然とした風習を復活させたほか、警察を使い、国民を徹底的に監視した。

さらに将軍や御用商人を新たに貴族として身分を与えて、特権階級を作り出すなど、「自由と平等」という革命の理念などそっちのけである。全国民の能力・欠点・資産を表にまとめる計画もあったというから、驚くばかりだ。もちろん、新聞や出版などマスコミを厳しく規制したことは言うまでもない。

もはやナポレオンは、民衆を支配することしか考えていなかったようだ。こんな傲慢《ごうまん》な言葉を残している。

迷

「世の中には、命令する者と従う者の二通りの人間しか居ない」[3]

ヨーロッパの半分近くを手に入れ、絶頂期を迎えたナ

［3］城山三郎著『彼も人の子 ナポレオン―統率者の内側』講談社文庫

ポレオン。子どもができないことから、あれだけ執着していたジョゼフィーヌと離婚して、オーストリア皇女マリー・ルイーズと再婚を果たす。翌年ナポレオン2世が生まれると、早速ローマ王にしている。わが世の春、とはこのことだろう。

ただ、ジョゼフィーヌとの友情は、離婚後も続いたようだ。夫婦というかたちにとらわれない絆が二人の間にはあったのだろう。

しかし、急上昇して得た地位は、また没落するスピードも速いものである。ロシア遠征に失敗してからは、敗戦が続き、勢いを失っていく。

もともとナポレオンは、用いる武器は銃も大砲も旧式で、その使い方もフランス革命時のままと、何ら新鮮味はなかった。それでもナポレオンが戦上手だったのは、兵力を集中させて、敵の分散した部隊を一つずつ、つぶしていくことに長《た》けていたからだ。だが、その戦法は広い戦場では不向きだった。

さらに、ベテランの古参兵から若い兵隊に移り変わっていくなかで、戦力は衰えていく。ナポレオンができたのは、せいぜい大砲の数を増やすことくらいだった。

迷

「軍の質が低下しているからこそ、より多くの大砲が必要だ」[4]

ワーテルローの戦いで敗戦すると、完全に実権を失い、セントヘレナ島に幽閉されている。没落のなかで、ナポレオンは何度もこう叫んだという。

迷

「崇高なるものから笑うべきものに至るのは、ただの一歩だ！」[5]

それでも復権の望みを捨てず、島から諸国の王侯に手紙を書くが、なしのつぶてで無視されている。オーストリア皇帝にも手紙を出したが、反応はなかった。

だが、最もつらいことは別にあった。島で2年半を過ごし、50歳を迎えたときに、ナポレオンはこう嘆いた。

迷

「あらゆる不自由のうちでも最悪なのは、妻子と離れればなれに暮らさなければならないことだ」[6]

[4] ロジェ・デュフレス著、安達正勝訳『ナポレオンの生涯』文庫クセジュ
[5] フリードリッヒ・ジーブルク編、金森誠也訳『ナポレオン大いに語る』PHP研究所
[6] ゲルハルト・プラウゼ著、畔上司訳、赤根洋子訳『年代別エピソードで描く 天才たちの私生活』文春文庫

家族への思いを抱えたまま、ナポレオンは51歳で死去。死ぬ直前に、こんな願いを側近に託した。

迷

「自分が死んだら体から心臓を取り出し、アルコール漬けにして、妻のもとに届けてほしい」[6]

だが、妻のルイーズはこれを拒絶。ナポレオンが島流しにされてから、ルイーズは別の男性と一緒に暮らし、二人の子を出産していた。島にいたナポレオンはそのことを知らずに亡くなっている。

民衆の英雄から、皇帝にまで上りつめたかと思えば、崖から転げ落ちるように転落したナポレオン。ジェットコースターのような人生だが、それこそがナポレオンの選んだ生き方だった。

名

「野心こそ人間の主要な原動力である」[2]

女性にも振り回され気味だったが、そんな人間臭い部分もまた、英雄として好意的に語り継がれている理由かもしれない。

ナポレオン自身は、後世に名を残すことに自覚的だった。画家のジャック・ルイ・ダヴィッドに肖像画を描いてもらうとき、ポーズをとることを拒否して、こんなことを言っている。

名

「偉人たちの肖像が似ているかどうか気にする者などいないから、ただ偉人の精神がそこに息づいていればよいのだ」[7]

そんなリクエストのもとに完成したのが、ナポレオンが白馬にまたがった、躍動感あふれる肖像画である。

歴史に名を刻むことこそが、ナポレオンは自分の宿命だと考えていた。

「自分の存在のあとを残さないくらいなら、生きない方がましであろう」[2]

その強い思いが叶い、ナポレオンは革命家の象徴として、現在でもなお語り継がれている。

[7] 鈴木杜幾子著『画家たちのフランス革命 王党派ヴィジェ＝ルブランと革命派ダヴィッド』角川選書

No. 03

Thomas Edison

トーマス・エジソン

1847年～1931年。アメリカ合衆国のオハイオ州生まれ。小学校中退。電球や蓄音機をはじめ、生涯約1300もの発明をした「発明王」。映画撮影機であるキネトグラフや、映画を観る機械であるキネトスコープを発明したことから「映画の父」とも呼ばれている。

「発明王」として世界で名高いトーマス・エジソン。日本と深いかかわりを持つことでも知られている。

エジソンが白熱電球を改良するときに苦心したのが、フィラメントの素材だ。フィラメントとは、電球や電子管の中で電気を流して、光や熱電子を放出する細い発熱体のこと。エジソンはどの素材がフィラメントに適しているのか、いろいろと試してみた。

象の皮、鯨のひげ、亀の甲羅、馬の毛、人間の髪の毛、トウモロコシ、葦《あし》、紙、麻、綿糸……その数は、実に6000種類以上にも上った。

そのなかでも、エジソンは「竹」に着目。世界中から1200もの竹を集めて調査したところ、京都の八幡市内の里山の竹が、最も長く明かりを灯すと突き止めた。

エジソンは京都から竹を大量に輸入し、安定して長く点灯する白熱電球の改良に成功したのである。

その後、京都府八幡市の石清水八幡宮には、エジソン記念碑が建てられた。神社では合格祈願の「エジソン絵馬」が販売されており、今でも日本有数のエジソンスポットとなっている。

試行錯誤して、白熱電球の改良に成功したエジソン。実験が思いどおりにいかずに現場が意気消沈すると、こう檄《げき》を飛ばした。

名

「バカ、それは失敗じゃない、一つ一つ、うまくゆかない方法を確認したんだ。そいつが重なっていつか成功する。あきらめることが失敗なんだ」［1］

成功するまで諦めずに継続する――。

そんなエジソンの姿勢は「努力家」として解釈されやすい。次の名言が独り歩きしている影響も大きいようだ。

「天才とは、99％の努力と1％のひらめきである」

エジソンが新聞社からのインタビューに答えたとされ

［1］幸田ヘンリー著『天才エジソンの秘密　母が教えた7つのルール』講談社

るこの言葉は、多くの人の心に響いた。あの天才すら「努力こそが重要だ」と言っているじゃないか、と。

だが、その反響の大きさに戸惑ったのは、ほかならぬエジソン自身だった。自分の言葉の真意がまるで伝わっていないと嘆いている。

名

「99%の汗ばかり強調されている……99%の汗が実るのは、1%の閃《ひらめ》きを大切にしたときなのだ」［2］

エジソンは少年時代から好奇心が強く、いたずらばかりしては両親を困らせた。運河で溺れかけたこともあれば、穀物倉庫に落ちて窒息しそうになったこともある。父親の納屋に火をつけたときは大騒ぎになり、温厚な父が町の広場で息子をムチ打ったほどだった。

一体なぜ、そんなことをしたのか。6歳のエジソンはこう釈明した。

迷

「火がどんなことをするか見たくて」［3］

いたずら好きは小学校にあがってもエスカレートするばかりで、教師も手に余っていたらしい。

ある日、教師が「頭が腐っている」と陰口を叩いていたのを、エジソンは立ち聞きしてしまう。帰って母のナンシーに打ち明けたところ、激怒したナンシーは「自分が教える」と宣言。エジソンは小学校を中退することになった。エジソンが学校に通ったのは、合計してせいぜい2、3カ月といわれている。12歳から働きに出たエジソンは「小学校中退」が最終学歴となる。

ナンシーの家庭学習のもと、エジソンは科学と読書に打ち込んだ。なかでも夢中になったのが初歩的な科学の教本で、載っていた実験はすべて自分で試してみた。母の英断に、エジソンはこう感謝している。

名

「私をつくりあげたのは母だった。母は私を理解し、私の性質が向いているほうへと進ませてくれた」［2］

幼少期から実験を繰り返して自ら学んだエジソンが「ひらめきより努力が大事」などと言うはずがなかった。

だが、その一方で、エジソンは「ひらめき」も特別なものだとは考えていなかった。82歳の誕生日に記者会見

［2］浜田和幸著『快人エジソン』日本経済新聞社
［3］オーウェン・ギンガリッチ編、ジーン・アデア著、近藤隆文訳『エジソン―電気の時代の幕を開ける』大月書店

を開くと、名言の真意を丁寧に説明している。

名

「生まれたての頭脳ほどリトル・ピープルにとって住みやすい場所はない。つまり、年が若いほど、自分の脳に宿っているリトル・ピープルの声に素直に耳を傾けることができるのである。大人になってからでは至難の業になるが、それでも何とか1パーセントのひらめきと99パーセントの努力があれば不可能ではない」[1]

「リトル・ピープル」とは妖精のこと。子どもの頃は誰もが持つ自由な好奇心が、大人になっていくにつれて失われてしまう。それでも、努力をすれば、大人になってからでも、子どものような天才的なひらめきが可能だとエジソンは考えていたのである。

確かにエジソンは発明家として名を馳せてからも、良くも悪くも子どものようなところがあった。

金銭感覚はまるでなく、収入があれば次の実験につぎ込んでしまう。機材も次々に発注して、請求書が来れば、とりあえず半額は払い、残りは手元次第で支払うという、斬新な支払い方法を一方的に行っていた。

当然、債権者が借金の取り立てに来ることになるが、エジソンはこう開き直っていた。

迷

「自分は発明家だ。金のことなんか頭にない。もし金策に頭を使うようになれば半年で気がおかしくなるか死んでしまう。それでいいのか」[1]

めちゃくちゃな言い分だが、借金取りを強引に言いくるめて追い出してしまうと、研究所の従業員にエジソンは、こう呼びかけた。

迷

「金のことをごちゃごちゃ言うのは脳の足らない資本主義者の戯言《たわごと》だ。いちいち気にすることはない」[1]

従業員からすれば大変不安になる勤務先だが、案の定、給与の支払いも遅れがちだった。そのうえ、勤務時間も不規則で、ろくに睡眠時間もとれなかったという。
いくら憧れのエジソンと働けるとはいえ、これでは身が持たないと、ある研究員が就業規則について聞くと、こんな答えが返ってきた。

迷

「ここには規則なんてものはねえんだ！ 何かつくりゃあいいんだよ！」[4]

ブラック企業以外の何物でもないが、努力を努力とも思わないトップについていく研究員たちも、さぞ苦労したことだろう。
私生活でも自分流を貫いて、糖尿病を患っても医者の言うことに耳を貸さず、好きな物を食べた。心配した友人に忠告されると、エジソンはこう弁明している。

迷

「医者の言うことを鵜《う》呑《の》みにしてはいくら身体があっても足らないよ」[2]

他言無用とばかりにわが道を行くエジソン。それでも周囲に人が集まり続けたのは、いつもポジティブで、そばにいるだけで元気がもらえたからに違いない。

逆境に強かったエジソンは、自身の耳が不自由なことすらも、「決してハンディキャップとは思えない」として、ポジティブな面をいくつも挙げている。

名

「13歳で耳が全く不自由になってしまったからこそ、子供には難解な文学作品や化学や物理の技術書までも集中して読めたのだ」[2]

名

「自分は耳が不自由であるからこそ、蓄音機の完成に精魂を傾けた。また、電話機を本当に使えるように改良できたのも、耳が聞こえないからできたことだと自負している」[2]

名

「婚約者を口説く時に普通より相手のそばに近づくことができた。結婚してからは、嫌なことを聞かなくてもすんだ」[2]

〔4〕アンドレ・ミラード著、橋本毅彦訳『エジソン発明会社の没落』朝日新聞社

67歳のときに、大火事で工場が全焼したときですらも、エジソンはへこたれることなく、かえって奮起した。

名

「自分はまだ67歳でしかない。明日から早速、ゼロからやり直す覚悟だ」[2]

ポジティブなエジソンにかかれば、頭のフケさえも違った意味を持つ。エジソンは風呂嫌いだったため、いつも頭がフケだらけだったが、こんな持論を得意げに語っている。

迷

「フケは頭を働かせた結果生まれる排泄物である。読書をし頭を使えば使うほどフケの量は増える。よってフケは脳力のバロメーターである」[2]

この底抜けの明るさは、エジソンが人生において、やりたいことをひたすらやり続けたからだろう。

名

「人間は、しょせん自分の好きなことしかやらない。好きなことさえやらせておけば、やめろといってもやめない」[2]

自由奔放に思索を巡らせて、いくつものアイデアを実現させたエジソン。目指していたのはいつでも、子ども時代の自分だった。

名

「この世で最も素晴らしい発明は幼い子供の素直な心だ」[2]

エジソンは、晩年は車椅子になっても実験を続け、84歳まで生涯現役を貫いている。

No. 04

Yukichi Fukuzawa

福澤諭吉

1835年～1901年。中津藩士の子として大坂に生まれた。緒方洪庵の塾で蘭学を、独学で英語を学び、幕府の遣外使節団に随行して欧米に3回渡った。明治維新後は政府に仕えずに、慶應義塾での教育と国民啓蒙のための執筆に励んだ。著書に『学問のすゝめ』など。

福沢諭吉は慶應義塾大学の創立者として知られるが、大ベストセラー作家としても歴史に名を刻んだ。1872（明治5）年に初編が出版された『学問のすゝめ』のことである。

『学問のすゝめ』はもともと故郷の中津に洋学校（中津市学校）を開学するにあたって、同郷の友人に学問の趣意を綴ったもので、初版は全国に10例程度しか見つかっていない。すると、読んだ人から「この冊子を中津の人だけではなく、広く世間に知らしめたほうがよい」と勧められた。

そこで印刷して出版したところ、17編まで合わせて340万部という空前の大ベストセラーになったのだから、わからないものである。

名

冒頭の警句は、時代を超えて引用され続けている。

「天は人の上に人を造らず人の下に人を造らず」[1]

誤解してはいけないのが、これは「人間みな平等である」という人権的なメッセージではないということ。この言葉には続きがある。

名

「されども今、広くこの人間世界を見渡すに、かしこき人あり、おろかなる人あり、貧しきもあり、富めるもあり、貴人もあり、下人もありて、その有様雲と泥との相違あるに似たるは何ぞや。その次第甚だ明らかなり。『実語教』に、人学ばざれば智なし、智なき者は愚人なりとあり。されば賢人と愚人との別は、学ぶと学ばざるとによりてできるものなり」[1]

[1] 福沢諭吉著『学問のすゝめ』講談社学術文庫

本来、人間には上下がないはずなのに、実際には金持ちもいれば貧乏人もいるし、高貴な者もいれば下人もいる。なぜなのか。それはひとえに学問をするかしないかの差である……諭吉はそう伝えている。まさしく『学問のすゝめ』の冒頭に適した名文といえるだろう。

ただし、諭吉はあくまでも学問は実用に生かすべきだと考えていた。『学問のすゝめ』においても、そのことは繰り返し説かれている。

名

「読書は学問の術なり、学問は事をなすの術なり」［1］

名

「学問の要は活用に在るのみ。活用なき学問は無学に等し」［1］

柔軟かつ合理的な思考を重視した諭吉らしい言葉だ。

のちに「憲政の神様」と称される尾崎行雄に対しても、諭吉は、極めて実用的なアドバイスをしている。尾崎は筆一本で生きていくことを決意し、諭吉に報告。諭吉にこれからのことを相談したかったのかもしれない。

だが、諭吉はその門出を祝うどころか、鼻毛を抜きながらこう浴びせかけた。

迷

「おミエーさんはだれに読ませるつもりで著述なんかするのかい」［2］

誰に向けて文章を書こうとしているのか――。諭吉の問いはもっともなのだが、いきなりケンカ腰で言われれば、尾崎も面白くはないだろう。ムッとして「識者に見せるため」と答えると、福沢は怒鳴りつけた。

迷

「馬鹿ものめ！　猿に見せるつもりで書け。おれなどはいつも猿に見せるつもりで書いているが、世の中はそれでちょうどいいのだ」［2］

あまりに口が悪くて内容が頭に入りづらいが、これも「大上段から書かない」という執筆のセオリーを、これから文筆業へと踏み出す尾崎に、わかりやすく伝えたのだろう。諭吉なりの激励だったかもしれないが、これ以降、尾崎が諭吉を訪ねることはなかったという。

そんな諭吉から大きな影響を受けた経営者がいる。戦

［2］三代史研究会著『明治・大正・昭和史 話のたね100』文春新書

後、電力の民営化を行い、「電力の鬼」と言われた松永安左ェ門だ。長崎県の壱岐島に生まれた松永は、諭吉の『学問のすゝめ』をむさぼるように読んだ。「人間の価値を決定するのは学問である」とする諭吉に感銘を受け、島から出て慶応義塾に入学しているくらいだ。

松永は、慶応義塾に入学してすぐに諭吉と出会っている。松永が校庭で出くわした教師に深く礼をしていると、後ろから諭吉に肩を叩かれて、こう声をかけられた。

迷

「この学校で先生というのは私くらいだが、それもお辞儀などしなくてもいい。会釈くらいで結構だ」[3]

諭吉の尊大さに松永も戸惑ったようだが、教育者でありながら「教師にお辞儀などしなくていい」と言い切ってしまうところが諭吉らしい。

合理的に割り切って些事《さじ》にくよくよせず、豪快に行動を起こす。その一方で「うまくいかなかったときのことを考えて手を打っておく」という慎重な一面もあった。

幼少期から故郷を出ることを切望していた諭吉は、同級生が按摩《あんま》で生計をなんとか立てているのを見て、「一文なしで飛び出しても、按摩ができれば生活できるな」と思い、按摩の技術を習得した。

また、慶応義塾を創立したときは、若き人材の育成に熱いエネルギーを燃やしながらも、一方では、いつつぶれても構わない、という心持ちでいるようにしていた。

名

「塾の盛衰に気をもむような馬鹿はせぬと、腹の底に極端の覚悟を定めて、塾を開いたその時から、何時でもこの塾をつぶしてしまうと始終考えているから、少しも怖いものはない」[2]

破天荒に振る舞いながらも、諭吉はいつも次のように戒めていたのである。

名

「すべて事の極端を想像して覚悟を定め、まさかの時に狼狽《ろうばい》せぬように後悔せぬように」[2]

極端な事態を想定しておけば、安心して物事に全力で打ち込める。諭吉の豪快さは繊細さの産物だった。

［3］水木楊著『爽やかなる熱情―電力王・松永安左ェ門の生涯』日本経済新聞出版
［4］福澤諭吉著『福翁自伝』講談社学術文庫

No. **05**

Wolfgang Amadeus Mozart

ヴォルフガング・アマデウス・モーツァルト

１７５６年～１７９１年。オーストリアのザルツブルク生まれ。父に連れられてヨーロッパ各地で宮廷音楽家として活躍。後年はウィーンに定住し、幅広いジャンルで名曲を残した。代表作に『プラハ交響曲』『フィガロの結婚』『魔笛』『レクイエム』など。作品数は７００曲以上。

紛れもない神童といってよいだろう。

モーツァルトに絶対音感があるとわかったのは、3歳のとき。以降、5歳でメヌエットを作曲し、さらに8歳で交響曲を書いている。

最初にその才能を認めたのが、音楽家の父レオポルトだ。わが子の神童ぶりを世に広めようと、父はモーツァルトをヨーロッパ各地に連れて行った。滞在先の各地でモーツァルトの音楽的才能は褒め称《たた》えられた。

輝かしい人生のスタートを切ったモーツァルトだが、その優雅な印象にはそぐわない手紙を、22歳のときに、19歳の従妹《いとこ》に宛てて書いている。

迷

「さあ、お休み。花壇の中でバリバリッとウンコしなさい。では、さよおなら。ありゃっ、お尻が火のように燃えてきたぞ！　こりゃ何事だ！　きっとウンコちゃんのお出ましだな？　そうだ、そうだ、ウンコちゃんだ」[1]

従妹の名はアンナ・テクラ・モーツァルト。通称「ベースレ」と呼ばれたことから、この手紙は「ベースレ書簡」として知られている。

下品な文言からモーツァルトの異常性も指摘されているが、当時のドイツにおいて、親しい仲で交わされる表現としては、それほど異例なことではなかったようだ。モーツァルトは母親にも、こんな歌を送って笑わせようとしている。

迷

「夜はオナラにこと欠かず天に響けと鳴りわたる。昨日来たのはオナラの王様、あなかぐわしや蜂蜜の匂い」[1]

[1] 高橋英郎著『モーツァルトの手紙』小学館

そんな快活なモーツァルトだったが、従妹に下品な手紙を出したほぼ同時期に、父に対しては、こんな暗い手紙を書いた。

迷 「幸福というものは、想像の中にだけあるものですから」[2]

この手紙は、故郷であるザルツブルクでの4年にわたる滞在を終えて、再び旅へ出て数カ月後に、父に宛てて綴ったもの。故郷の滞在は心休まる時間のはずだが、6歳からひたすら旅を続けたモーツァルトにとっては、むしろ苦痛であり、こう振り返っている。

「ザルツブルクは、ぼくの才能を生かせる場所ではありません。第一に、ここでは音楽家達が全く尊敬されていないからです。そして第二に、ここには人びとの聴く音楽がなく、劇場もオペラもないからです」[2]

だが、モーツァルトは「幸福などは想像のなかにしかない」と悲観しながらも、故郷で作曲に打ち込むことができたようだ。傑作として知られている作品の多くは、故郷で鬱々《うつうつ》としていた時期に着想したものである。

鬱屈した時期にかえって飛躍したモーツァルト。曲のアイデアが浮かびやすい瞬間についてこう語った。

名 「ありのままで、ひとりきりで、完全に自分らしくたのしい気分のとき」[3]

具体的には「馬車で旅行するとか、上等の食事をとって散歩しているとき」[3]。退屈な故郷では楽しい気分にはなれなかったようだが、一人きりの時間が増えたことで、創作がはかどったのかもしれない。

また、音楽家として名を馳せてからは、こんな逸話もある。

その日、モーツァルトは演奏者でなく、観客としてオペラ会場に紛れ込んだ。周囲に身分がバレると騒ぎになるためにお忍びだったが、第2ヴァイオリンがレの音のところをレ・シャープで演奏していることに気づくと、思わず叫んでしまった。

迷 「むちゃくちゃだ。レで弾かなくちゃだめだ！」[4]

演奏中にいきなり叫ぶほうがめちゃくちゃだが、3歳

[2] 中野雄著『モーツァルト　天才の秘密』文春新書
[3] ブルースター・ギースリン編、若林千鶴子訳『三十八人の天才たち　その創造過程』新樹社
[4] ピーター・J.デイヴィース著、川端博訳『人間モーツァルト―天才の病理学』JICC出版局

にして絶対音感を持つモーツァルトには、どうしても聞き逃すことができなかったのだろう。
　そんな幼少期から音楽漬けの生活を送ったモーツァルトだったが、気晴らしもしていた。子どもの頃から生涯にわたって熱中したカードゲームだ。なかには、ザルツブルク帝国内で禁止されていたカード賭博も含まれている。
　演奏家として、貴族や富裕層の自宅に出入りするため、どうしてもカードゲームに付き合う必要もあったが、モーツァルトの熱中ぶりは度を越えていた。34歳頃には、知人に次のような手紙を書き、借金を繰り返した。

迷

「せめて明朝までに2、300グルデンだけでもお貸しくださるようにお願いします。私の現状はどうしても借金せずにいられないほど困窮しています」［5］

　これだけ困窮したのは、30代になってから、モーツァルトの人気が衰えたことと無関係ではない。『ピアノ四重奏曲ト短調K478』は「難しすぎて演奏できない」と注文者から苦言を呈され、新境地への挑戦はことごとく大衆から支持を得られなかった。音楽会の申し込みがわずか1名のときもあったという。
　知人にこんな切迫した手紙も出している。

迷

「どんな額でも、今の私には助かります」［1］

　それでもモーツァルトは、35歳の若さで病魔に襲われ命を落とすまで病床でも作曲を続けた。未完に終わった『レクイエム』の総譜をベッドの上に広げたモーツァルトは、弟子にこう語りかけて涙ぐんだ。

名

「自分のためにレクイエムを書いていると言わなかったかい」［4］

　妻のゾフィーは、死の間際に、モーツァルトが、頬をふくらませていることに気づいた。それは『レクイエム』のトランペットと打楽器の演奏を真似たものだった。

［5］ギュンター・バウアー著、吉田耕太郎訳、小石かつら訳『ギャンブラー・モーツァルト「遊びの世紀」に生きた天才』春秋社

No.

06

Murasaki Shikibu

紫式部

973年～1014年。漢学者の藤原為時を父として生まれる。幼少期に母を亡くし、父の手で育てられた。山城守の藤原宣孝と結婚して一女をもうけるが、死別している。一条天皇の中宮彰子に出仕した。『源氏物語』『紫式部日記』を著した、日本文学史を代表する作家。

世界最古の長編物語の一つである『源氏物語』。

優美な貴族社会が描かれていることから、作者の紫式部は上品でおしとやかなイメージが持たれがちだが、意外にも、ライバルを口汚く罵《ののし》る陰湿な一面があった。

そのライバルとは、同じく平安時代を代表する才人、清少納言である。二人とも仕えた主は一条天皇の妃だったが、清少納言が仕えたのは定子、紫式部が仕えたのは彰子だった。

入れ違いで後宮に入っているため、お互いに面識はない。それにもかかわらず、紫式部は『紫式部日記』で、あからさまに清少納言の悪口を書いている。

「さばかりさかしだち、真名《まな》書きちらして侍《はべ》るほども、よく見れば、まだいと足らぬこと多かり」

現代語訳をすれば、次のようになる。

迷

「あそこまで利巧ぶって漢字を書き散らしていますけれど、その学識の程度も、よく見ればまだまだ足りない点だらけ」[1]

清少納言が書いた『枕草子』が評判を呼んでいたことが、紫式部のライバル心に火をつけたらしい。こんなことまで書いている。

迷

「中身が無くなってしまった人の成れの果ては、どうして良いものでございましょう」[1]

紫式部がこれだけ清少納言を敵視したのはなぜか。その理由として、清少納言が『枕草子』で「あわれなるもの」として、のちに紫式部の夫となる藤原宣孝《のぶたか》の派手な服装をからかったからではないか、ともいわれている。

だが、そこまで悪意のある書きぶりでもなく、かつ、

［1］紫式部著、山本淳子訳注『紫式部日記　現代語訳付き』角川ソフィア文庫

題材にしているのは紫式部と結婚する前の出来事である。明るく天真爛漫な清少納言のことが気に食わなかったというのが、実情ではないだろうか。

なにしろ、紫式部は清少納言とは正反対の性格だった。いつも目立つことを警戒し、漢文の素養をひけらかすことのないように注意していた。こんな配慮までしていたことを、『紫式部日記』で明かしている。

迷

「私は『一』という字の横棒すら引いておりません」[1]

迷

「御前の屏風《びょうぶ》の上に書いた漢文すら読めない顔をしておりました」[1]

そこまで警戒しなくてもよい気もするが、紫式部からすれば、結婚して一女を生み、これからというときに、夫に先立たれた。宮仕えもすることになった今、これ以上、不幸が降りかからないようにと、慎重に生きようとしたのだろう。

紫式部は将来への不安をこう吐露している。

迷

「心に思うのは『いったいこれからどうなってしまうのだろう』と、そのことばかり。将来の心細さはどうしようもなかった」[1]

そんなつらい現実を忘れるために書かれたのが『源氏物語』である。

名

「私はただこの『物語』というものひとつを素材に様々の試行錯誤を繰り返しては、慰み事に寂しさを紛らわしていた」[1]

清少納言にはない紫式部のネガティブさこそが、日本最高峰の文学『源氏物語』を生むことになった。

No. **07**

Charles Chaplin

チャールズ・チャップリン

1889年～1977年。イギリスのロンドン生まれ。両親ともに役者で5歳のときに母の代役として舞台に立った。俳優、脚本家、そして映画監督として、数々の作品を作り上げ、「喜劇王」の異名を持つ。アカデミー特別賞受賞。代表作に『独裁者』『モダン・タイムス』など。

他分野に比べても、お笑いの世界では、国境を越えて、世界的な活躍をすることが難しい。言葉と文化の壁が高く立ちはだかるからである。

その点において、喜劇王、チャールズ・チャップリンは特異な存在だといえるだろう。チャップリンの作品が、言語を超えて愛される理由は大きく分けて、2つある。

まず、一つがサイレント映画に注力したということ。映画の主流がサイレント（無声映画）からトーキー（サウンド映画）へと移り変わっていくなかで、チャップリンは言葉ではなく、動きで表現するサイレント映画には、無音だからこその強みがあると考えていた。

名

「わたしはあくまでサイレント映画をつづける決心をした。娯楽というものには、あらゆるタイプが存在しうるという確信があったからである」［1］

そうして残した傑作が『街の灯《ひ》』である。チャップリンは世界共通語としての「サイレント映画」にこだわり続けた。一方で、セリフがあるからこそ、伝えられることがあることもまた、チャップリンは認めていた。

名

「すぐれたサイレント映画のほうがトーキーよりも芸術であることは疑いないが、ただ音が人物により現実感を与えるという事実だけは認めざるを得ない」［1］

時流に逆らい、サイレント映画を撮り続けたチャップリンだったが、1936年の『モダン・タイムス』では部分的に音声を入れ、4年後の『独裁者』で初めて完全なトーキー作品を作る。

［1］チャールズ・チャップリン著、中野好夫訳『チャップリン自伝〈下〉―栄光の日々』新潮文庫

2作に共通しているのが、社会風刺だ。チャップリンは喜劇に社会風刺を持ち込むことで、どの国にも無関係ではない普遍的なテーマに挑んだ。そのことが、チャップリンの作品が世界で愛された、2つ目の要因である。

そんなチャップリンにも、コンプレックスがあった。それは、自分には学がないということ。その引け目から、チャップリンは自分の立ち振る舞いに自信が持てず、引っ込み思案なところがあったくらいである。

とりわけ巡業でほかの劇団員と過ごす時間が長くなると、あまりにも自分が物事を知らないことを痛感させられたと、チャップリンは切なる思いを吐露している。

迷

「私は、自分の仲間と同じくらいには知識を得たいと願っていた」[2]

喜劇人としての世界的な成功を知っている後世の人からすると、些細《ささい》なことのようにも思えるが、チャップリンの幼少期の境遇を思えば、そんなコンプレックスを持つのも無理はない。

役者だった父は酒乱で、チャップリンが1歳のときに離婚した。舞台女優だった母も体調を崩しがちで、6歳のときには弟とともに、貧しい人が暮らす施設「貧民院」に入所。初等教育さえまともに受けられなかった。

だが、学校教育と引き換えに、逆境のなかでも人生を切り抜く術は嫌というほど身につけることになる。チャップリンにはある夢があった。

名

「新聞売子、印刷工、おもちゃ職人、ガラス吹き、診療所の受付、等々と、あらゆる職業を転々としたが、俳優になるという最終目標だけは、一度として見失わなかった」[3]

劇団に潜り込んだチャップリンに、大きな役の話が舞い込んできたのは、17歳のときのこと。すかさず引き受けて、こう言った。

名

「私に必要なのは、チャンスだけです」[3]

この頃、すでに少年役などで数多くの舞台を踏んでおり、準備は万端。チャップリンは、待ちに待ったチャンス到来を逃すことなく、「後ろを向いて登場する」とい

[2] ゲルハルト・プラウゼ著、丸山匠訳、加藤慶二訳『天才の通信簿』講談社
[3] チャールズ・チャップリン著、中里京子訳『チャップリン自伝〈上〉―若き日々』新潮文庫

う、当時は斬新だった登場方法で観客を惹きつけ、ドタバタのアクション芸で爆笑をかっさらった。

喜劇役者として順調に経験を積んだチャップリン。あるとき、大きな壁にぶちあたることになる。それは「自分のギャグをカットされてしまう」こと。

監督に自分の芸風が理解されないのは、ままあること。諦めてしまってもおかしくはないが、チャップリンは違った。自分のギャグには絶大な自信を持っていただけに、なんとかカットされない方法はないかと考えた。

そのためには、映像編集に精通しなければと、チャップリンは編集室に出入りするようになる。そのうちに、ギャグをカットされない方法があることに気づいた。

名

「彼らのいわゆる編集法というのがよくわかったので、ちょうどうまく登場の瞬間とか退場の瞬間に、すばやくギャグを入れるのである。こうしてさえおけば、カットすることはまず難しい」[3]

そこまでしてギャグをぶちこみたいという意欲が何ともおかしいが、このことをきっかけにチャップリンは、映像の編集も自分でやってみたいと考えるようになった。監督業への目覚めの瞬間である。

監督としてはサイレント映画にこだわりながらも、トーキー映画にも挑戦し、両者で大きな成功を収めた。もちろん、自身で脚本を書き、主演を務め、監督までやるのはかなりのハードワークである。

迷

「全くの重労働であり、くたくたに神経をすりへらしてしまう。一本撮り終わるたびに、疲れきって、丸一日は寝なければならなかった」[1]

その見返りとして、莫大《ばくだい》な富が転がり込んできたが、生活が激変したことに、本人も戸惑いがあったらしい。

迷

「富とお近づきにはなったが、その使い方には一向に慣れなかった」[1]

また、プライベートでは、派手な女性関係が話題となった。

迷

「だれでもそうだろうが、私の性生活にも周期があった。あるときは大いに元気かと思うと、あるときはまったく無力だった。だが、いずれにしても、わたしの生活の最大関心事では決してなかった」[1]

本人はそう主張するが、決して小さな関心事でもなかったはずだ。なにしろ、チャップリンは、離婚と結婚を繰り返し、10代の女性と四度も結婚している。

離婚のたびに巨額の慰謝料を支払うのはもちろんのこと、愛人の子どもの親権をめぐっての訴訟トラブルに苦しめられた。極めつきは2番目の妻との離婚訴訟で、あわや撮影したばかりのフィルムを差し押さえられそうになり、そのストレスからチャップリンは白髪になったとさえ言われている。

スキャンダラスな女性事情を踏まえると、仕事について語ったであろう、これらの言葉も何だか違ったふうに聞こえてしまうのである。

迷

「人生とは息つく暇もない闘争の代名詞である」[1]

迷

「成功はすばらしいが、成功すればするで、人気という移り気な妖精におくれをとるまいとする苦労が生まれる」[1]

しかし、仕事でもプライベートでも、どんな困難をも呑み込む強さがチャップリンには十分備わっていた。逆境はいつでも飛躍へのエンジンである。

苦しんでもがけばもがくほど、高く跳ぶことができる。そのことをチャップリンは知っていたに違いない。

名

「どうやってアイデアをつかむか？それには、ほとんど発狂一歩手前というほどの忍耐力がいる。苦痛に耐え、長期間にわたって熱中できる能力を身につけねばならぬ」[1]

No. **08**

Salvador Dali

サルバドール・ダリ

1904年〜1989年。スペインのカタルーニャ地方生まれ。マドリードのサン・フェルナンド美術学校に入学。その後、パリへ行き、パブロ・ピカソらと交流を持つ。シュルレアリスム後期の代表的画家として活躍。作品には『記憶の固執（柔らかい時計）』など。

「天才」と称される人物は、奇行に走ることが少なくない。サルバドール・ダリの突飛な行動は、しばしばマスコミを騒がせた。

カリフラワーを詰めた真っ白なロールスロイスで講演会場に駆けつけたこともあれば、また、別の講演会では、潜水服を来て登壇。水中ヘルメットを外せなくなり、聴衆の前で窒息寸前になるという騒ぎまで起こしている。

自著を刊行して書店でイベントをしたときは、買ってくれた人に自分の脳波のコピーをプレゼント。わざわざ書店に病院のベッドを持ち込んで、ニセの看護師まで用意するという徹底ぶりだ。

さらに、自分へのインタビュー番組では、突然、放送内容の組み立てを変更したいと言い出したこともあった。撮影クルー自体にカメラを向けさせて、現場の指揮を執り始めたのである。戸惑う周囲に、ダリは言った。

名 「混乱が一番、偶然は創造性を生み、秩序は退屈だ」[1]

いかにも天才らしい言葉だが、ダリは、狂気を意識的に装うことで「天才画家」のイメージを作り出していた。自身でそのことを明かしている。

名 「天才を演じよ、されば天才になる」[2]

天才像を創り出すことに成功したダリは、メディアの引っ張りだこになる。チョコレートやブランデーのCMにも出演。15秒のCMで1万ドルの報酬を得たこともあった。商業的に大きな成功を収めて、億万長者になったダリ。滞在先のホテルで、トランクから大量の期限切れの小切手が発見されるなど、話題には事欠かない。

もともと独特な金銭感覚があったが、大金を得て、それがエスカレートしたらしい。ダリは生活が苦しいとき

［1］ロバート・ラドフォード著、岡村多佳夫訳『ダリ』岩波書店
［2］村松和明著『もっと知りたいサルバドール・ダリ　生涯と作品』東京美術

ですらも、どこへ行くにもタクシーを使った。小銭の計算が苦手で、いつも多額のチップを支払っていた。こんな言葉からも、ダリのブルジョア的発想が垣間見られる。

迷 「30歳を超えて地下鉄を使う奴は敗者だ」[1]

「狂気の天才」を演じて稼ぎまくったダリ。ところが、その実像は、思いのほか真面目だったらしい。

早くから画才に優れており、少年時代から美術雑誌を定期購読しながら、美術学校で基礎を学んだ。展覧会に出品を重ねて、14歳の時点で若き画家として地方で注目を浴びていたという。

絵画において、自分のスタイルを見つけ出すまでには、数々の画家の作品を模倣して学んだ。同時代の画家である、ピカソのキュビズムやミロの抽象画はもちろん、バロック絵画のスルバランやラファエロなど、伝統的な画家の手法も取り入れようとした。型破りなイメージが強いダリだが、破るための型をしっかり習得しようとしていたのである。

だが、ダリ自身は、そんな努力を決して悟られまいと、ダリは、自伝『わが秘められた生涯』では、幼少期から奇行癖があったと強調。野心家だったと読者に訴えている。

迷 「六歳のとき、私はコックになりたかった。七歳でナポレオンになりたいと願った。それ以来、今日にいたるまで、私の野心はますます大きくなる一方である」[3]

誇張だらけのダリの自伝を、どれだけ鵜《う》呑《の》みにしてよいかはわからない。ダリは、本当の記憶と偽りの記憶の違いは、本物の宝石と偽物の宝石との関係と同じだとうそぶいているくらいだ。

迷 「もっとも本物に、すなわち、もっとも輝いて見えるのがいつも偽物なのである」[1]

だが、「自分は特別な存在でありたい」という思いがダリにあったとすれば、それはダリの不幸な出生と無関係ではないだろう。

[3] サルバドール・ダリ著、足立康訳『わが秘められた生涯』新潮社

ダリには、生涯会うことが叶わない兄の存在があった。兄はダリが生まれる9カ月前に1歳10カ月で命を落とした。悲しみに暮れた両親は長男の死を受け入れることができず、ダリに「サルバドール」という兄と同じファーストネームを与えて溺愛《できあい》した。このことが、ダリを後々、苦しめることになる。

両親にとって自分は兄の身代わりなのではないか——。ダリがことさら「天才画家らしさ」にこだわったのは、そんな思いから逃れるためだったのではなかろうか。

ダリはマドリードのサン・フェルナンド美術アカデミーに進学するも、教授陣たちと対立。暴言を吐いて放校処分になったことを自伝で明かしているが、本当にこんなことを言ったのかどうかはわからない。

迷

「申し訳ありませんが、私の知性はこの三人の教授たちよりはるかに優れています。従って、諸先生の試験を受けることはご免こうむりたい。この課題についてなら、私はもう知りすぎています」[1]

自ら「母を崇拝していた」と語るダリは、17歳のときに母を亡くしてからは喪失感にさいなまれ、自分にとっての「女神（ミューズ）」を探し求めることになる。

最初は、妹のアナ・マリアがその役割を果たした。ダリは妹を自分の理想の女性として、とりわけその後ろ姿に執着。窓から外の景色を見させるなどして、背中をダリに向けたポーズを取らせては、その姿を描き続けた。だが、アナがのちに『妹が見たサルバドール・ダリ』という暴露本を書くと、ダリは激怒。二人は決裂する。ダリは自分の財産について妹の相続権を剥奪《はくだつ》したばかりか、葬式に出ることすらも禁じた。絶えず、自己を演じていたダリにとって、素顔が暴かれるのは、何よりも耐えがたいことだったのだろう。

迷

「私の秘密は秘密を秘密にして置くことだった」[1]

そんなダリの生涯のミューズとなったのは、妻のガラである。カダケスの地にいたダリのもとへ、ガラが夫とともに訪れると、二人は激しく惹かれ合った。ガラは夫と子どもを捨てて、ダリのもとへ身を寄せる。二人は、

1934年に結婚する。

ダリはガラと出会ってからの1930年代が、画家として最盛期だったといわれている。代表作の『記憶の固執』を発表したのもこの頃だ。超現実的世界の絵を描き、シュルレアリスムの巨匠として名を馳せた。

名

「私は存在するために、そして自我の全エネルギーを統合するために、絵を描くのだ」[4]

ダリを「天才画家」と印象づけるのに成功したのも、ガラのアイデアが大きかったという。ダリにとって、ガラは名プロデューサとしての役割も果たしていた。ダリはガラを心から必要とした。ダリがペンや絵筆で描いたガラの肖像画は、何百点にも及んでいる。

だが、そんな最愛の妻ガラとも別れが訪れる。1982年、ガラが87歳で亡くなると、ダリは失意の底へと落ちていく。喪失感をこんな言葉で表現した。

名

「人生の舵《かじ》をなくした」[5]

あれほど露出したメディアも遠ざけたダリは、プボル城に引きこもった。絵を描くことをやめて、一人静かに暮らすようになる。

だが、悪いことは続くものだ。そんなとき、自宅の寝室で火事が起こる。重度の火傷を負い、6時間にも及ぶ手術を受けたダリ。術後、車椅子に乗って久々にテレビカメラの前に現れた。

天才のやつれた姿に息を呑む報道陣。そのマイクに向かって、ダリは重度のパーキンソン病により手を震わしながら、声を振り絞るようにして、「私が生きているのは国王のため、スペインのため、カタロニアのためだ」と言って、こう続けた。

名

「天才は決して死なない。人類の進化は我々の手中にある」[5]

それから4年半後、フィゲラスのダリ劇場美術館に隣接するガラテアの塔で、ダリは84歳の生涯を閉じる。最後まで、天才画家として役割をまっとうしたのだった。

［4］サルバドル・ダリ著、山根和郎訳『ダリの告白できない告白』二見書房
［5］『SALVADOR DARI　世界が愛した芸術家ダリの超現実的な人生』（DVD）ナウオンメディア

No. **09**

Kenji Miyazawa

宮沢賢治

1896年～1933年。岩手県稗貫郡花巻町生まれ。盛岡高等農林学校卒業後、花巻農学校の教師として教鞭を執りながら、多くの詩や童話の創作を行う。退職後は羅須地人協会を開き、青年たちへの農業の指導に打ち込んだ。代表作に『雨ニモマケズ』『銀河鉄道の夜』など。

青年は決して安全な株を買ってはならない――。

フランスの詩人、ジャン・コクトーの言葉だが、宮沢賢治も共感したことだろう。22歳のとき、友人への手紙で、こんな苦悩を吐露している。

迷

「私は暗い生活をしています。うすくらがりのなかで遥に青空をのぞみ、飛びたちもがき悲しんでいます」[1]

何がそれほどつらかったのかといえば、父の仕事の手伝いである。賢治の実家は、地元で指折りの資産家だった。生活は安定していたものの、質屋の家業がどうも好きになれず、賢治は自分の将来が見えなかった。

賢治が関心を持っていたのは、農業である。賢治は、中学卒業後に、盛岡高等農林学校を受験した。

面接の順番が来て、面接官から「宮沢」と呼ばれても返事をせず。周囲にうながされて、ようやく面接室へ。「どうして返事をしないのか」と聞かれて、こう答えた。

迷

「宮沢、宮沢といってもいくらでもあるではありませんか。一体宮沢なんというのですか。呼ばれたので私はここにきているのです」[1]

なんとも生意気な受験生だが、賢治は首席で合格している。こう熱弁した志望動機も面接官を感心させた。

名

「日本は人口がふえてますます米がたりなくなります。よい米をたくさんとれるようにして国民生活を安定させたい。それにはどうすればよいか、それを勉強したいのです」[1]

[1] 堀尾青史著『年譜　宮沢賢治伝』中公文庫

卒業後は就職せずに、研究生として地質の調査を担当するが、身体の不調により断念。退学を余儀なくされ、実家を手伝うことになる。賢治は「もがき悲しんでいます」と友人にその心情を吐露したのだった。

有り余ったエネルギーは、やがて童話の創作へぶつけられるようになる。その後、農学校の教師として働き始めたが、執筆活動をやめることはなく、童話を書き続けた。作家への夢を従兄弟《いとこ》への手紙で綴ったこともある。

名

「私は書いたものを売ろうと折角しています。それは不真面目だとか真面目だとか言ってくださるな。愉快な愉快な人生です」[1]

だが、出版社に売り込んでも、なかなか相手にされなかった。生前に賢治が原稿料として受け取ったのは、たったの5円だったともいわれている。

教師としては一風変わった行事も行った。夜中に寄宿舎の生徒20人を集めて、こんなことを言い出したのだ。

迷

「いいか、みんな、これからこの雪の上を歩いて行こう。途中、川があろうと田んぼがあろうと、あの山の下の花巻温泉まで歩いて行こう」[2]

途中で川を渡り、靴やズボンがカチカチに凍っても、歩くこと約8キロ。やっとの思いで、温泉につくも夜明け前でまだ旅館が開いてなかったという。散々である。

賢治は友人と行きつけの店で食事しているときも、いきなりこう言い出したことがあった。

迷

「ひたすら東をめざそう」[2]

このときも、丘を越えて、二人でジャブジャブと川に入っている。それだけ散策が好きな賢治だったが、はたから見れば、奇行以外の何物でもない。

奇行といえば、賢治は、言い寄ってきた女性を遠ざけるために、自分の顔に炭を塗り、病気のふりをしたこともある。そこまでしなくてもよい気がするが、賢治は禁欲主義を掲げており、こんなふうに考えていた。

［2］板谷栄城著『素顔の宮沢賢治』平凡社

迷

「性欲、労働、頭脳の3つは両立しない。だからいずれかを犠牲にしなければならない」[3]

いずれも両立できそうな気がするが、性欲を犠牲にすると決めた賢治。衝動が起きると、ひたすら歩いて解消したという。独身を貫いたが、晩年は後悔したようだ。

迷

「禁欲はけっきょく何にもなりませんでしたよ。その反動がきて私は病気になったのです」[3]

また、賢治は一時期ベジタリアンを目指しながら、教師時代には、すっかり肉も食べるようになっていた。校長のでかいビフテキ弁当を見て、賢治は同僚にこうこぼした。

迷

「われわれも、いっぺんでも、ああいうものをお昼のお弁当に食べたいものだ」[2]

そんな挫折はあったものの「少しでも理想的な人生にしたい」という賢治の姿勢は一貫していた。賢治は童話創作を諦め、教師も辞職。原点に立ち返るべく農業へと身を投じる。大きな決意である。

名

「いつまでも中ぶらりんの教師など生温いことをしているわけに行きませんから、多分は来春はやめてもう本統の百姓になります」[4]

そして最後にたどり着いた職は、炭酸石灰の営業マンだった。もともと肥料に関心が高かった賢治。これぞ天職と積極的に営業活動を行い、優秀な成績を残した。だが、そのときすでに病魔が賢治の身体をむしばんでいた。東京の外回り中に肺炎で倒れた賢治。そのまま帰らぬ人となり、37年の生涯を終えた。病床で書いた詩は賢治の代表作となった。

名

「雨ニモマケズ　風ニモマケズ」[5]

〔3〕北嶋広敏著『結婚しなかった男たち―世界独身者列伝』太陽企画出版
〔4〕佐藤竜一著『宮澤賢治　あるサラリーマンの生と死』集英社新書
〔5〕宮沢賢治著『宮沢賢治童話全集 新版〈12〉雨ニモマケズ』岩崎書房

No. 10

Franz Kafka

フランツ・カフカ

1883年～1924年。チェコのプラハ生まれ。プラハ大学で法学博士を取得後、傷害保険局に就職。サラリーマン生活のかたわらで小説を書いた。『変身』『アメリカ』『審判』など数々の名作を残し、死後に世界中でカフカ・ブームを巻き起した。

物書きはある程度、芽が出るまで「二足の草鞋《わらじ》」の生活を余儀なくされることが多い。

20世紀文学を代表するフランツ・カフカも、そうだった。カフカは20代半ばで保険局に就職。体調を崩して退職するまで、勤務の傍ら小説を書いた。

問題はやはり執筆時間をどう確保するかである。カフカの場合は、会社から帰宅すると、2時間の仮眠をとり、夕食後に家を出る。モルダウ川を渡り、王城への石段に着くと、夜更けまで小さなノートに小説を書いた。

休暇中は絶好の執筆期間となる。しかし、思いどおりに筆が進むとは限らない。長編『審判』の執筆が滞ると、カフカは自らこき下ろしている。

迷

「ほとんど書けず、できたものも、ひ弱なしろもの」[1]

カフカが変わっているのは、それだけ苦労して書き上げても、発表の場をそれほど強く求めなかったことだ。採用か否かの検討を出版社が行う段になっても、こんな奇妙な手紙を送っている。

迷

「採用されるよりも送り返されるほうが、はるかにうれしい」[1]

カフカが筆を振るったのは、小説だけではない。保険局で多くの現場を見てきた経験を生かし、労働者傷害保険協会の年次報告書に、毎年のように寄稿。労働者が事故を起こさないように、指や指先を失った手の図も用いて、製造機械の使い方を解説したこともあった。

文章を書くのが好きだったことももちろんあるが、カフカは仕事熱心だった。工事現場で使われる安全ヘルメットは、カフカが考案したものともいわれている。

また、カフカはプライベートでも書き続けた。友人の

[1] 池内紀著、若林恵著『カフカ事典』三省堂

家で、24歳のフェリーツェと出会うと、たちまち恋に落ちる。出会いから1カ月後、「もしかすると、あなたはわたしのことなど、もうお忘れになっているかもしれません」[1]と断り文を入れつつ、手紙を出している。

最初の手紙は、仕事以外では使わないタイプライターを用いて、あえて機械的な文字で書いた。そんなところにも、相手との距離感を慎重に図るカフカの姿勢が見てとれる。タイプライターを使った言い訳も手紙には書いた。

迷

「わたしは筆まめではありません。もしこの世にタイプライターがなければ、もっとひどいことになったでしょう」[2]

フェリーツェが文通を承諾すると、カフカはタイプライターから万年筆に代えて、せっせと手紙を書くようになる。5年間の文通で、カフカは実に500通余りの手紙を書いた。「筆まめ」以外の何者でもない。

1日に複数通書くことも珍しくなく、手紙の順番がわかるように、「真夜中をすぎました」「いま月曜の午前十時半です」と、手紙に時系列をわざわざ書き込んだ。

迷

「きみが今日受け取った4通の手紙は、わりときちんとしているでしょう」[2]

山のように手紙が来れば、返事を出すのも一苦労だ。フェリーツェが返事を出せないでいると、カフカはいらだってこう迫っている。

迷

「あなたの言い分によると、こちらからの手紙を金曜の午前に受け取ったとのこと。とすると手紙のことを知りながら、やっと土曜日になって返事を書き、そのなかでもう一度書くといいながら実際は書かず、月曜に二通を約束しながら一通も出さず、日曜の昼間はずっと何も書かず、夜になってやっと書き、それもこちらが電報を打っていなければ、速達の手紙も出していなかったことになる」[2]

[2] 池内紀著『となりのカフカ』光文社新書

怖がるのはまだ早い。カフカは電報でも催促した。

迷

「キミハビョウキナノカ　カフカ」[2]

病気なのはどちらかわからないが、それだけやりとりしながらもカフカは、フェリーツェとは二度婚約して、二度とも破棄。優柔不断ぶりを発揮している。

とはいえ、独身を望んだわけではない。父には、こんな手紙を書いている。

「結婚し、家庭をつくり、生まれてくる子供を抱きとめ、このさだかならぬ世の中で養い、さらに少々は導くなんてことは、そもそもひとりの人間にできる最大のことにちがいありません」[2]

どうも執筆時間を失うことを恐れて、結婚に踏み切れなかったようだ。最終的には結婚を拒んで、執筆環境を優先したことをこう表現している。

名

「往きつ戻りつの迷いはあっても、最後の出口はきまっていて、拒まなくてはならない」[2]

フェリーツェには、相反する思いをありのままに書いた。

迷

「ぼくはきみなしにはいられないが、きみとともにも生きられない」[1]

カフカは39歳のときに執筆一本でいくことを決意。年金がもらえるタイミングを計っての辞職だったが、健康問題もあった。34歳で結核と診断されていたのだ。

執筆に集中したカフカは、終わりが見えない長編と格闘していると、書く言葉の一つ一つが、自分に襲いかかってくるような感覚にさいなまれたという。

それでも、この書く言葉こそが自分の武器だと、カフカは己に向かって叱咤《しった》激励した。

名

「おまえだって武器をもっているではないか」[2]

その後、カフカは病状が悪化して、長期療養所へ。先の言葉を日記に書いてから、わずか1年後、41歳でカフカはこの世を去った。

No. 11

Ryōma Sakamoto

坂本龍馬

1836年～1867年。土佐国の高知城下生まれ。剣術修行に江戸へ。脱藩して勝海舟に入門。志士として活動しながら、日本最初の商社・亀山社中を設立し、海援隊等を組織する。西郷隆盛、桂小五郎らの間に入り、薩長同盟の立役者となった。京都・近江屋で暗殺される。

幕末志士の坂本龍馬といえば、まずこの名言を思い浮かべるという人もいるかもしれない。

1862（文久2）年、26歳の龍馬は脱藩を決意。その翌年に姉に出した手紙のなかにある一節だ。

名

「日本を今一度洗濯いたし申し候」[1]

倒幕に貢献した龍馬らしいこの言葉が「脱藩といえば龍馬」というイメージを強くすることに一役買ったと言っていいだろう。日本という国家ごと変革してしまおう、という龍馬のスケールの大きさを感じさせる言葉である。

だが、その前文まで入れて現代語にすると、随分と印象が変わる。

迷

「江戸の同志、旗本・大名・その他と心を合わせながら、幕府の悪い役人たちを撃ち殺して、この日本を今一度洗濯しなければならないことを祈願する」[1]

撃ち殺すとは穏やかではないが、当時、龍馬は幕府に強い憤りを感じていた。攘夷を実行すべく、長州藩が他藩に先駆けて、イギリス・フランス・オランダ・アメリカの列強四国と戦っているにもかかわらず、幕府は長州藩を支援するどころか、外国船を修理するといった体たらくを見せていたからだ。

怒りは理解できるが、龍馬による「日本を洗濯」という有名なフレーズの具体的な中身が「幕府の役人を撃ち殺す」ことだったというのは、いきなりスケールが小さくなってしまった気がしてならない。

龍馬は19歳のときにも父への手紙で、こう書いており、かなり好戦的な思想だったことがうかがえる。

［1］岩崎英重編『坂本竜馬関係文書　第一』日本史籍協会

迷

「異国人の首を討ち取って土佐に帰国いたします」[2]

そんな龍馬の考えを180度変えたのが、勝海舟である。勝と出会い、己の視野の狭さに気づき、龍馬は広く「世界」を知ることになる。

1865（慶応元）年10月12日、龍馬が長州藩士の印藤《いんどう》聿《のぶる》に宛てた手紙では、薩長の和解について書かれているが、そこには、成長した龍馬の姿があった。

名

「談笑しながら双方から友好を求め合うようでないと、とても大成はできないと考えます」[2]

この境地に至ったからこそ、龍馬は「薩長同盟」の立役者になることができたのだろう。柔軟な考えを身につけた龍馬は、幕末の世を縦横無尽に駆け回って活躍する。

だが、その一方で、人知れず、実家のことで悩みを抱えていた。脱藩してから1年後の1863（文久3）年、勝海舟の弟子になったばかりの頃のことである。

龍馬は、姉の乙女《おとめ》にこんな不可解な手紙を書いている。

迷

「私は四十歳になるころまでには土佐の実家には帰らないようにするつもりです」[2]

脱藩という一大決心をしながらも、それは40歳までという期間限定の自由だった。そして、勝海舟のもとで海軍修行することも、わざわざ家族から承諾を得ていた。手紙は次のように続く。

「権平兄さんとも相談いたしました所、この頃は大分ご機嫌がよろしくなり、海軍修行のお許しが出ました」

この龍馬が非常に気を使っている「権平兄さん」こと坂本権平は、龍馬より21歳も年上にあたる人物である。龍馬が17歳のとき、権平は病弱だった父から跡目を継いでいる。龍馬にとっては兄というよりも父親のような存在だったといえるだろう。脱藩後の龍馬に何かと資金援助したのも「権平兄さん」で、龍馬は頭が上がらなかった。

その兄から弟への要望が「実家を継ぐこと」だった。龍馬はとりあえず「40歳までに帰る」としながらも、そ

［2］宮川禎一著『坂本龍馬からの手紙　全書簡現代語訳』教育評論社

れを待つことはなく「養子を立ててほしい」と手紙では訴えている。そのことも直接言うのは怖いので、兄の妻の弟、という微妙な距離感の親戚に熱弁しているのが、なんだかおかしい。

迷

「私龍馬は四十歳になるまでは海軍の修行をしたいのですが、その時には兄上は六十歳にもなってしまうので、坂本家のことをうまく引き継いでいくには、今のうちから然《しか》るべききちんとした人を見立てて下さいとの文も出しました」[2]

そんなふうに兄から逃げ回る一方で、龍馬は実家の乳母のことを何度となく気にかけている。

「かの南町に住む私の乳母はどうしていますか？　時々は気遣いいたします。もはや秋も深まって風も寒くなりましたので、どうか乳母に綿入れの着物を差し上げてください」（慶応元年9月7日・坂本権平・乙女・おやべ宛）

「私が土佐の人を気遣うのは、主に私の乳母のことです。しばしば他人にも言うので、今では『また龍馬が乳母の話をしている』と笑われております」（慶応元年9月9日・池内蔵太の家族宛）

「この乳母は私のことをいつも心配してくれるので、なにとぞ私が無事であることを直接お伝えください」（慶応2年8月16日・森玄道・伊藤九三宛）

飄々《ひょうひょう》と幕末を自由自在に駆け回ったイメージがある龍馬。だが、実際は脱藩後も、実家の跡継ぎ問題に悩まされ、大切な家族の健康を手紙で何度も確かめるなど、心が故郷の土佐から離れることはなかった。

そんな実家とのしがらみや故郷への自身の執着を振り払うかのように、龍馬は志士活動へと身を投じていく。その覚悟の表れだろう。のちにこんな歌を詠んでいる。

名

「世の人はわれをなにとも言わばいえ　わがなすことはわれのみぞしる」[3]

世間の人は、自分の事を言いたければ勝手に何でも言えばよい。自分がやることは自分のみが知っている――。己の役割を果たすべく、龍馬は幕末という激動の時代に大海原へと船を漕《こ》ぎ出したのだった。

［3］森友幸照著『日本を洗濯する　坂本龍馬　言行ノート』中経の文庫

No. **12**

Galileo Galilei

ガリレオ・ガリレイ

1564年～1642年。イタリアのピサ生まれ。自作の望遠鏡で天体を観測し、月の凹凸、木星の4個の衛星、太陽黒点などを発見。コペルニクスの地動説を支持して、教会から異端者として幽閉された。振り子の等時性、落体の法則などを発見したことでも知られる。

「近代科学の父」「天文科学の父」

そんなふうに称されるガリレオ・ガリレイは、新発見をいくつも成し遂げている。

ガリレオ式望遠鏡を考案して、月面の凹凸を発見。月がいかに人々の常識と違ったものだったかを語っている。

名

「月は、平らで、滑らかで、光る表面からなるのではまったくなく、反対に、粗く平坦でない表面からなることがとても明瞭に見られました」[1]

月だけではない。ガリレオは木星の衛星を発見。さらに、金星の満ち欠けや太陽の黒点の観測にも成功した。木星の衛星は今では79あることがわかっているが、ガリレオはそのうち、4つを発見してこう誇っている。

名

「すべての天文学者や哲学者にとりわけ知らしめたいのは、すなわち我々よりも前には誰も知らず観察もしていない、あの四つの惑星を見いだしたことである」[1]

ガリレオは、自然現象を数学的に読み解くことで、偉業を成し遂げた。その姿勢は次の言葉に集約されている。

名

「自然という書物は数学の言葉で書かれている」[1]

だが、ガリレオの新発見は、「地球があらゆる天体の中心で不動である」という従来の常識を覆すもので、受け入れられずに非難する人も多くいた。かつてコペルニクスも同様の主張をしたが、聖書の内容と食い違うために、耳を貸す人はほとんどいなかったという。

［1］伊藤和行著『ガリレオ——望遠鏡が発見した宇宙』中公新書

ガリレオは「太陽を中心として、地球をはじめとした惑星がその周りを回る」というコペルニクスの地動説を支持。3人の人物が天動説や地動説について議論する『天文対話』[2]を出版し、地動説こそ正しいと世に問いかけた。それでも聖書を否定することは、ガリレオとしても不本意だった。弟子への手紙でこう書いている。

「聖書はいろいろに解釈できるのであって、言葉の本当の意味とは違うふうに解釈できることもしばしばある」[2]

それにもかかわらず、異端審問官から、裁判のためにローマへ出頭するよう命じられると、ガリレオは自分の行動を後悔した。すでに70歳にも近い年齢である。解放されることを願い、自分の主張を捨てて反省を示した。

迷

「私の誤りは、虚栄に満ちた野心、純然たる無知および不注意によるものであったのです」[3]

さらに、裁判官の同情を引こうと、ガリレオは身体の不調も訴えている。

迷

「みじめなまでに不調な私の身体の状態を考慮に入れていただくようにお願いいたします」[3]

しかし、無情にも下されたのは、有罪判決だった。このときにガリレオが「それでも地球は動く（エップル・シ・ムオーヴェ）」と言ったという逸話は有名だが、そんな気力があったどうかは甚だ怪しい。

軟禁状態に置かれるなか、数年後にガリレオは失明。目が見えなくなっても、弟子のトリチェリに口述筆記をしてもらい、残りの人生を科学に捧げた。ほかの研究者との手紙での交流も励みになったようだ。

名

「苦心惨憺《さんたん》たる生涯の残された日々を過ごしつつ、探求心に富む他の人の発見に喜びを見出すことで満足することといたします」[2]

死の間際まで弟子に口述筆記をさせたその生き様は、科学者としての人生を十分に全うしたといえるだろう。

[2] ガリレオ・ガリレイ著、青木靖三訳『天文対話』岩波文庫
[3] デーヴァ・ソベル著、田中一郎監修、田中勝彦訳
『ガリレオの娘―科学と信仰と愛についての父への手紙』DHC

No. 13

Johann Wolfgang von Goethe

ヨハン・ヴォルフガング・フォン・ゲーテ

1749年〜1832年。ドイツのフランクフルト・アム・マイン生まれ。ライプツィヒ大学、ストラスブール大学を経て、弁護士に。『若きウェルテルの悩み』でその名を馳せた。詩人、劇作家、小説家、科学者、哲学者、政治家などとして幅広く活躍。詩劇『ファウスト』など。

毎年10月半ばにドイツのフランクフルトで、世界最大の書籍の見本市「フランクフルト・ブックフェア」が開催される。筆者は2015年から2018年にかけて参加したが、いつもツァイル駅周辺のホテルに滞在するようにしていた。ゲーテの生家が近くにあるためである。

ゲーテが生まれてから青年期を過ごした生家は、博物館ゲーテハウスとして公開されている。足を運べば、ゲーテがいかに裕福な家庭で生まれ育ったかがわかる。

ゲーテ家は、祖父の代に旅館や果樹園の経営で資産を築いた。それは父に引き継がれて、ゲーテの教育にも惜しみなく投資される。ゲーテは幼少期からギリシア語、ラテン語、フランス語、イタリア語、英語、ヘブライ語などを学び、乗馬やダンス、ピアノまで仕込まれた。

18世紀のヨーロッパが啓蒙《けいもう》主義の時代を迎えていたこともあり、生家でみっちり教育を受けたゲーテ。16歳で家を出て、ライプツィヒ大学に入学すると、興奮冷めやらぬ様子で、父に手紙を書いている。

「大学教授とはどんなにすばらしいものか、お父さんにはとても考えられもしないでしょう。教授たちの堂々たる様子を見たとき、ぼくはまったくうっとりとしてしまいました」[1]

だが、期待に胸を膨らませた分だけ、実際の講義に対する失望も深かった。大学の教授は教育者である前に、研究者である。現代の大学教育にも通じる問題点を、ゲーテは入学してすぐに指摘している。

名

「若い教授たちは、じつはただ自分の勉強のために教えるので……聴講者を犠牲にして自分の教養をえる。老教授はもう長いこと休眠状態にある人が少なくない」[1]

大学の講義に見切りをつけると、ゲーテは芝居を見物

［1］小栗浩著『人間ゲーテ』岩波新書

し、自らも演じることを楽しんだ。

また女性との恋愛を大いに謳歌《おうか》した。もちろん、恋愛には苦さもつきものだ。ゲーテは苦悩して、友人にこんな心情を吐露している。

迷

「昨夜のようなことがもう一晩でもあったら、ぼくはどんな罪を犯したって地獄になんか落ちてやらぬつもりだ。君はさぞかしよく眠ったことだろう。ところが、恋におぼれて嫉妬に狂ったこのぼくは惨憺《さんたん》たるものだった」[1]

最も有名なゲーテの失恋が、23歳のときに体験した、シャルロッテとのものだろう。相手に婚約者のケストナーがいたため、あえなく撃沈。ゲーテはこの失恋体験をもとに小説『若きウェルテルの悩み』を書き上げ、ベストセラー作家として名を馳せることになる。

この作品で軟弱者として書かれたケストナーから抗議されるが、ゲーテは「ぼくは自分の生命の危険のためにも『ウェルテル』を撤回したくない」と主張し、こう続けた。

迷

「君が辛抱しさえすれば、君の憂慮も辛労も夢魔のように消えてしまうのだ」[1]

作品の発表前にも、ゲーテはシャルロッテとケストナーの結婚が決まると、ケストナーにこんな手紙を送って、嫌がらせをしている。

迷

「ぼくの生命、健康、ふくらはぎ、腹等々のためにたっぷり祈ってくれ。ぼくが死んだら、涙ながらに供え物をあげたりなんかして、ぼくの霊をなだめるのだ」[1]

ケストナーが略奪したわけでもないのに、二人もこんなふうに脅されていい迷惑だろう。

それでいて、シャルロッテに失恋した後は、銀行員の娘のエリザベートに目をつけたし、ゲルマン公国の大使に招かれたときは、シュタイン男爵の夫人と恋に落ちている。恋多き男なら、もう少しさっぱりとしていてほしいものである。

その後、ゲーテは工場で働くクリスティアーネを見初め、19年間の同棲《どうせい》ののちに結婚。妻が病死したのちは、74歳にして17歳のウルリーケと恋愛関係になっている。

ゲーテが驚異的なのは、これだけ恋愛をしながら、誰よりも多くの分野にわたる業績を残したことだ。詩人でありながら、劇作家、小説家としても作品を残し、自然科学者として研究することもあれば、政治家として政務に携わったこともある。

しかも、創った作品のなかには『ファウスト』のような大作も含まれている。どうしても大作に挑もうとすると、プライベートはもちろん、仕事面でもそれに集中できる環境を作らねばと思うものだが、ゲーテは大作も並行して進めることができたのだ。

その仕事術について、ゲーテはこう答えている。

名

「一番よいのは、対象を十か十二くらいの小さな個々の詩にわけて描くことだろうね」［2］

多才だからこそ、広がりすぎないようにと、細心の注意を払いつつ、机上の学問に陥るのを避けて、いつも理論の実践を心がけていた。

名

「結局、最も偉大な技術とは、自分を限定し、他から隔離するものをいうのだ」［2］

名

「いろいろ研究してみたところで、結局実際に応用したものしか、頭にのこらない」［2］

仕事を形にしたあとは、それを必要以上には振り返らないのもゲーテの流儀だった。たとえ、周囲から作品への指摘を受けても、どこ吹く風で次のステージへと向かった。

名

「概して私は、作りあげてしまった作品には、かなり冷淡な方だった。いつまでもそれに執着しないで、すぐに、新しい作品のプランを練った」［2］

［2］エッカーマン著、山下肇訳『ゲーテとの対話 上』岩波文庫

名

「私がとっくに清算している何らかの欠点を見つけては、よく私を非難したものだ。こういうお人よしの連中は、一番、無害な敵といえよう。何里も先を行く私のうしろから、矢を射かけてきたのだからね」[2]

特に、年を重ねるほど、過去を振り返り、思い出を愛でることに時間を使いがちだが、ゲーテは違った。

名

「年をとったら、若かったときより多くのことをしなければならぬ。人間が最後には自分自身の抄録の編纂《へんさん》者になってしまうとは悲しいことだ」[3]

老いてなお盛んなゲーテにとって、立ちはだかるのは健康問題である。74歳で心筋梗塞になると、死を意識して、医師にこう発破をかけている。

迷

「君達は自分のやっていることに臆病すぎるんだ。わしをいたわりすぎるんだ。わしのような患者が目の前にいたら、少々ナポレオンみたいに仕事にかかりたまえ」[4]

そう言われても医師も困惑したに違いないが、死の危機を乗り越え、ゲーテは前述したように、17歳のウルリーケと恋に落ちる。

元気を取り戻したゲーテ。医師に聞きたいことは、たった一つだけだった。

迷

「自分の年齢で結婚は体に毒か？」[4]

医師から恋のドクターストップはかからなかったが、相手の母親からは拒絶され（無理もない）、結婚は断念。恋にも仕事にも貪欲なゲーテは、その悲しみを恋愛詩『マリエンバードの悲歌』として残している。

［3］ゲーテ著、岩崎英二郎ほか訳『ゲーテ全集』潮出版社
［4］西義之『天才たちの死に学ぶ―ツヴァイク、フロイト、モーツアルト、ゲーテの死の瞬間まで』文藝春秋

No. 14

Nobunaga Oda

織田信長

1534年～1582年。尾張国生まれ。桶狭間の戦いで今川義元を討って尾張国を統一。足利義昭を擁して上洛するが、のちに義昭を追放して室町幕府を滅亡させた。長篠の戦いで武田勝頼を破って、安土に築城。毛利氏征討を進めるも、本能寺で明智光秀の謀反に遭い自害。

戦国武将の織田信長は、人によくあだ名をつけた。

頭の形が特徴的なことから、明智光秀のことを「金柑《きんかん》頭」とからかったり、朝倉軍の撤退を見過ごした佐久間信盛のことを「おおぬる山」と呼んで責めたりした。

自分の家臣だけではない。土佐藩の長宗我部元親に至っては、元親の生まれが土佐で罪人が送られるへき地だったため、こう呼んでいた。

迷

「鳥無き島のコウモリ」[1]

出身地をバカにされるとは、長宗我部も内心は忸怩《じくじ》たる思いだったことだろう。

豊臣秀吉のことを「禿《は》げ鼠《ねずみ》」と、ひときわひどいあだ名で呼んでいたことはよく知られている。天正4年あるいは天正5年に、秀吉の正室ねねに宛てた手紙には、こんな文面がある。

名

「どこを尋ね廻っても、そなたほどの女房は、また再びあの禿げ鼠には求めがたいので、これから後は、立ち振る舞いに用心し、いかにも上様らしく重々しくて、嫉妬などに陥ってはいけない」[2]

人の旦那を「禿げ鼠」呼ばわりもないものだが、「迷言」ではなく「名言」としたい。秀吉にはもったいない妻だと、相手を持ち上げながらも、正妻としてどっしりと構えるようにと、信長はアドバイスしているのだ。

どうもこの頃、女性好きの秀吉は側室ばかりに心を奪われていたようだ。ねねの不安を受けて、信長が優しくフォローしたのが、この手紙だった。

信長は、最後にこう一文加えることも忘れなかった。

「なおこの手紙文章をそのまま羽柴藤吉郎秀吉に見させ

[1] 長宗我部友親著『長宗我部』文春文庫

[2] 吉本健二著『戦国武将からの手紙―乱世に生きた男たちの素顔』学研M文庫

るようお願いする」[2]

辛辣《しんらつ》なあだ名といい、信長はややもすれば、豪快で無神経な男と思われがちだが、実際はそうではない。その名を広く知らしめた、1560（永禄3）年の「桶狭間の戦い」でも、信長の「伝え方」が功を奏した。

尾張に進攻してきた2万5000もの今川軍に対して、迎え撃つ信長側の兵はわずかに3000人。圧倒的に数的不利な状況のなか、信長は、桶狭間付近で休息をとる今川軍に奇襲をかけて、勝利を収めた（諸説あり）。

兵力を考えれば、どう考えても勝てない相手である。『信長公記《しんちょうこうき》』によると、信長は奇襲の当日まで作戦の内容を明らかにせず、いざ出陣するときに、明確かつ、力強い言葉で、陣頭指揮を執った。

名

「敵の武器など分捕るな。捨てておけ。合戦に勝ちさえすれば、この場に参加した者は家の名誉、末代までの高名であるぞ。ひたすら励め」[3]

優先順位を伝えたうえで、成功後のイメージも共有した信長。あえて奇襲をギリギリまで伝えなかったのも、兵たちが臆病風に吹かれないためだろう。受け取る側のことを考え抜いたうえで、信長はいつも指示を出していた。大番狂わせは起こるべくして起きたのである。

また、信長の支援のもと、足利義昭が上洛に成功し、畿内隣国を平定したときも、信長は「みながどう受け止めるか」を考えることを忘れなかった。

「このたび身を砕いて尽力した人々に見物させるがよい」

喜んだ将軍の義昭がそういって、観世大夫に能を演じるように命じると、信長は13番まであった演目を、5番まで減らして、その理由をこう説明した。

名

「まだ近隣諸国を平定しなければならないので、戦いが終わったわけではない」[3]

能をたっぷりと鑑賞することで、まるで戦が終わったかのように、気が緩むことを信長は恐れたのである。

信長の細やかな心遣いについては、『信長公記　巻八』には、こんな逸話も紹介されている。

信長は京都と行き来するなかで、美濃と近江の国境に

［3］太田牛一著、中川太古訳『現代語訳 信長公記』新人物文庫

ある「山中」という場所で、身体に不自由がある者が乞食をしているのを見た。

土地の者に尋ねて、乞食の不幸な境遇を知ると、信長はそれを大層不憫《ふびん》に思ったらしい。上洛した折に山中の宿で馬を止めると、わざわざ用意した木綿二十反を町の人たちに渡して、こう言った。

名

「この木綿の半分を費用に充てて近所に小屋を作り、この者を住まわせて、飢え死にしないように面倒を見てやりなさい」[3]

さらに、麦の収穫ごとに食事の世話をするように、住民たちに頼んでいる。残虐で暴君的な信長のイメージから考えれば、かなり意外な言動といえるだろう。

一方で、信長の冷酷さを表す手紙もある。

越前の本願寺門徒を掃討したときのことだ。本願寺門徒には、これまで二度の敗北を喫していたため、よほどうれしかったただろう。京都所司代の村井貞勝にこんな手紙を送っている。

迷

「たくさんの首を斬り、憂さを晴らしたぞ」[2]

迷

「府中の町は死骸ばかりとなって、一帯で空く所がない。そのありさまを見せたく思うぞ」[1]

信長の激情は、時に他者への思いやりとなり、時に激しい怒りを生んだ。周囲はそれに右往左往させられたが、それでも付いていきたいと思わせるのが、カリスマ性というものなのかもしれない。

「本能寺の変」によって信長は49歳で自害。家臣の明智光秀の謀反を知らされたときに、信長が放った言葉はよく知られている。

名

「是《ぜ》非《ひ》に及ばず」[3]

やむを得ない——。この潔さがあったからこそ、信長は局面局面で、大胆な決断を下すことができたのだろう。

No. **15**

Marie Curie

マリー・キュリー

1867年～1934年。ポーランドのワルシャワ生まれ。ソルボンヌ大学理学部を卒業。放射能元素ポロニウムとラジウムを発見し、1903年にノーベル物理学賞を、1911年にノーベル化学賞を受賞。女性初のノーベル賞受賞者にして、世界初の二度のノーベル賞受賞者。

「キュリー夫人」の呼び名で広く知られる、マリー・キュリー。放射能などの研究により、世界で初めてノーベル賞を二度も受賞。「史上最も世界に影響を与えた女性」と称されている。

いかにして偉大な発見を成し遂げたのか。マリーはこんなふうに語っている。

名

「偉大な発見は、いきなり完全な姿で科学者の頭脳から現れるわけではない。膨大な研究の積み重ねから生まれる果実なのだ」[1]

努力家のマリーらしい言葉である。ポーランドの貧しい家庭に生まれたマリーは「万人に役立つ人になりたい」という思いから、科学者を志す。

だが、女性の大学進学が困難な時代だったため、自分を卑下して、夢を諦めようとしたことも何度かあった。

迷

「私は愚かでした。今も愚かだし、この先も一生愚かなままです」[1]

それでも家庭教師をしながら、8年かけて学費を貯めたマリー。入学試験も見事に突破している。ソルボンヌ大学に入学すると、ひたすら勉学に励んだ。深夜まで机に向かうこともしばしばだったという。

「わたしの頭には勉強のことしかありません。授業と、実験と、図書館での自習——これがわたしの時間のすべてです」[1]

ただ、経済状況は相変わらず厳しいもので、生活費が底をつきそうになったこともある。女性差別も公然と行われていたが、マリーは周囲の騒音をはねのけ、あくまでも研究対象に自分の情熱を注ぎ続けた。

[1] バーバラ・ゴールドスミス著、小川真理子監修、竹内喜訳『マリー・キュリー——フラスコの中の闇と光』WAVE出版

名

「私たちは人間にでなく物事に関心をもつべきです」[1]

マリーは、ソルボンヌ大学を首席で卒業。トップの成績で物理学の学士号を取得している。

それだけ努力を重ねられたのは、「学べる喜び」が、何よりも勝ったからだ。大学での研究生活を、マリーはこう生き生きと表現している。

名

「見るもの、学ぶもの、すべてが新しい喜びです。まるで新しい世界の扉が開かれたようです。ようやく自由に科学の世界を知ることを許された気がします」[1]

そんな研究一筋だったマリーにも、人生をともにしたいと思う伴侶との出会いが訪れた。物理学者のピエール・キュリーである。

二人は結婚して放射能の研究に日々打ち込んだ。ピエールは夕食が何だったか覚えていないほどの集中力だったという。マリーは苦手だった料理を懸命に覚えて家事をこなした。子どもが生まれると、育児と研究に忙殺されながらも、充実した日々を送る。

「困難な状況での作業だったが、私たちはとても幸福だった。来る日も来る日も実験室で過ごし、そこで学生のように簡単な昼食をとった。みすぼらしい小屋の中には大いなる静寂があった」[1]

約4年間にわたり研究を続けた結果、二人はウラン鉱から高い放射能を持つ新元素、ポロニウムとラジウムを発見。放射能に関する研究が認められ、ノーベル物理学賞受賞という栄誉を手にすることになった。

これまでの苦労が報われた瞬間である。だが、当時のマリーは決して幸せとはいえない状態だった。前年には父を亡くし、さらにわが子を病気で亡くしていた。うつ状態に陥ったマリーは授賞式を欠席。夫のピエールが一人でスウェーデンに行き、代表として出席した。

だが、さらに大きな不幸がマリーを襲う。ある日、ピエールが外に出かけようとしたときに、荷馬車にはねられて転倒。頭部を車輪に轢《ひ》かれて即死してしまう。ピエールは、46歳の若さで帰らぬ人となった。

悲惨な事故は、ピエールとマリーが従事した研究と無関係ではなかった。ピエールの身体はすでに放射能にむしばまれており、歩行もおぼつかないなかでの事故だった。もちろん、当時はそんな真相に誰も気づくことなく、本人の単なる不注意による事故として処理された。

茫然《ぼうぜん》自失とはこのことだろう。マリーは人生のどん底を嫌というほど味わった。

迷

「太陽も花も、もう好きにはなれません。見ると胸が痛むから。あなたが世を去った日のような暗い天気の方がまだ心が落ち着きます」[1]

迷

「何に対しても心が動きません」[1]

失意を振り払うかのように、亡き夫の遺志を引き継ぎ、マリーは放射能や放射線の研究を再開した。

そしてマリーは再びノーベル賞を受賞する。前回は「放射現象に対する共同研究」に対するノーベル物理学賞だったが、今回は「ラジウムとポロニウムの発見」などに対してノーベル化学賞を受賞することになった。

さらなる研究成果を亡き夫に捧ぐ——。

二度目のノーベル賞受賞は、そんな美談にもなりそうだが、現実はそう単純ではない。

悲しみに暮れたマリーは研究に打ち込みながらも、人知れず、一人の男性と恋に落ちていた。そのこと自体は責められるべきことではない。相手はマリーと同じ研究者だった。再び同志とともに研究したいという思いを抱くことは、誰も否定できないだろう。

マリーは切なる思いを最愛の相手への手紙で綴った。

迷

「私たちなら何でも手に入れることができるはずです。すばらしい共同研究、揺るぎない友情、生きる勇気、そして愛が生み出すもっとも美しい結晶であるかわいい子どもたちさえ」[1]

「迷言」としたのは、この恋が許されざるものだったからだ。男性の名はポール・ランジュバン。5歳年下で、亡き夫ピエールの教え子であり、しかも既婚者だった。もちろん、マリーも承知のうえでの道ならぬ恋だった。

迷

「泣き叫んだり涙を流したりしても、同情は禁物です。あなたが奥さまといっしょに家にいるとわかっている夜は苦しい時間を過ごします」[1]

この一大スキャンダルが報じられると、マリーは激しいバッシングに晒《さら》されることになる。ちょうどノーベル賞の授賞式を控えており、ノーベル賞委員会の委員のなかには、マリーに「出席を見合わせるように」と圧力をかけてきた者もいた。

それに対して、マリーは毅然《きぜん》とした態度で、自分の見解を表明。授賞式への出席を果たしている。

名

「この賞はラジウムとポロニウムの発見に対して与えられたもので、わたくしの学術上の功績と私生活との間には何の関係もないはずです」[1]

結局、ポールは妻とは離婚したものの、マリーと結ばれることはなかった。

二度目のノーベル賞受賞後も研究を続けたマリー。亡き夫のピエールと同様に、放射能を浴び続けたことで、耳鳴りが起き、視力が低下するなど、身体がむしばまれていく。放射線被ばくの影響だとマリーも認めたが、重大なものとは受け止めず、こんな記述にとどめている。

迷

「ラジウムを扱うことは危険と無縁ではありません」[1]

マリーは「私自身、ラジウムが原因と思われる体調不良を何度か経験しています」とも補足しているが体調不良どころではない。生命の危機に瀕《ひん》しても「新鮮な空気さえ吸えば回復する」と言い張り、マリーは再生不良性貧血により、66歳で死去している。

ラジウムを「わが子」とさえ呼んだマリー。その危険性を直視することはできなかったものの、科学を愛し、科学にその生涯を捧げた。

名

「私は、科学をこのうえなく美しいものと考える人間の一人です」[1]

No. 16

Henri Fabre

アンリ・ファーブル

1823年～1915年。フランスのアヴェロン県生まれ。14歳から肉体労働に従事し、その後、教師をしつつ、独学で物理、数学、自然科学を学んで数多くの論文を発表。30歳で学士号、31歳で博士号を取得。ライフワークとした昆虫の研究を『昆虫記』としてまとめた。

アンリ・ファーブルは、生誕地のフランスよりも、日本での知名度が高い。

小学校の教科書にファーブルの『昆虫記』が収録されているのがその理由の一つだが、その背景には、植物が豊かで昆虫の種類が多い日本の環境が関係している。子どものいる家庭ならば、虫に夢中になるわが子を見て、改めて日本が昆虫の豊かな国だと気づかされたことがあるかもしれない。虫の声に対する感性の豊かさも、日本ならではといわれている。

そんな昆虫に情熱を注いだファーブルは、フランスでは、変わった学者の部類に入るのだろう。教師をしながら、独学で物理、数学、自然科学を学び、論文執筆に励んだが、なかなか評価されず、心に鬱憤《うっぷん》を溜めていた。

中学付属の小学校で教えていたファーブル。学士を2つも取得しているにもかかわらず、なかなか中学校の教師になれずに、弟への手紙で怒りを露わにしている。

迷

「学士の肩書を二つもにぎらせながら、わんぱくながきどもにあいかわらず動詞の変化をやらせるなんて、これはあまりに不合理な話だ！」[1]

昆虫学者という肩書のせいか、ファーブルは温和なイメージを持たれやすいが、割と気性が激しかった。なにしろ、ある日の授業では何かの拍子に激昂《げっこう》。いきなり教室の真ん中に置いていたストーブを蹴り上げたこともある。転がったストーブからは炭火があふれだし、教室の床一面が火の海になったというから大惨事だ。真っ青になる生徒たちとは対照的に、ファーブルは一転して、落ち着いた表情になり、怒りは収まったという。

ファーブル自身も、自分の性質はよく理解していたようだ。24歳のときにはまたも弟への手紙で、こんな胸中を語っている。

〔1〕G.V.ルグロ著、平野威馬雄訳『ファーブルの生涯』ちくま文庫

迷

「3、4日前の夕方に突然、恐ろしい神経病にかかってしまった。いったいそれがどんなたちのものか、いまだにさっぱりわからない。いまもって本性が取り返せないでいる」[1]

そんな感情の起伏が激しいファーブルだが、生徒からの人気は高かった。ファーブルは、読み書きなど基本的なことに加えて、自分の知る昆虫や植物の話を授業にふんだんに盛り込んだ。自然の楽しみ方を生徒たちに教えることで、自分自身も学んでいたのだ。

「生徒というものは、教師がまごつけばどんどん、いじわるくつっこんできて、質問攻めにでる。それだけに、猛勉強しなければならない」[1]

ファーブルのわかりやすい授業は知的好奇心を刺激するもので、生徒たちの成績も上がり、学校自体の評判を高めるほどだったという。

待遇に不満を持ちながら、授業には一切手を抜かなかったファーブルには、教育へのこんな思いがあった。

名

「わたしの生徒の多くは、いずれもいなかからやってきている。彼らは早晩、いなかへ帰って行くのだ。そして、大地をたがやし、耕作に没頭するのだ。だから、自分の土地がなんでできているか、そして植物はなんで栄養をとっているかを教えてやらなければならない」[1]

一方で、自分の野心を実現させるために地道な行動もしていた。それは「動植物について大学で講義をすること」。その目標に向けてファーブルは、数学と物理学の学士に加えて、博物学の学士も取っている。教師をしながら猛勉強したことは言うまでもない。

大学教授ではないがために、悔しい思いをしたことも原動力となった。小学校の教師からようやく中学校の教師になっても「自分は不当な扱いを受けている」という思いをぬぐい去ることはできなかったのである。

迷

「私の頭には、この中学校から一日も早くのがれたい、ほかへいきたいということしかない。この学校では私が大学教授の資格をもっていないものだから、とてもばかにする」[1]

あるときは「君は大学教授の資格がないと、いつまでたっても、どうにもならないでしょう」と失礼なことを言われて、ファーブルはこう言い返している。

名

「そんな肩書なんかまっぴらです。そんなものは私のがらにあいません」[1]

ファーブルは教授になりたかったのではなく「昆虫の研究に没頭して、それを講義や著作で伝えたい」という思いを強く抱いていた。

そんな夢を抱くファーブルに同僚たちは「蠅《はえ》（ムーシュ）」というあだ名をつけてからかったが、ファーブルは意に介さず、研究対象である蠅をいじり続けた。

実は、生徒たちが唯一、あだ名をつけなかった教師が、ファーブルだった。教師としての威厳をまとい、かつ、自分の道を邁進《まいしん》するファーブルの背中を、生徒たちはきちんと観ていた。

それにしても、ファーブルがそこまで昆虫の研究にこだわったのは、なぜだろうか。もしかしたら、それが昆虫たちへの恩返しだと考えていたのかもしれない。

ファーブルは父が事業に失敗したため、家族は離散。14歳にしてたった一人で生きていくことになった。食事も宿泊場所も自分でなんとかしなければならない。ファーブルは過酷な青春時代をこう振り返っている。

迷

「日々のパンにも困ることになりはじめた」[2][3]

迷

「人生は恐ろしい地獄になった」[2][3]

それでもファーブルが絶望せずに済んでいたのは、地面を見れば、いつでも昆虫たちと出会えたからだった。ファーブルにとって昆虫は自分がたくましく人生を生き抜いていくにあたって、かけがえのない存在だったので

[2] 奥本大三郎著『博物学の巨人アンリ・ファーブル』集英社新書
[3] ジャン＝アンリ・ファーブル著、奥本大三郎訳『完訳 ファーブル昆虫記 第4巻 上・下』集英社

ある。
教師になってからも思うように人生が運ばなかったファーブルが、一つだけ、自分に戒めていたことがあった。弟への手紙でこんなことを書いている。

名

「なにかこまることがあっても、けっして他人の力を借りてはいけない」[1]

厳しい言葉だが、そこには、ファーブルなりの優しさがあった。こう理由を説明している。

名

「はたのものから助力をうけたのでは、けっして難問は解けないばかりでなく、困難はまた、ちがったかたちでおまえを苦しめるだけだ」[1]

ファーブルはさらにこう続けている。

名

「大切なことはじっと耐えしのぶこと。そして自分で考えること」[1]

一本の草、一本の木、いや、石のかけらにすらも、ファーブルは思いを馳せた。
54歳のときに文筆活動で生計を立てることを決意。最愛の息子ジュールが16歳で病死するという不幸に見舞われながらも、その悲しみを乗り越えて、ベストセラーとなる『昆虫記』を書き上げる。

名

「これからずっと昆虫たちと向かいあって暮らすつもりなのである。四十年間がむしゃらに闘ってきてやっとこれが手に入ったのである」[2]

『昆虫記』の印税によって、自由に研究する毎日を手に入れたファーブル。環境への不満を原動力に変えて、自分の人生を大きく切り開いた。

No.

17 レオナルド・ダ・ヴィンチ

Leonardo da Vinci

1452年～1519年。イタリア生まれ。14歳から工房に入って、ミラノで宮廷画家などを務める。ルネサンスを代表する作品『最後の晩餐』『モナ・リザ』などを描く一方で、彫刻、建築、土木など幅広い分野でも、その足跡を残し、「万能の天才」と評されている。

『最後の晩餐』や『モナ・リザ』などの作品で知られるレオナルド・ダ・ヴィンチ。絵画に徹底したリアリティを求めて、明暗法や遠近法を駆使し、とりわけ明暗のコントラストを重視した。絵画を描くコツをこう述べている。

名

「平面から立体的に浮かびあがるように人体を描くことが、絵を描くことの第一のコツである」[1]

名

「光と影は線や境界がなく混じり合うように描かなければならない」[1]

そんな天才画家も、生活のためには収入が必要だ。30歳のとき、レオナルドはミラノ公に長文の手紙を出して、自分を売り込んでいる。

「聡明なるわが閣下、私は兵器の名匠や製作者を自任するすべての者たちの試みをつぶさに観察し検討いたしましたが、彼らの発明や装置類の働きがふつうに使用されるものと大してかけ離れたものではないことがわかりました。そこで私は他の誰にも秘密に、ただ閣下お一人に、私の秘策の数々をご披露したいと思います」[1]

具体的にどんな秘策があるのか。次のように列挙した。

「頑丈で攻撃不能な戦車を作る方法」

「嵐のような散弾を飛ばす大砲を作る方法」

「不落の城を作る方法」

「音を立てずに秘密の坑道を作る方法」

いずれも実現性の低いアイデアのように思うが、レオナルドは大真面目であり、兵器のデザインや機能についてのメモが残されている。

そして、PR項目の最後には、控えめにこう書かれていた。

［1］ウォルター・アイザックソン著、土方奈美訳『レオナルド・ダ・ヴィンチ』文藝春秋

迷

「どんな絵でも描いてみせます」[1]

レオナルドは、すでにこの頃には画家としても知られていた。この絵画制作こそ、最も売り込むべきポイントのように思うが、30代を迎えて新天地を模索していたようだ。競争が激しいフィレンツェで思うような成果が出せず、ミラノで再出発しようという意欲もうかがえる。

そもそもレオナルドにとって技術者や科学者であることは、画家として絵を描くことと無関係ではなかった。それどころか、制作にあたっては、まず科学者の目を持つことが不可欠だと、レオナルドは考えていた。

名

「最初に科学を学び、次いでその科学から生まれた制作に移れ」[2]

つまり、人体を描くならば、まずは解剖学に熟知する必要があるということだ。それも静止状態ではなく、動きの中で、人体の腱《けん》や筋肉はどんな状態になるのか。それを理解したうえで、描き始めるべきだというのが、レオナルドの信念だった。

名

「腱や筋肉の性質を知っている画家は、体のある部分を動かすときに、どの腱がその原因になるのか、どの筋肉が膨張して、その腱を引っ張るのか、ということをよく知っているだろう」[2]

名

「手足の位置については柔軟に考え、まずは物語の人物の心理状態にふさわしい動きはどのようなものかに集中する」[1]

レオナルドはアイデアだけではなく、思考のすべてをノートにメモとして残そうとした。

7200ページにも上るノートには「やることリスト」や「学ぶべきリスト」も記されていた。そこから、レオナルドがいかに自然や動物、人間を観察することに、ウエイトを置いていたのかがわかる。

「ガチョウの足を観察すること」

［2］斎藤泰弘著『誰も知らないレオナルド・ダ・ヴィンチ』NHK出版新書

「どうして水中の魚は空中の鳥よりも速く動けるのか」

このあたりは、絵画を描くうえで、動物の身体やその動きの仕組みを知らなければならないということだろう。よりストイックに、自身に観察を課した項目もある。

迷

「毎週土曜日は風呂に行き、裸の男たちを見ること」[1]

人体の筋骨格について理解を深めるためのトレーニングだが、傍《はた》から見れば、かなり奇妙な男である。

次の2つの項目にいたっては、どんなシチュエーションで必要となるのかさえも、凡人には想像がつきにくい。

迷

「豚の肺を膨らませ、幅も長さも伸びるのか、あるいは幅だけが伸びるのか観察すること」[1]

迷

「キツツキの舌を描写せよ」[1]

芸術家である前に自然科学者であろうとした、レオナルド。だが、残念ながらノートのアイデアのほとんどが実用には至らなかった。

自ら考案した有人飛行機については、実際に制作までしているが、パイロットを使ったテスト飛行では失敗。有人飛行機は、馬のリズミカルな歩行や、脚が短いために飛び立てない海鳥の観察から着想を得て制作したものだったが、無残に墜落している。

それでもレオナルドは、その後も挑戦を続けている。自身の探究心を自分でこう誇った。

迷

「私のような者は、きわめて稀《まれ》にしかこの世に生まれてこないのだから」[2]

だが、その才はもっぱら絵画で発揮されることになる。レオナルドがひとたび下絵を描いたならば、芸術家たちは驚愕《きょうがく》し、老若男女が見物に押し寄せたという。

ほかの画家に比べて、どこがそれほど優れていたのだろうか。レオナルド曰く、徹底した観察の日々によって、万物を絵に描くことができる「万能の画家」になったのだという。

名

「万能の画家になる方法を知っていれば、容易に万物を描くことができる。というのは、あらゆる地上動物は似通った四肢を、つまり似通った筋肉と腱と骨を持っており、解剖書で証明するように、それらは長さや太さ以外には異なるところがないからだ」[1]

ただし、レオナルドには、重大な欠点があった。大作を書こうとするあまりに、たとえどれだけすばらしい下絵を描いたとしても、その後、完成させられないことが多かったのだ。

前述したみなを驚愕させた下絵も、すんなり完成したわけではない。もともとは修道士たちがほかの画家に教会の祭壇画を依頼。それを知ったレオナルドが名乗りを挙げて、制作を譲ってもらったという経緯があった。修道士たちはレオナルドに宿舎を与えて、レオナルドとその弟子たち全員の生活費を支払っている。

ここまで環境を整えてもらったにもかかわらず、気分が乗らないのか、一向に制作に着手しないレオナルド。周囲も冷や冷やしたことだろう。ようやく重い腰を上げて描いたのが、聖母と聖アンナとキリストのいる下絵で、これがフィレンツェ中の市民を感嘆させることになる。

作品が唯一無二の魅力を放つがゆえに、制作がどれだけ遅れても、依頼主はレオナルドのご機嫌をとるのが常だった。レオナルドがあまりに広範囲の分野に関心があったことも、絵筆が滞った理由の一つらしい。レオナルドの制作が進んでいるかどうかを見に行った修道士は、手紙でこんなふうに報告している。

「彼は幾何学に没頭していて、絵筆を持つのに辛抱できない」

なかなか作品を完成させられないことは、レオナルド自身も自覚していた。自分のことをこんなふうに客観的に描写している。

迷

「彼は有能な師匠なのだが、実に多くの雑務に追われているので、それを仕上げる暇などないだろう」[1]

また、ひらめいたアイデアを形にするには時間が要すると、レオナルドはいう。
『最後の晩餐』の依頼主であるミラノ公のルドヴィーコ・マリーア・スフォルツァには、着想から作品になるまでのプロセスをこんなふうに説明している。多くのクリエイターの気持ちを代弁する、至言ではないだろうか。

名

「卓越した才能を持つ者は、働いていないときほど大きな成果をあげることもある。彼らは常に頭の中でアイデアと、それを実現する方法を考えており、それがやがて形を取るのである」[1]

その一方で、アイデアのほとんどは実現せず、絵画は未完成なものばかり。そんな自分に嫌気がさしたのか、こんなふうにノートに書き殴ったこともあった。

迷

「教えてくれ、教えてくれ。私に一つでもなしえたことがあるなら……完成したものがあるなら」[1]

レオナルドが残した傑作を知る私たちからすれば「迷言」以外の何物でもないが、「万能の天才」がゆえに、理想と現実のギャップが大きかった。
レオナルドは『最後の晩餐』の制作では、1時間も作品を眺めて、たった一筆だけを入れて立ち去った日もあったという。
思考をすべてノートに書き記すレオナルドは、遺書で自分の葬儀についても指示していた。遺体の運び方、ミサをどのように行うか。そして、死についても、亡くなる30年も前から言及している。

名

「充実した日に幸福な眠りが訪れるように、充実した人生には幸福な死が訪れる」[1]

1519年、3週間前に67歳を迎えたレオナルドは、寝室を訪れたフランソワ一世の腕の中で、息を引き取った。その幸福な最期の場面は、多くの画家によって絵画に描かれている。

No. **18**

Michelangelo Buonarroti

ミケランジェロ・ブオナローティ

1475年～1564年。フィレンツェ共和国生まれ。イタリア・ルネサンス期の彫刻家、画家、建築家、詩人と幅広く活躍。彫刻家として『ピエタ』『ダビデ像』などの傑作を残した。システィーナ礼拝堂の天井フレスコ画を描いたことでも有名。ルネサンスの三大巨匠の一人。

芸術の道へ突き進むには、しばしば親の反対が立ちはだかる。ルネサンスを代表する芸術家ミケランジェロ・ブオナローティも例外ではなかった。

ミケランジェロは、『フィレンツェ年代記』にも記録されている伝統ある旧家に生まれた。裕福ではなかったが、名家の生まれだったため、父からは「一門から芸術家を出すのは恥ずかしい」と罵《ののし》られてしまう。だが、それに反発して芸術家の道を進んだミケランジェロもまた精神的に貴族であり、芸術家として見られるのを嫌った。

名門の出身であることを誇りに思っている点では、ミケランジェロも父と同じだった。

迷

「私は彫刻家ミケランジェロではない。……私はミケランジェロ・ブオナローティだ」[1]

いや、家柄への執着はむしろミケランジェロのほうが上だったのかもしれない。ただ、ミケランジェロは、自分は高貴な生まれだからこそ、芸術に従事すべきだと考えていた。

迷

「芸術は貴族がやるもので、庶民がやるべきものではない」[1]

こんな高慢な考え方では、周囲の人とうまく付き合うのは難しい。同じくルネサンス期の芸術家でライバルのレオナルド・ダ・ヴィンチが、職人たちと良いチームワークで大作を描き上げたのと対照的に、ミケランジェロは対人関係でのトラブルが絶えなかった。

ブランカッチ礼拝堂のマザッチョ壁画を模写していたときは、ミケランジェロが共同作業をしていた仲間の絵をこき下ろして年長者とケンカになっている。顔面に鉄

[1] ロマン・ロラン著、蛯原徳夫訳『ミケランジェロの生涯』みすず書房

拳を食らわされ、鼻をへし折られた。

その鼻は生涯治ることがなく、ミケランジェロの人生に暗い影を落とす。もともと外見にコンプレックスが強かったミケランジェロは、人前に出ることをためらい、人間嫌いに拍車をかけた。

ユリウス2世からシスティーナ礼拝堂の天井画を命じられたときには、フィレンツェから壁画の経験がある画家が何人か呼び寄せられた。それだけ大仕事だったからだが、ミケランジェロは職人たちともめてしまい、数人しか残らないという事態となる。

人手が足りないなかで、ミケランジェロは天井だけではなく、側壁にも絵を描くことを決意。作業のハードルはさらに高まり、納期は遅れに遅れた。

苛立《いらだ》ったユリウス2世から「いつ完成するのだ？」と尋ねられると、ミケランジェロは、こう答えた。

迷

「私が終わったと判断した時が、終わる時です」[2]

当然、怒りを買うことになったが、ミケランジェロは意に介することなくマイペースを貫き、天井画と側壁の画を完成させている。

命を削って描いた結果、失った物も大きかった。天井画を描くために数カ月顔を仰向けにしたため、視力にガタがきてしまう。それ以後、ミケランジェロは手紙を読むのにも何かを眺めるのにも、顔の上に掲げないと見えなくなった。

迷

「全く不便な生活の中で、非常に苦しんでいる。昼夜仕事のことしか考えない。このような苦痛を私は今まで耐えてきた。今も耐えている」[1]

これは、礼拝堂の仕事にとりかかる直前の言葉である。ひたすら仕事に注力したミケランジェロは、すでに身体がボロボロだった。こんなことも言っている。

迷

「私は一文なしの裸身だ。百千の苦しみに悩んでいる……私は貧しさと苦しみの中で生活している……私は貧困と闘っている」[1]

[2] 青木昭著『修復士とミケランジェロとシスティーナの闇』日本テレビ放送網

実際のところ、ミケランジェロには十分な富があった。晩年の年金や報酬は相当な額であり、しかも、それをミケランジェロは几帳面に管理していたのである。[3]

だが、その暮らしぶりは貧者と変わらなかった。食べるものにも着るものにも関心がなく、靴を履いたまま、服を着たまま寝ることもあった。苦痛のなかで、ひたすら働き続けたミケランジェロ。口につく言葉は弱音や呪《じゅ》詛《そ》ばかりである。

迷

「もう我慢できず死にそうだ。悪運は自分がやりたいことをさせてくれない。苦しくて死にそうだ。自分が悪いのでもないのに、私は詐欺師みたいになってしまった」[1]

そんな気難しく愚痴っぽいミケランジェロだったが、不思議と弟子たちには慕われた。また最愛の弟が死亡すると、遺児となった甥《おい》をわが子のように可愛がっている。甥が成長しても世話を焼きたがり、手紙では、結婚相手の条件までアドバイスした。

迷

「男と女の年齢は十ちがっていなければならぬ。お前が選ぶ女が善良なばかりでなく、健康でなければならぬ」[1]

迷

「いざとなったら皿を洗ったり掃除したりして恥ずかしがらない女を見つけるのだ。美人かどうかということは、別にお前がフィレンツェ第一の美男というわけではないのだから、不具者か醜女でないかぎり、気にしない方がいい」[1]

ちなみに、ミケランジェロは生涯独身だった。何を根拠に結婚について語ったのかは不明である。

晩年は尿管結石や慢性的な背部痛に苦しめられたが、50歳前後が平均年齢だった時代に、ミケランジェロは88歳まで生きた。

苦悩に満ちた人生に不満を漏らしながらも長寿だったのは、芸術家としての天命を受けていたからかもしれない。

[3] 池上英洋著『もっと知りたいミケランジェロ　生涯と作品』東京美術

No. **19**

Hideyo Noguchi

野口英世

1876年~1928年。福島県の耶麻郡猪苗代町生まれ。医師免許を取得して、渡米。アメリカのロックフェラー医学研究所に勤め、梅毒スピロヘータの純粋培養に成功。その名を世界に轟かせる。また黄熱病の病原体を特定し、3度ノーベル医学賞の候補となった。

「自分に自信を持つ」ことは、偉業を成し遂げるうえで欠かせない。それも実績を積むまでは「根拠なき自信」が多かれ少なかれなければ、努力を継続することが難しくなるだろう。「自分には何か特別なものがあるのではないか」というある種の思い込みが必要のように思う。

そのことを野口英世はこんな言葉で表現している。

名

「私は何かをするためにこの世に生まれてきたのだ。それを完成したいと思う。私は宿命を信じている」[1]

野口の強い思いは、周りの人間をも巻き込み、細菌学の研究における新発見を遂げさせた。最初の被害者といえるのが、高等小学校時代の同級生、八子弥寿平《やごやすへい》である。

野口は、高等小学校の卒業間近、弥寿平に漢文の教科書をねだっている。だが、漢文の教科書は全4巻で高価だった。困り果てた弥寿平は、葛藤の末に家の金庫から金を盗み出そうとするが見つかり、父から問い詰められている。

なんとも気の毒だが、弥寿平は生涯にわたって、野口と交流し、応援し続けた。野口は幼少期に左手を火傷し、手術で救われたことをきっかけに医師を志す。手術の退院の日に、弥寿平は野口に会いに行き、当時はまだ高価だった記念写真を一緒に撮影。写真をプレゼントした。

弥寿平だけではなく、高等小学校の生徒や先生たちも、手術のとき野口に援助を行った。野心を隠すことなく公言する野口に心が引き付けられるのかもしれない。

迷

「小生は、名誉のためなら進んで危ない橋も渡る」[2]

その野口に最も魅せられて、最も迷惑をかけられたのが、歯科医師の血脇守之助である。

〔1〕山本厚子著『野口英世は眠らない』綜合社
〔2〕木原武一著『大人のための偉人伝』新潮選書

野口は一文無しで故郷から上京。安下宿で試験直前の追い込みを始めるも生活費が尽きてしまう。そこで血脇のもとを訪ねて、こう頼み込んだ。

迷 「人力車夫に使ってはいただけないですか」[3]

旧知の仲でも突然、こんな申し出を受けたら戸惑ってしまうのに、野口と血脇は一度しか面識がなかった。1年前、血脇が会津若松に出張診療に出かけたとき、汗だらけになって医学の原書を読んでいたのが野口だった。

「東京に出たら、私を訪ねて来なさい」[3]

まさか本当に来るとは思わなかったが、血脇がそう口走ったのは事実である。野口は歯科医学院の門番兼小使いとして住み込ませてもらえることになった。

のちに野口はアメリカでも同じ手を使っている。東京で一度だけ会ったことがあるフレクスナー博士のもとに突然訪問して、野口はこう言った。

迷 「兼ねてからのお約束通り、日本からやってまいりました。大学の助手に採用してください」[3]

フレクスナーからすれば、そんな約束などしていないし、そもそも英語があまりにたどたどしくて何を言っているのかさえよくわからない。

当然、門前払いされそうになるが、野口は血脇のときと同じく、粘りに粘った。無給を条件に、ロックフェラー医学研究所に置いてもらうことに成功している。

驚愕《きょうがく》すべき厚かましさだが、一度食らいついたら、全身全霊で仕事にあたるのも、野口の特徴である。

血脇のもとでは用務員の手伝いを誰よりも積極的に行いながら、勉学にも励み、21歳で医師免許を取得。ロックフェラー医学研究所では昼夜を問わずに研究に打ち込み、フレクスナー所長にこう驚かれている。

「一体、日本人はいつ寝るのか」

野口は小学生時代からの口癖をまさに実践したといえるだろう。

[3] 奥村鶴吉編『野口英世』岩波書店

名

「ナポレオンは、夜三時間しか眠らなかった。彼になし得られる努力が、自分になし得られぬはずがない」[1][3]

ただ、野口には大きな欠点が一つあった。それは金銭感覚が欠如しており、過度の浪費癖があったこと。大酒を飲んで、お金があればあるだけ使ってしまう。

アメリカ留学の前夜にも、野口はやらかしている。送別会として芸者を呼んで、仲間たちとどんちゃん騒ぎ。留学資金の半分を使い果たしてしまったのだ。

さすがの血脇も呆《あき》れたが、もう船の時間が迫っている。血脇は高利貸しに借金してまで、費用を作った。

「あんな男に、学費を出すなんて、馬鹿げているよ」

周囲からそんな忠告を受けても、血脇は野口を支え続けた。その甲斐があり、野口は渡米後に、梅毒スピロヘータの純粋培養に成功。世界にその名を馳せた。

名

「学問というものは、一種の投機事業だ」[2]

寒村から学問一つで身を立てた野口。渡米後の成功を思えば、まさにこの言葉は真理をついている。

もちろん、投機にはリスクがつきものである。アグレッシブに行動する野口はいつも自信満々に見えるが、こんな負の感情を吐露することもあった。

迷

「こんな血のにじむような苦労をして、それでも当たらないなら、鉄道自殺するか」[4]

アメリカでは日本人への差別も当然あったが、野口は「決して日本人はばかにできないことを、はっきり見せてやるんだ」と怒りを露わにした。

名

「そのためにぼくはすべてを捨てて命がけで研究に打ちこんでいるんだ」[1]

その言葉どおり、黄熱病の研究中に自身も罹患《りかん》して51歳で死去している。

[4] 中山茂著『野口英世』岩波書店

No. 20

Diogenes

ディオゲネス

紀元前412年?~紀元前323年。黒海南岸のシノペ生まれ。アテナイにやってきて、アンティステネスの弟子となる。キュニコス派の思想の実践に励み、物質的な快楽を捨て、みすぼらしい生活をした。大樽の中に住んでいたことから「樽のディオゲネス」とも称された。

ソクラテスをはじめに哲学者には変わり者が多い。なかでも奇人ぶりを誇ったのが、ディオゲネスである。

ディオゲネスはある日、走り回っているネズミを見て、こう思った。ネズミは寝床やおいしい食事を求めることもない。そして暗闇も恐れず、ただひたすら走り回っている。これこそが自分の生き方だとディオゲネスは開眼。粗末な服を着て、食糧を入れた袋を持ち歩いて暮らすようになる。寝る場所として、大きな樽を確保。樽の中で、日夜を過ごし、「樽のディオゲネス」と呼ばれた。

また、夏になると熱い砂の上を転げ回り、冬になると雪まみれの彫像を抱きかかえたという。

そんな奇人ディオゲネスは、逸話にも事欠かない。航海中に海賊に捕らえられ、奴隷として売り飛ばされた。「何ができるか」と聞かれると、こう答えた。

迷

「人びとを支配することだ」[1]

奴隷としてはまるで使えそうにない。座っていたため、立つように指示されたが、意に介さずこう言った。

迷

「そんなことはどうでもよいことだ。魚だって、どんなふうに置かれていようと、売られていくのだから」[1]

さらに、ディオゲネスは、自分の買主となったクセニアデスを指さして言った。

迷

「自分の言うことに従ってもらわねばならない」[1]

斬新な売り込み方が功を奏したのか、クセニアデスはディオゲネスを、あろうことか自分の息子たちの教育係に取り立てた。なかなか大胆な抜擢《ばってき》である。

[1] ディオゲネス・ラエルティオス著、加来彰俊訳『ギリシア哲学者列伝（中）』岩波文庫

だが、わからないもので、ディオゲネスは、クセニアデスの息子たちに割とまともな教育を施した。勉強を教えたあとは、乗馬、弓引き、石投げ、槍投げなどの運動も教えている。生活指導も抜かりなく、「自分のことは自分でやること」「粗食にて水ですますこと」など自立するうえで、必要なことを叩き込んだ。

一方で、ディオゲネスらしい奇抜なトレーニングも行われていた。息子たちの髪の毛を短く刈り、下着や靴も履かせずに、道を歩かせている。このときに会話はおろか、きょろきょろすることさえ許さなかった。理不尽な仕打ちのように思えるが、何かの修行だろうか。

そんな指導ぶりが気に入られたようで、ディオゲネスはその家で長く過ごし、最期はクセニアデスの息子たちに葬られている。

埋葬における、ディオゲネスの注文は一つだけだった。

迷 「顔を下にして」[1]

突っ伏した姿勢でかなり苦しそうである。理由を尋ねられると、ディオゲネスはこう答えた。

迷 「もうしばらくすれば、下にあるものはひっくり返され、上になるだろうから」[1]

これは身分の低かったマケドニア人が覇権を握ることを予言していたといわれている。

そんなディオゲネスの噂を聞き、アレクサンドロス大王が大勢のお供を連れて、訪ねてきたことがあった。

体育場の隅でぼんやりと、日向ぼっこをしているディオゲネスを見つけると、アレクサンドロス大王は、厳かにこう声をかけた。

「何でも望みのものを申してみよ」

ならばと、ディオゲネスはこう願いを伝えた。

名 「あなたが影になるので私に日の当たるようによけてください」[1]

帰り道、大王は「私がもしアレクサンドロスでなかったらディオゲネスになりたい」とつぶやいたという。

No. 21

Florence Nightingale

フローレンス・ナイチンゲール

1820年～1910年。フィレンツェ生まれ。1853年にクリミア戦争が起きると、多くの看護師を率いて、野戦病院に赴任。献身的な看護を行い、「クリミアの天使」と称賛された。看護施設の創設と改善に尽力したほか、看護師の教育制度を整備。著書に『看護覚え書』など。

「六歳のときからずっと忘れないできているものである」[1]

ナイチンゲールは31歳のとき、自身の夢について「私の全能力を使ってする何かを求め続けてきた」として、こんな揺るぎない思いを日記に綴っている。

名

「私が忘れることができないでいる最初の思いつき、そして今も考えていることは、看護の仕事である」[1]

ナイチンゲールといえば、クリミア戦争に従軍看護師として参加し、敵味方問わずに兵士に看護を行ったことで知られている。その献身的な姿から「白衣の天使」「クリミアの天使」などと呼ばれた。ナイチンゲールが過酷な任務を遂行できたのは、看護師になる前から、こんな強い職業意識があったからにほかならない。

しかし、ナイチンゲールは、この日記につらい心情も続けて吐露している。

迷

「すべてを試みた。外国旅行も、親切な友人も、すべてを。おお、神様！　私はどうなるのだろう？」[1]

迷

「人生三十一年、好ましいと思われるのは死ばかりである」[2]

なぜ「看護師になりたい」という揺るぎない信念を持ちながら、これほど絶望しているのか。それは、ナイチンゲールが看護師になることを熱望しているにもかかわらず、両親がそれを許さなかったからである。

イギリスの富豪のもとに生まれたナイチンゲールは、そもそも働く必要すらなかった。

年に2回はロンドンでの社交パーティに出席。あとは

[1] リットン・ストレイチー著、橋口稔訳『ナイティンゲール伝―他一篇』岩波文庫
[2] 宮本百合子著「フロレンス・ナイチンゲールの生涯」『宮本百合子全集　第十四巻』新日本出版社

田舎の邸宅や別荘でのんびり過ごす日々。両親が娘のナイチンゲールに望むのは、高貴な男性と結婚して子どもを産み、幸福な家庭を築くことだけだった。

そのためには教養が必要となるので、両親はわが子の教育に熱を上げた。フランス語、ギリシア語、イタリア語、ラテン語などの語学教育のほか、哲学や数学、経済学と教育費は惜しまなかった。それだけ大事に育てた娘が働きに出るだけでも受け入れがたいことなのに、よりによって、看護師になりたいと言う。

「看護師という恥ずべき仕事を口にするな」[3]

両親はそう言って、ナイチンゲールの夢を抑えつけた。拒絶反応を示したのは、当時の看護師という職業イメージが現在とはまるで違うためでもあった。病院はシーツを替えないどころか、壁はコケでびっしり。極めて不衛生なのが当然で、入院するとかえって症状が重くなるくらいだった。そこで働く看護師もブランデーをちびちび飲みながら働く老女ばかりで、「酒に酔っていない看護師などいない」とさえ言われていた。

ナイチンゲール自身も、看護師という職業イメージが悪いことは十分に理解していた。

「それは台所働きのメイドになると言い出したようなものであった」[1]

だが、ナイチンゲールは上流階級の暮らしが苦痛でしかなかった。こんな陰鬱《いんうつ》な思いに苦しめられている。

迷

「年ごとに若さを失っていくこと以外、私が生き続けていても何の得るところはありません」[4]

それよりも別荘の近くに住んでいた貧しい病人の世話をするほうが、よほど価値のある時間のように、ナイチンゲールには感じられたのである。

身近に病人が出れば、積極的に看護にあたったナイチンゲール。看護への思いは募るばかりで、次第に夢を実現させるための行動を起こし始める。

両親に見つからないように、貧民学校や救護所を見学。さらに、両親との海外旅行の間ですらも、病院巡りを行っている。それどころか、母と姉と3人でドイツの温泉に行ったときは、看護師養成所に3カ月以上も滞在した。

そんなとき、看護師への揺るぎない意志をさらに試すかのような出来事が、ナイチンゲールに降りかかる。30歳を前にして、ある青年と恋に落ちたのだ。

[3] 木原武一著『大人のための偉人伝』新潮選書

[4] セシル・ウーダム・スミス著、武山満智子訳『フロレンス・ナイチンゲールの生涯（上）』現代社

この恋に突き進むべきか。ナイチンゲールは独特な表現で心情を記している。

名

「私には知性の満足を求めるところがあるが、彼ならそれを充たしてくれるであろう。また情熱の満足を求める性質もあるが、それも彼は充たしてくれるであろう」[4]

知的な好奇心も、情熱を求める心も満たしてくれるならば、交際相手としては申し分ないだろう。

しかしながら、彼をもってしても満たせないものもあった。

迷

「私には満足を要求する道徳的、行動的な性質がある。その満足はあの人の生活中には得られない。時には私もともかく情熱的な性質を満足させようと考えないでもないが……」[2]

道徳的に正しいと思う行動をとりたい。それこそが、ナイチンゲールの思いであり、だからこそ、両親の猛反対を押し切ってまで、看護師になろうとしている。

今、恋愛に走れば、その使命をまっとうすることは難しい。いや、情熱を最優先して恋に生きる道もあるが……とナイチンゲールは葛藤する。

まさしく「迷う」という意味での「迷言」だが、どうしても避けたいことがあった。それは「ほんとうの意味で豊かな生活を自分のためにつくる機会を永遠につかめなくすること」[1]

悩み抜いた末にナイチンゲールは自分の夢を追うことを改めて決意。この恋を諦めている。

再び状況は振り出しに戻った。恋愛を捨ててまで自分の道を進もうとしているのに、なかなか看護師として働けない。そのことに絶望し、31歳の若さで死を望んだこともあった。

だが、年月を重ねるにつれ、家族の反対も和らいでくる。婚期を逃して呆《あき》れられただけかもしれない。それでも、一向に構わなかった。自分の人生の価値は自分で決める。そんな開き直りが、事態を次第に動かしていく。

33歳のとき、ナイチンゲールは、ついにロンドンの病院で、看護師の監督として雇われることになった。就職する前年、父にこんな手紙を書いている。

名

「あの何ひとつ、自分自身をさえ支配できないような失望に満ちた未熟の時代、青春——私のそれはついに終わり、二度と戻らないという、その喜びをかみしめています」[3]

クリミア戦争が勃発したのは、ナイチンゲールがロンドンで看護師として働き始めた1年後のことである。戦地への従軍を依頼され、ナイチンゲールは38名の看護師団を率いて、戦地の野戦病院へ入った。

だが、到着した一同は、信じがたい光景を目にすることになる。病院とは名ばかりで、部屋にぎっしり詰め込まれたベッドに、ただ病人が収容されているだけだった。廊下には、何日間も放置された便器が置いてあり、壁は湿気で水滴だらけ。イギリスのスラム街よりも劣悪な環境で、病院で死亡した4分の3が、戦場の傷ではなく、病院で罹患《りかん》した病が原因だったという。

そんななか、ナイチンゲールがまず行ったのが、徹底的な清掃である。これだけの状況だと容易ではないが、ナイチンゲールは、根本からの病院改革に着手した。

名

「すべて思い通りになしとげるのではなければ、何もなさなかったのと同じである」[3]

ナイチンゲールは、医療品や薬品が不足しているだけではなく、石鹸や食器などの必需品もないなかで、一から環境を整えた。そうして衛生状態を大幅に改善した結果、兵士たちの死亡率を半減させることに成功している。

並々ならぬ苦労がうかがえるが、ナイチンゲールは、過酷な状況での看護をこう振り返る。

名

「おしつけられた役目のなかで一番軽い物だった」[1]

ナイチンゲールにとっての地獄とは「生き甲斐のない毎日を過ごすこと」だった。それに比べれば、やりたかった仕事での困難などは、むしろ喜びにさえ近かった。

人生に使命感を持つのに、遅すぎるということはない。大切なのは、自分の心と向き合うこと。そして、諦めることなく、行動を続けることである。

No. 22

Hideyoshi Toyotomi

豊臣秀吉

1537年〜1598年。尾張国愛知郡中村生まれ。織田信長の家臣として頭角を現す。山崎の戦いで明智光秀を破ると、四国、九州、後北条、奥羽を平定して天下統一を達成。関白、太政大臣となった。貨幣統一、兵農分離、太閤検地などの施策で幕藩体制の基礎をつくる。

足軽の身分から天下人となった、豊臣秀吉。勇猛な戦国武将たちが鎬《しのぎ》を削るなか、秀吉の体格はひときわ小柄で、140センチ、45キロだったともいわれている。[1]

戦国時代を知略によって制した秀吉は、家康（P150参照）と同様に「手紙魔」だった。誇張や嘘もいとわないのが、秀吉が書く書状の特徴である。

本能寺の変で、織田信長が討たれると、秀吉は備中高松城から上洛。山城国山崎までの235kmもある距離をわずか10日で駆けつけて、明智光秀を討つことに成功。信長の葬儀も一人で取り仕切り、織田家の実質的な後継者となることを印象付けた。

いち早く信長の仇を討ってライバルたちを出し抜いた秀吉。スピードの速さもあるが、書状による攪乱《かくらん》作戦も功を奏したのかもしれない。本能寺の変から3日後に、摂津茨木城主の中川清秀への書状でこう書いた。

迷

「上様ならびに殿様、いずれもなんのお障りもなく明智光秀による襲撃から切り抜けなされた」[2]

上様は信長、殿様は信長の嫡男である信忠のこと。実際は親子ともども自刃している。つまりは、大嘘である。これほど堂々と嘘をつく秀吉の抜け目なさには驚くばかりだが、まだこんなものではない。羽柴秀吉と柴田勝家で織田家を二分した賤ヶ岳《しずがたけ》合戦の直前には、毛利家の小早川隆景にこんなハッタリをかましている。

迷

「播州より西のことは知らないが、東においては、津軽・合浦《がっぽ》・外浜《そとがはま》までも、われらの槍先に堪えられる者はいそうもない」[2][3]

[1] 篠田達明著『日本史有名人の身体測定』KADOKAWA
[2] 吉本健二著『戦国武将からの手紙—乱世を生きた男たちの素顔』学研M文庫
[3] 鈴木良一著『豊臣秀吉』岩波新書

まるで関東や奥羽にまで槍を向けたかのような書きぶりだが、そんな事実はない。さらに「ともかくも暇をあけておいたので、ご安心くだされ」と、大した敵もいないので休んでいると、余裕をアピールしている。ことさら自分を大きく見せることで、天下統一を見据えて、毛利と有利に講和を進めようという秀吉の思惑をうかがい知ることができる。

賤ヶ岳合戦で、勝家に勝利すると、秀吉はさっそく勝利を小早川に伝えている。その書状には、こんな文言まで飛び出した。

名

「日本の治《おさまり》、この時にあり」[3]

自分が日本を治めるときがきた——。

大言壮語もここまで来れば「名言」といっていいだろう。秀吉のように明るい性格で頼もしければ、付いていきたいと思う家臣は多かったに違いない。

絶えず一歩先を読んで策略を巡らした秀吉だが、自分の子どもだけには我を失った。56歳で側室の淀殿との間にようやくできた待望の世継ぎだけに、秀吉の親バカは留まることを知らない。

4歳の秀頼に向けて、秀吉はこんな書状を書いている。

迷

「とても慕わしく思われるので、ただちにそちらへと参りまして、口を吸いたく思いますぞ。また、予が留守の間に、他人にその愛らしい口を吸わせていなさるのかと思い、残念でならぬ」[2]

可愛い息子にキスするのを楽しみにする老父の姿は、見るに堪えないものがあるが、まだ可愛いもの。

4人の女中が秀頼の言うことに逆らった……と耳にすると「お母さんに言ってもらって、4人をひとつの縄に縛りあげてもらいなさい」と言い、さらに続けた。

迷

「予がじかに参上してことごとく叩き殺してあげるよ」[2]

秀吉ならば、本気でやりそうで恐ろしい。策略で周囲を翻弄《ほんろう》した秀吉も、わが子の前では形なしだった。

No. **23**

Mahatma Gandhi

マハトマ・ガンジー

1869年～1948年。インドのグジャラート生まれ。ロンドンに留学して弁護士となり帰国。非暴力・不服従を掲げてイギリスと戦い、激しい弾圧を受けながら、第二次世界大戦後に独立を実現。マハトマとは「偉大なる聖人」の意。

マハトマ・ガンジーは、植民地に圧政を行うイギリスに立ち向かい、インドを独立へと導いた。ガンジーは「独立の父」として、20世紀が誇る偉人として歴史に名を刻むこととなった。

だが、ガンジーにとってそれは喜ばしいことばかりではなかったようだ。

迷

「世界から賞讃されても、わたしの心は動かない。かえって、わたしを苦しませることさえしばしばある」[1]

聖人君子のように扱われることに、言いようのない罪悪感があったのかもしれない。ガンジーは自らの人生を振り返り、いくつか懺悔《ざんげ》をしている。

一つが妻についてである。ガンジーが結婚したのは13歳のとき。同い年のカストゥルバとの若すぎる結婚について、ガンジーはこう振り返っている。

「今日、私が面倒を見ている同じ年ごろの若者たちを眺め、そして私自身の結婚のことに思い及ぶと、自分を哀れに思い、私と同じ目にあわないですんだ彼らを喜ばずにはいられない。このように非常識な早婚をよしとする道徳的論拠は、どこにも見つけられない」[1]

確かに、中学生の年齢で結婚しても、夫としてどう振る舞うべきなのかが、わかるはずもない。嫉妬深さを抑えられず、ガンジーは妻を監視下に置いた。

迷

「私は彼女の動静を四六時中監視していなければ気持がおさまらなかった。したがって、彼女は私の許しが出なければ、どこへも出かけられなかった」[1]

完全にモラルハラスメントだが、ガンジーはこの振る舞いを後悔した時点でも、まだこんな論をぶち上げてい

［1］マハトマ・ガンジー著、蛸山芳郎訳『ガンジー自伝』中公文庫BIBLIO20世紀

る。おそらく根底は変わっていなさそうだ。

迷

「私たちの生活が、救いようのない不愉快なものであったと思ってはいけない。というのは、わたしの口やかましさはみな愛情に根ざすものだったからである。わたしは妻を理想の妻に仕上げようと思った」［1］

またガンジーは12歳の頃、仲間と盗みを働いたことも告白している。

迷

「私たちは、インドの紙巻きたばこを買うために、召使いのへそくりから、銅銭をちょろまかし始めた」［1］

10代は若気の至りで、足を踏み外しがちな年頃とはいえ、召使いのへそくりから盗むとは、かなりのろくでなしである。

ただ、ガンジーがこれらを全部、包み隠さずに自ら書いたのは、なかなかできることではないだろう。

名

「自己浄化の道は困難で、かつ険しい。完全な純潔を達成するためには、人は思想において、言葉において、行為において、絶対に喜怒哀楽の情から解放されていなくてはならない」［1］

過去を振り返り、より高みへと自分を置こうとしていたガンジー。それに反抗したのが、息子のハリラールである。ガンジーの名前を使い、商売をしては失敗して、借金の山を作った。

迷

「ある人物が善良であるからといって、その子供もそうであるとは限りません」［2］

酒浸りの息子については、不屈のガンジーですらもサジを投げたのだった。

［2］マルコム・フォーブス著、ジェフ・ブロック著、安次嶺佳子訳『有名人の子供はつらい』草思社

No. 24
Charles Darwin

チャールズ・ダーウィン

1809年～1882年。イングランドのシュロップシャー州生まれ。開業医の父の跡を継ぐべく、エジンバラ大学で医学を学ぶが中退。海軍の測量船ビーグル号に乗り込み、世界一周旅行へ。帰国後、「ダーウィンの進化論」と呼ばれる『種の起源』を発表して波紋を呼んだ。

自分にはどんな仕事が向いているのか。天職と言わないまでも適職にはありつきたいものだが、それが何かわかるまでには、それなりの年月が必要だ。

だが、自分に向いていない仕事ならば、望むと望まざるとにかかわらず、自然と思い知らされることになる。

チャールズ・ダーウィンは、父親が開業医だったために、後継者になるべく、エジンバラ大学に入学。入学するまでの期間は、父の助手を務めて、患者の問診をしたり、薬の調合をしたりした。父からもその働きぶりを褒められていたという。医師の卵として順調なスタートを切ったかに見えた。

だが、入学して間もなくして、ダーウィンは、自身が医師に向いていないことを、嫌というほど思い知らされることになる。解剖学の講義について、姉への手紙できっぱりこう書いている。

迷 「僕はこの先生も講義も、どちらも大きらいです」[1]

病院での臨床講義には興味を引かれたようだが、大抵の講義はダーウィンには無駄な時間だったらしく、「どうしようもなく退屈」「思い出してもぞっとする」など、辛辣《しんらつ》な評価を下している。

特にダーウィンが耐えられなかったのは、解剖の実習である。まだエーテルやクロロホルムが活用される前の時代のため、外科手術では、患者が痛みを訴えて、泣き叫ぶのが常だった。

人一倍、気が優しいダーウィンは、それを直視できず、手術室から何度か逃げ出している。父の手伝いをしているだけでは知ることのなかった、残酷な外科手術の現場を目の当たりにし、ダーウィンは医学への関心を失う。

一方で、ダーウィンが夢中になったのは、博物学である。幼少期から、貝殻、封筒のシール、貨幣、石ころな

[1] 八杉龍一著『ダーウィンの生涯』岩波新書

ど何でも集めるのが好きだった。動植物を採取しているうちに、一日があっという間に過ぎていく。

ある日、父からこんな叱責《しっせき》を受けた。

「おまえは射撃と、犬やネズミをとること以外、何もしない。そんなことをしていると、おまえ自身だけではなく、家族の恥になる」[2]

そんな父も医師の適性が明らかになさそうなダーウィンを見て、教育方針を変更。病院の跡を継がせるのを諦めて、ケンブリッジ大学の神学部へと入り直させた。

だが、結局、ダーウィンが熱中したのは少年の頃と何ら変わらなかった。家庭教師までつけて神学の道へ進ませようとした父が聞いたら、さぞがっかりすることを言っている。

迷

「なんといっても、カブトムシの収集ほど、私がケンブリッジで熱中し、楽しみにしていたことはない」[3]

講義もサボりがちだったダーウィンだが、ヘンズロー教授の博物学だけはきちんと出席して、熱心に聴いた。植物学、昆虫学、化学、鉱物学、地質学など多岐にわたる学問に精通したヘンズローとの出会いが、ダーウィンの人生を大きく変えることになる。

名

「ヘンズローは僕の指導者だ。彼は非常にすぐれた指導者だ。一日のなかでいちばん楽しいのは、彼と話をしているときだ」[1]

22歳のとき、ダーウィンは恩師ヘンズローの推薦で、海軍の調査船・ビーグル号での世界一周旅行に参加。その興奮を日記にこう綴った。

名

「私の第二の人生がこの日に始まるでしょう。この日は今後の人生の誕生日になるでしょう」[3]

帰国後、地質学や動物学の研究を進めたダーウィン。ガラパゴス諸島の鳥や爬虫類《はちゅう》が、島によって異なる特徴を持つことに着目する。

そこから、ダーウィンが、生物進化論を確立した『種の起源』の概要を完成させるのは、33歳のときのことだ。

[2] ゲルハルト・プラウゼ著、丸山匠訳、加藤慶二訳『天才の通信簿』講談社
[3] 松永俊男著『チャールズ・ダーウィンの生涯　進化論を生んだジェントルマンの社会』朝日選書

その意気込みを妻への手紙でこう書いた。

名

「私はいま、種の学説の概要を書きおえた。もしも、私の学説が、たとえただ一人の有能な判定者によってでも、認められる日がくる——私はそれを信じている」[1]

大胆な論説で、学界に大きな波紋を呼んだ『種の起源』。ダーウィンは、批判や反論にもなるべく丁寧に答えながら、科学の進歩について、こう述べている。

名

「あまりに懐疑的であることは、科学の進歩のために有害であると思う」[1]

学校の授業をサボりまくった少年は、研究者として羽ばたいて以来、死の直前まで研究の手を休めなかった。それは生活のためではない。なにしろダーウィンは、父の莫大《ばくだい》な遺産を堅実に資産運用して、晩年には、個人総資産が約30万ポンドと、現在の日本円で70億円を超えていた。

悠々自適な研究生活が送れたダーウィン。午前中が最も仕事がはかどる時間帯で、7時45分に朝食をとると、8時から9時30分までをゴールデンタイムとした。この1時間30分が終わると、満足そうにこう言った。

迷

「たっぷり一日分の仕事をしてしまった」[1]

ちょっと短すぎる気もするが、その後は10時30分から仕事を再開して正午過ぎまで働き、午後からは、散歩をしたり、新聞を読んだりしてのんびり過ごして、また夕方に1時間程度の仕事をした。そうしてコツコツと毎日、地道に研究を前進させていった。

多くの動植物を観察してきたからだろう。晩年、死が迫ると、ダーウィンはこんな言葉を残して、73年の生涯に幕を降ろした。

名

「死ぬことは少しもこわくない」[1]

No. 25 Saigyō

西行

1118年～1190年。京都生まれ。北面の武士として鳥羽法皇に仕えたが、23歳のときに出家。東山山麓や嵯峨に草庵を結んだのち、吉野や高野山で修行。奥州、中国、四国、伊勢の諸国を旅しながら、多くの歌を詠んだ。『新古今和歌集』では最多の94首が入撰。

出家して世捨て人になるのも悪くないかもしれない。

人間関係に疲れると、そんな思いに駆られたりもするが、平安から鎌倉にかけて活躍した歌人の西行を見ると、そう簡単なことではないらしい。

23歳のときに、家族も仕事も捨てて世捨て人になると決めたのに、何かと都に出てきてしまう西行。春になって花見に誘われると、ちゃっかり参加している。そんな自分を嘆いて、こんな歌を詠んでいる。

「世の中を捨てて捨てえぬ心地して　都離れぬ我が身なりけり」[1]

意味としては次のようなものだ（現代語訳は筆者）。

迷

「出家して世の中を捨てたけれども、まだ捨てきれない心持ちがする。都から離れられない私なのだ」

これでは全く世捨て人とはいえないだろう。

なにしろ、住まいからして中途半端だった。東山や鞍馬、嵯峨など、平安京から近く、都と地方の境のような場所に草庵を結んでいるのだ。

西行も「このままではいけない」と思い、奈良の吉野山へと居を移し、陸奥や出羽などの東北地方への2年におよぶ旅に出た。やがて高野山へとたどり着き、少しは出家らしくなってきたが、道中は相変わらず、くよくよと「世が捨てられない」と嘆いている。

「何事にとまる心のありければさらにしも又世のいとはしき」[1]

現代語訳をすると、西行が自分を情けなく思う気持ちがよくわかるだろう。

［1］西澤美仁編『西行　魂の旅路』角川ソフィア文庫

迷

「執着が残っているからか、出家してもまだ捨てきれない感覚が残って、この世が厭《いと》わしくなる」

そもそも西行はなぜ出家したのだろうか。

西行は俗名を「佐藤義清《のりきよ》」といい、佐藤家は祖先に藤原鎌足を持つ、藤原家の傍流にあたる。

生まれながらに、紀伊国那賀《なが》郡に広大な荘園を持ち、おまけに容姿端麗で、武術にも長《た》けていた。

家族にも恵まれ、出家する際は、4歳の娘が足にしがみついてきたという逸話も『西行物語』や『西行物語絵巻』で紹介されている。涙を誘う場面だが、あろうことか、西行はすがる娘を縁の下に蹴飛ばして、こう言ったというから、なかなか激しい男である。

迷

「これこそ煩悩の絆よ」[1]

そうまでして西行が出家した理由には、友人が急死した説、妻子がいながら失恋した説などがあるが、いずれも決め手に欠ける。

おそらく明確な理由などなかったのではないか。

院政から武家政権へ大転換が行われるなか、院政内部でも、熾烈《しれつ》な権力闘争が繰り広げられた。[2] 傍で見ていた西行が、そんな人間社会の喧騒から離れたいという漠とした思いに駆られたとしても、何ら不思議ではない。

だが、出家しても、朝廷との関係を絶つことはできなかった。特に、和歌を通じて交流を深めた崇徳天皇への思い入れは深かったようだ。

崇徳天皇は、父の鳥羽上皇と骨肉の争いの結果、讃岐に流され、出家の道を選ぶことになる。その悲運に心を痛めた西行は、こんな歌を詠んだ。

名

「かかる世に　かげも変らず　すむ月を　見る我が身さへ　恨めしきかな」[1]

崇徳天皇が出家するという大きな事態が世の中では起きているのに、澄んだ月の美しさは少しも変わらず、それに見とれる自分自身が、われながら恨めしい……。

自分の弱さを隠さなかった西行らしい、思いやりにあふれた歌だといえるだろう。

[2] 渡部治著『西行』清水書院

No. 26

Fyodor Dostoyevsky

フョードル・ドストエフスキー

1821年〜1881年。ロシアのモスクワ生まれ。陸軍中尉として工兵団製図局に勤務したが、1年足らずで退職。政治犯として逮捕されシベリアで服役した。代表作に『罪と罰』『白痴』『悪霊』『未成年』『カラマーゾフの兄弟』など。世界的な文豪として名高い。

作家という仕事は、書き手の感受性が豊かでなければ、成り立たない。だが、ドストエフスキーの場合は、あまりにも感情の起伏が激しく、周囲をよく戸惑わせた。

作家のパナーエフ夫人はドストエフスキーの第一印象をこう語っている。

「ドストエフスキーは、おそろしく神経質で、自意識の強い青年だということが分りました。彼はやせて、小柄で、薄い亜麻色の髪をしていました」[1]

ある日、みなで冗談を言って大笑いしているときに、ドストエフスキーが入ってきたが、すぐに出て行ってしまった。約1時間後、中庭で呆然《ぼうぜん》と立ち尽くすドストエフスキーを友人が発見。事情を尋ねると、こう激怒した。

迷

「どうしたらいいんだ、まったく！ もう我慢できないんだよ！ ぼくは行く先々で、みんなの笑いものになるんだから。ぼくは見てしまったんだよ、きみたちがぼくをみてどっと笑い出したのを！」[1]

何かと不安になりがちなドストエフスキーは、自分の行く末も気がかりだった。

工兵学校の仕事を1年足らずで辞職。「ジャガイモ料理みたいに飽き飽きした」という独特な言い回しでその理由を表現すると、作家になるべく小説の執筆にいそしみ、デビュー作『貧しき人びと』を書き上げた。当初は自費出版するつもりだったが、友人に止められて、雑誌社に原稿を送っている。

だが、やはり不安に駆られて「原稿を突き返されるのではないか」「載せてもらえたとしても、批評家に叩かれるのではないか」と心配し、兄にこんな悲痛な手紙を出している。

［1］アンリ・トロワイヤ著、村上香住子訳『ドストエフスキー伝』中公文庫

迷

「ぼくの小説が掲載されない場合は、ぼくはおそらくネヴァ河にとびこむつもりです。だってそれしか手がないでしょう？」[1]

極度な不安は自身の健康面にも及んだ。「結核か、精神障害に違いない」と思い込み、医学書を読みあさり、医者にこんな頼みごとをした。

迷

「自分の頭の骨格をみて、こまかく性格分析をしてほしい」[1]

神経が高ぶると自分でもコントロールできなかったようで、こんな悩みを友人への手紙で吐露している。

迷

「神経がひどく過敏なので、なにか底意のあることばを耳にすると、どうにも自制できなくなるのです」[1]

実際に、健康状態もよくなかった。ひどい癇癪《かんしゃく》は、仕事にも支障をきたすほどだった。

迷

「自分はまだ何ひとつ小説の筋を立てることができないでいる。癇癪が記憶力ばかりか、空想力さえ奪ったのではないかと心配している。淋《さび》しい考えばかりが頭に浮かんでくる」[2]

晩年は肺気腫を患い、ひどい咳に悩まされた。それほど過酷な状態でも、ドストエフスキーは書き続けた。いや、生きるためには、書くしかなかった。ドストエフスキーは賭博好きで、多くの借金を抱えていたのである。父の死後は浪費も激しくなり、ルーレット賭博に有り金をつぎ込んでは、借金を膨らませた。

出版社に前借りを重ねているため、健康の回復を待ってから書く、などということは許されなかったのだ。2番目の妻で、ドストエフスキーの作品の口述筆記を行ったアンナが、当時の状況をこう書いている。

「トルストイやツルゲーネフ、ゴンチャロフらはたいていみな、健康にめぐまれ、暮しにもこまらず、作品に専念して十分考えたり仕上げたりする余裕のある人たちだ

[2] 加賀乙彦著『ドストエフスキイ』中公新書

った。一方、ドストエフスキーは、癇癪と肺気腫という二重の重い病気にとりつかれ、多くの家族や借金をかかえたあげく、明日のことを思い煩い、日々の糧に始終気をつかわねばならなかった」[2]

もちろん、一番つらいのは本人だ。こう嘆いている。

迷

「生活のために原稿を書くのは恐ろしいことです！　期限を切られた仕事でも平気でやるようになるのですから」[1]

果たしてそんな状態で、創作に打ち込めるのだろうか。それが打ち込めるのである。いや、むしろ、ドストエフスキーは辛酸をなめることで、想像力が掻き立てられた。惨憺《さんたん》たる状況のなか、小説の主人公を自らに重ね合わせる。そうして生まれたのが世界的な名作『罪と罰』だ。

一方で、何も創作だけが生き甲斐だったわけではない。ドストエフスキーが持つ気性の激しさは、人生を生きづらくはしたが、情熱的に濃密な時間をむさぼったともいえる。自分より27歳も年下だった妻のアンナのことは、愛しくて仕方がなかったらしい。

迷

「晩寝るときは、もう悩ましいばかりにお前のことを考え、心の裡《うち》でお前を抱きしめ、空想のなかでお前の体じゅうを接吻するのだ」[2]

情熱がほとばしりすぎていて「迷言」としてしまったが、軍隊に勤務していた頃も、激しい恋に落ちては、友人に宛てた手紙で、こんな名言を放っている。

名

「恋の喜びは大きいものですが、その苦しみは、決して恋などせぬほうがいいと思うほど、恐ろしいものです」[3]

何事にも過剰なドストエフスキーだから、子どもが生まれると、有頂天になったことは言うまでもない。長女のソーニャが生まれてわずか2カ月で病死してしまったこともあり、次女のリュボーフィが生まれると、喜びのあまり独身の知人に、こんな無神経なことまで言っている。

[3] 原卓也著『ドストエフスキー』講談社現代新書

迷

「ああ！　どうしてあなたは結婚しないのですか。なぜ子供をもたないのですか。ぼくは誓いますが、一人の子供は人生の幸福の四分の三を代表します。あとは残りの四分の一で十分です」[2]

子煩悩だったドストエフスキーは、子どもたちとよく一緒に遊び回った。自身にも子どもっぽいところがあり、ある日、妻のアンナにこう言った。

「びっくりしたね。ゆうべ鼠が寝椅子に入ってきたんだ。ふんづかまえてしめ殺してやったけど……女中にいって捨てさせてくれ。気持がわるくてたまらん」

しかし、子どもたちも面白がって一緒に探したが、どこにもネズミは見つからない。すると、ドストエフスキーは「エイプリル・フールさ」と言って、笑い出したという。[2]

調子がよいときは、そんな快活さを見せたドストエフスキーだったが、些細《ささい》なことでまた極度の心配性が顔を見せるのだった。

迷

「頭が痛い、どうなることだろう」
「歯が痛い、ひどいことになりそうだ」
「こどもたちの悪い夢を見た、怪我はしなかったか」
「お金を使った、ホテルの払いに足りないかもしれない」
「汽車は混むのではないか、乗れないのではないか」[4]

しかし、いざ、悲観していた以上のつらい出来事が降りかかってきたとしても、ドストエフスキーは平然としていた。あくまでも不安なのは将来であって、現実の困難に対してはタフなのがドストエフスキーの特徴である。

なぜ、平気でいられるのか。シベリアに流刑されたとき、兄に書いた手紙に、その理由が綴られている。

[4] 中村健之介著『永遠のドストエフスキー——病いという才能』中公新書

名

「兄さん！　ぼくは力も失わなかったし、気落ちもしていません。生活はどこにいっても生活です、生活はわれわれ自身の内にあるのであって、外にあるのではありません」[2]

ドストエフスキーは、これほど苦しめられた病とも、付き合う方法を自分なりに考えて、むしろポジティブにとらえていた。

名

「病気は恥辱《ちじょく》とはならない。それどころか、てんかんという病気は、活動の妨げにならないのだ。てんかんをわずらっている人にはたくさんの偉大な人さえいた」[4]

名

「そうなのだ、わたしが病気持ちであるのは、みなさんが健康であるよりも健康であることなのだ」[4]

あれだけの名作を残しながら終始借金まみれで、負債なしに生活できたのは晩年のほんの数年だけ。過去を振り返っても後悔ばかりだったが、それでもなお、ドストエフスキーは命を燃やし続けた。

名

「思い出は苦しみに等しい。たくさんのものを失ったにもかかわらず、わたしはまだ生を熱烈に愛している」[4]

全力で苦楽を味わい、生き続ける。それが、文豪ドストエフスキーが貫いた人生の流儀だった。

No. 27

Francis Bacon

フランシス・ベーコン

1561年～1626年。イングランド王国のロンドン生まれ。エリザベス1世、ジェイムズ1世の治下で、法務長官、枢密顧問官、国璽尚書などを歴任。汚職事件で引退。帰納法を説いて、イギリス経験論の基礎を確立。著書に『ノヴム・オルガヌム』『随筆集』など。

偉人は、しばしばその人物を象徴するようなフレーズとともに、後世に語り継がれることがある。特に哲学者は、自然の原理原則を端的に表現した言葉を持つ。イギリスの哲学者、フランシス・ベーコンといえば、次の言葉が最もよく知られている（筆者はサインを頼まれたときに、この言葉を添えることがある）。

名

「知は力なり」

有名なフレーズだが、実はベーコンがこのまま記載したわけではない。ベーコンの著書『ノヴム・オルガヌム』第1巻「警句」での次の言葉がもとになっている。

名

「人間の知識と力は一致する、というのも、原因を知らなければ、結果を生み出すこともできないからだ」[1]

ただ、ベーコンがいう「知識」とは、机上で学べるものとは異なる。知識を得るには自然を観察して、そこから推測することが必要だとし、経験論を確立した。ベーコンの経験論を実践するための方法が、「帰納法」である。帰納法とは、「観察と実験を重ねることで、それぞれの事実から共通する普遍的な法則を導き出す」というもの。普遍的な事実を重ねることで結論を引き出す「演繹《えんえき》法」とは正反対のアプローチで、現在も活用されている。

ベーコンの鋭い観察眼は、人間の振る舞いにも向けられた。政治家としても活躍したベーコンは、政争に巻き込まれて失脚。そんな経験からか、こんな言葉を残した。

名

「嫉妬とは常に他人との比較においてであり、比較のないところに嫉妬はない」[2]

〔1〕ベーコン著、桂寿一訳『ノヴム・オルガヌム―新機関』岩波文庫
〔2〕ベーコン著、渡辺義雄訳『ベーコン随想集』岩波文庫

自分の世界を持っていれば、他者への嫉妬など生まれないということだろう。ひたすら自然の仕組みの探求に没頭したベーコンらしい言葉である。

常に観察によって普遍的な法則を見出すには、徹底して疑うことが必要である。どんな推論も実験してみてから、真理を導き出す。一人で探求する分にはいいが、政治の世界では疎まれることもあったようだ。

失脚後は、社会的な活動から身を引いたベーコン。徹底した経験主義が思わぬ悲劇を招くこととなる。

雪が降る寒い日のことだ。ベーコンは国王の侍医とともに、馬車に揺られながら「冷却が食料の保存に及ぼす効果」について議論していた。ベーコンの考えはこうだ。

「塩漬けにするよりも、冷凍にしたほうが肉を長く保存できるのではないか」[3]

もちろん、実際に試さないと気が済まないのが、ベーコンである。ロンドン北部の村で馬車を止め、内臓をさばいたばかりのニワトリを購入した。そのニワトリの死体に雪を詰め、さらにその上から雪をかけて、冷凍すると、どうなるかを実験することにした。

だが、雪のなかで作業をしているうちに、悪寒に襲われて、ベーコンは体調を崩してしまう。なにしろこのときすでに65歳で若くはなかった。どうやら肺炎を患っていたらしい。みなが心配するなか、ベーコンはこう言ったという。

迷

「自分はもう死の床に就いているが、鶏肉の実験は大変うまくいった」[3]

その数時間後、ベーコンは死亡。好奇心による思いつきの実験が原因で命を落とすこととなった。悲しい死にもかかわらず、どこかシリアスになれない。その理由は、ベーコン自身がこんな警句で説明してくれている。

迷

「大胆にはどことなく滑稽なところがある」[2]

それでも本人は、後悔することなく旅立ったことだろう。ベーコンは死について、こんな言葉を遺している。

名

「何か善いことに傍目《わきめ》もふらず熱中している心は、死の苦痛をそらす」[2]

[3] ウォルター・グラットザー著、安藤喬志訳、井山弘幸訳
『ヘウレーカ！ひらめきの瞬間—誰も知らなかった科学者の逸話集』化学同人

No. **28**

Takamori Saigō

西郷隆盛

1828年～1877年。薩摩藩の下級藩士。藩主の島津斉彬の側近に抜擢され、一橋慶喜の将軍擁立運動に東奔西走した。戊辰戦争を主導。勝海舟と会見をし、江戸城を無血開城へ。明治政府では参議となり廃藩置県を断行。征韓論を退けられて下野。西南戦争で敗れて自刃した。

死してもなお、その名を残すのが英雄というものだろう。薩摩藩士の西郷隆盛は、まさにそんな人物だった。

西郷は西南戦争で自害するが、その後も生存説が根強く唱えられた。新潟の北辰新聞にいたっては、西郷の生死について多数決で決める企画まで行っている。[1]

また、西郷が星になったという「西郷星伝説」も、国民の間で、まことしやかにささやかれた。「毎晩1時頃に辰巳の方向に現れる赤色の星を望遠鏡でよく観察すると、陸軍大将の制服を着た西郷隆盛の姿が見える」というもので、物干し台から見物する人が続出。[2]西郷がまだ生きている頃に、そんな噂が立つくらいだった。

それほど高い人気を誇ったのは、西郷が清廉潔白だったからにほかならない。明治政府の役人たちがみな立派な邸宅を建てるなか、西郷は質素な生活を貫いた。

名

「命もいらず、名もいらず、官位も金もいらぬ人は、仕末に困るもの也。此の仕末に困る人ならでは、艱難《かんなん》を共にして國家の大業は成し得られぬなり」[3]

命も名誉も必要もない人間は始末が悪いが、そういう始末に困る人でなければ、困難や悲しみをともにしながら、国の大きな仕事をすることはできないだろう――。まさに西郷を表すような言葉である。

だが、西郷はこれとは全く異なる意味でも「始末に困る」男だったことは、あまり知られていない。

薩摩藩の藩主、島津斉彬《なりあきら》が急逝すると、大老の井伊直《なお》弼《すけ》が台頭して「安政の大獄」を断行。西郷も奄美大島で暮らすことを余儀なくされた。そんな大敵、井伊が「桜田門外の変」で暗殺されると、西郷は大喜び。一周忌の翌日にあたる1860年3月25日（安政7年3月4日）、奄美大島から大久保利通に次のような手紙を書いた。

［1］山室信一著『日露戦争の世紀―連鎖視点から見る日本と世界』岩波新書
［2］佐々木克著「西郷隆盛と西郷伝説」『岩波講座日本通史 第16巻』岩波書店
［3］山田済斎編『西郷南洲遺訓・付 手抄言志録及遺文』岩波文庫

迷 「昨日は斬《ざん》姦《かん》の一回忌にて、早天より焼酎呑み方にて、終日酔い居り申し候」[4]

「斬姦」とは井伊直弼が斬られたこと。その一回忌を祝って、早くから焼酎を呑みまくり一日中酔っ払っていたと、わざわざ手紙で報告している。

西郷は「器の大きい人物」というイメージが強いが、案外に陰湿なところがあったのかもしれない。

それはさておき、奄美大島にいる西郷をなんとか呼び戻そうと、奮闘したのが大久保利通である。国父の島津久光に掛け合い、最後は「腹を切る」とまで言って、西郷の帰藩を訴えた。久光はどうも西郷が気に食わなかったが、こうまで言われればと西郷の復帰を認めている。

大久保のおかげで薩摩藩に帰ってきた西郷。だが、久光に対面すると、久光の上京計画にすぐさま反対した。

「今軍勢を率いて京に入れば、大混乱になるに違いもはん」

率直な物言いが西郷の魅力である。だが、明らかに、次の言葉は余計だった。

迷 「御前には、恐れながら田舎者《じごろ》であられるゆえ」[5]

まさかの田舎者扱いに、久光は激怒。西郷はまたもや島流しになる。大久保のはからいは水泡に帰した。

だが、そんな暴言を吐きながらも、西郷は意外に神経が細やかで、すぐに下痢になり、1日に50回もトイレに駆け込んだこともある。明治維新後は、新政府が期待外れだったため、ストレス太りに拍車がかかったようだ。

一方、大久保は文明開化とともに洋装を身にまとい、当時珍しい写真撮影にも応じて、西郷に写真を送っている。対する西郷は、こんな冷淡な返事を書いた。

迷 「いかにも醜態を極めている。もはや写真を撮るのはやめてくださらんか。はなはだ気の毒である」[4]

そこまで言わなくてもよい気がするが、意外と神経が細やかにもかかわらず、決して譲らない頑固者——。

それもまた西郷どんの魅力といえるだろう。

[4] 大西郷全集刊行会編『大西郷全集（全三巻）』大西郷全集刊行会
[5] 北康利著『西郷隆盛 命もいらず 名もいらず』ワック

No. 29

Wright Brothers

ライト兄弟

ウィルバー・ライト（兄）、1867年～1912年。オービル・ライト（弟）、1871年～1948年。アメリカ生まれ。自転車店を営みながら、飛行機を研究。グライダーによる飛行実験ののち、1903年に人類初の動力飛行に成功した。

似た者同士だと気は楽だが、仕事を一緒にするなら、むしろ正反対のほうが、うまくいくことが多い。お互いに持っていないものを補い合えるからである。

ライト兄弟も、性格は正反対だったらしい。兄のウィルバーは生真面目で冷静沈着な慎重派。一方、弟のオービルは陽気な行動派だった。

兄のウィルバーが家族に宛てた手紙には、彼の受け身な性格がよく現れている。のちに、人類初の偉業を達成するとは、思えないほど保守的だった。

ウィルバーは、自分も含めて兄弟みんな押しの強さがないため、「商売人になるのを避けたほうがよい」とし、無理しないよう、こう呼びかけている。

迷

「あてにならないチャンスを待つより、多くの人たちにとっては差し出されたチャンスを足がかりにしたほうがむしろふさわしい」［1］

自転車屋を営んでいたライト兄弟が、飛行機を研究し始めたのは、ドイツの技師、オットー・リリエンタールの影響だったといわれている。だが、リリエンタールはグライダーで飛行中に墜落。病院に運び込まれたあとに、死亡してしまう。

伝記マンガでは「リリエンタールの死亡事故を受けて、ライト兄弟が使命に目覚める」と描かれることもあるが、ウィルバーは、当時をこう振り返っている。

迷

「リリエンタールの訃報に接しても、子供のころから受け身だった自分がこれでとくに突き動かされるようなことはなかった」［1］

それでもまるで影響を受けなかったわけではない。ウ

［1］デヴィッド・マカルー著、秋山勝訳『ライト兄弟　イノベーション・マインドの力』草思社

ィルバーは、鳥の飛び方についての本をじっくりと読むようになった。静かに情熱を燃やすのが、いかにも冷静なウィルバーらしい。そして弟のオービルもあとを追いかけるように、兄が読んだ本を片っ端から読んだ。

そんな頃、自家製の自動車が周囲では話題になっていた。オービルは興味津々だったが、ウィルバーは故障の多さから将来性を感じなかったという。ここでも二人の性格の差がよく現れているが、ウィルバーはそれよりも飛行機の可能性に魅了されつつあった。

ある日のことだ。運命の手紙を書くにあたって、集中したかったのだろう。ほかの家族が全員外出しているときを見計らって、ウィルバーは一人で机に向かい、手紙を書いた。宛先はワシントンのスミソニアン協会だ。

「航空関係の資料を提供してほしい」というのが手紙の目的だったが、重要なのはそこではない。手紙のなかで、ウィルバーはこう決意表明している。

名

「研究を重ねてきた結果、有人飛行は決して不可能ではなく、実現できるものと確信しています」[1]

これだけ熱い思いを綴りながらも、ウィルバーは持ち前の冷静さを失うことはなく、こう書き加えている。

迷

「私は変人などではなく航空学の愛好家で、飛行機械の適切なる製作に関する自説をもつ者です」[1]

要望どおりに関連資料が手に入ると、二人は航空学の研究を本格的にスタートさせる。

時には野鳥の飛び方を熱心に観察したこともあった。弟のオービルは言う。

名

「鳥から飛行の秘密を学ぶのは、手品師からトリックの秘密を習うことによく似ている」[1]

そして、1903年12月17日、ノースカロライナ州で、ライト兄弟は有人動力飛行に成功。12馬力のエンジンを搭載したライトフライヤー号は計4回、空を飛んだ。

ライト兄弟は事前にコインを投げて、乗り込む順番を決めていた。初成功のとき、運転していたのはオービルで、歴史的瞬間をこう語った。

名

「わずか12秒の飛行です。その飛行もせいぜい上下に揺れて、這《は》うように進むおぼつかないものでした。しかし、とうとう空を飛べたのです」[1]

実験と改良を重ねて、より長い距離を飛ぶことに成功したライト兄弟。ウィルバーは夢見心地にこう語った。

名

「直接体験しなくてはこの感動はわからない。それは空に舞い上がりたいという多くの人たちが抱いてきた夢の実現なのだ」[1]

悲願達成まで、何度となく失敗を繰り返した。周囲から嘲笑《ちょうしょう》されたことも一度や二度ではない。それ以前に、無関心な人がほとんどだった。人が空を飛ぶなんてことは、それくらい荒唐無稽なことだったのである。

初飛行が成し遂げられる2年前のことだ。飛んでいたグライダーが急降下して墜落。二人に怪我はなかったが、それから何度やってもうまくいかない。

いつも冷静なウィルバーが気落ちして、オービルにこんなことを言った。

迷

「これから1000年、人間は空を飛ぶことなどできない」[1]

実際は1000年どころか、2年後に成し遂げられることになるが、ウィルバーがこのときに諦めていたならば、果たして何年かかったことだろうか。

発明王トーマス・エジソンは、こう言った。

「99回の失敗の後に、ようやく1回の成功が得られるのが普通である」と。

成功への道は、失敗で敷き詰められている。そう思えば、ウィルバーのこの言葉も胸に深く響く。

名

「静かに舞い上がる鳥は一羽としていない」[1]

No. **30**

Sōseki Natsume

夏目漱石

1867年～1916年。東京生まれ。東京帝国大学卒業後、中学校の英語教師を経て、文部省留学生としてロンドン留学。帰国後、『吾輩は猫である』『坊っちゃん』などの小説を発表。教職を辞して朝日新聞社に入社し、『三四郎』『それから』『門』『こゝろ』などの名作を残す。

近代日本における代表的な文豪、夏目漱石。そのデビューは38歳と意外に遅い。49歳で病死しているため、たった10年で傑作を次々と生み出したことになる。

記念すべき第一作となったのが『吾輩は猫である』。華々しいデビューとなったが、それまでの道のりは決して平坦ではなかった。漱石は当時、重度のノイローゼを抱えており、作家活動はいわば、そのリハビリの一環として始めたものだった。

漱石が英語の教師だったことはよく知られている。漱石は「なんでも長い間の修業をして立派な人間になって、世間に出なければならない」[1]という思いを学生時代から抱き、何に打ち込むべきかを模索していた。時代は激動の明治である。新しい西欧の文明がどんどん取り入れられていくなかで、漢籍ばかり読んでいても仕方がない。これからは英語をしっかり勉強しなければならない。漱石はそう考えて勉学に励んだ。

学問に打ち込めば打ち込むほど「立派な人間」に近づいていく。そんな手応えを漱石は感じていたようだ。

名

「人間と云ふものは考へ直すと妙なもので真面目になって勉強すれば、今迄《まで》少しも分らなかったものも瞭然《はっきり》分る様になる」[1]

だが、この真面目さが心身に過度なプレッシャーを与えたのかもしれない。漱石は神経症になり、イギリス留学を機にそれが悪化する。ロンドンでは下宿先に引きこもり、人との接触を避けた。文部省に提出しなければならないレポートを白紙で送ると「漱石、発狂せり」と日本では大騒ぎとなった。結局、漱石は2年余りで帰国している。

帰国後も教師として教壇に立つが、ノイローゼの症状が顔を出しては、漱石を苦しめた。

[1] 網野義紘著『夏目漱石』清水書院

もともと気難しいところがあった漱石。初めて妻とお見合いしたあとに、こんな印象を語っている。

迷

「歯ならびがわるくて器量もよくない。それをかくそうともせず、平気でいるんだよ。そこが大変気にいった」[1]

随分と失礼だが、気に入ったということで、二人は結婚。漱石は妻・鏡子と結婚するやいなや、こんな偉そうな宣言をしている。

迷

「俺は学者で勉強しなければならないのだから、おまえなんかにかまってはいられない。それは承知していてもらいたい」[2]

しかし、そう言いながらもいざ結婚生活が始まれば、俳句を教えたり、習字を勧めたりするなど、妻との時間を大切にした。新妻が病気になれば、看病もよくしたという。漱石なりの照れ隠しだったのかもしれない。

だが、ノイローゼがひどくなると、周囲の人間を異様なほどに警戒して、家族にもつらくあたった。女中に悪態をつくこともしばしばあった。下宿している書生をスパイだと思い込んで、こんな声をかけたりもした。

迷

「おい、探偵君。今日は何時に学校へ行くかね」[2]

時には、妻や幼子にも手を上げた。そうなると、人と接するのが自分でも恐ろしくなり、自信を喪失するという悪循環に陥っていく。

家族にとってもつらい日々が続いたある日、子猫が家に迷い込んで家に居ついてしまう。何度、追い出してもまたいつの間にか入って来ていたずらばかりをする。

鏡子が困っていると、漱石が猫の存在に気づいて、こう言った。

「そんなに入って来るんならおいてやったらいいじゃないか」[2]

こうして猫との生活が始まったことで、漱石の第一作『吾輩は猫である』が誕生することになる。同作品の執筆は、漱石の神経症状を心配した友人の高浜虚子から「気晴らしに小説でも書いてみたらどうか」と言われた

[2] 夏目鏡子著『漱石の思い出』文春文庫

ことがきっかけとなった。軽い気持ちで書いたのがよかったのか、筆が止まらなくなり、漱石は第1回分を一気に書き上げた。

当時、文壇では、島崎藤村の『破戒』や、田山花袋の『蒲団《ふとん》』など自然主義が大ブームだった。それだけに漱石の小説は異質ともいえたが、漱石はもっと広い視野で小説をとらえるべきだと考えていた。こんなふうに語っている。

名

「誰が何と云っても、自分の理想の方がずっと高いから、ちっとも動かない、驚かない」［3］

名

「要するに我々に必要なのは理想である。理想は文に存するものでもない、絵に存するものでもない、理想を有している人間に着いているものである」［3］

小説家としては新人だったが、すでに確固たる文学観が備わっていたといえるだろう。38歳で書き始めた漱石のデビュー作は、40歳のときに完結した。

この『吾輩は猫である』が大評判となり、漱石の作家人生が始まるのだから、持つべきものは猫と友人である。

多額な印税も振り込まれたので、漱石は得意げに妻にこんな言葉をかけている。

迷

「おまえあの印税が入っただろうが、どうするつもりなんだ。また困ることがあるだろうから、入った時にちっとは貯金でもしておくといいね」［2］

だが、実はこれまでギリギリで生活していた夏目家。印税でなんとか質屋から預けた物を返してもらうのが精一杯だった。そのときに妻から伝えられて初めて、自分の家の窮状を知った漱石は、思わず「そうかい」と言ったきり、二の句が継げなかったという。

精力的に執筆を続けた漱石は、安定した大学講師の身分を捨てて、朝日新聞社に入社。専属作家として生計を立てる道を選んだ。

周りからは随分と驚かれて、理由を聞かれることも多かったらしい。

漱石は「入社の辞」［4］で「大学をやめて新聞屋になる

［3］夏目漱石著「文芸の哲学的基礎」『夏目漱石全集10』ちくま文庫
［4］夏目漱石著「入社の辞」『夏目漱石全集10』筑摩書房

ことが左程に不思議な現象とは思はなかつた」としながら、「新聞が商売である如く大学も商売である。新聞が下卑た商売であれば大学も下卑た商売である。只個人として営業しているのと、御上で御営業になるのとの差丈けである」と、新聞を下に見る当時の風潮に異を唱えている。

そして、こんな決意表明で文章を締めた。

名

「変り物として出来得る限りを尽すは余の嬉しき義務である」[4]

専属作家として活動し始めた漱石。前期三部作と呼ばれる『三四郎』『それから』『門』などを発表した頃、文部省から「文学博士号を授ける」という通達が自宅に届いた。

だが、漱石の「博士嫌い」は相当なもので、妻にこんなことまで言っている。

迷

「博士なんかは馬鹿馬鹿しい」[5]

言い方はともかく、漱石のあくまでも個人主義を貫く姿勢は、作家のあるべき姿だろう。文部省にはこんなふうに断っている。

名

「小生は今日迄ただの夏目なにがしとして世を渡って参りました。是から先も矢張りただの夏目なにがしで暮したい希望を持って居ります」[5]

漱石は、学習院で「私の個人主義」と題する講演を行ったこともある。

そのときに悩める人に向けた漱石の言葉は、生きづらい現代人の心にも響くことだろう。

名

「もし途中で霧か靄《もや》のために懊悩《おうのう》していられる方があるならば、どんな犠牲を払っても、ああ、ここだという掘当《ほりあ》てるところまで行ったらよろしかろうと思うのです」[6]

神経症に悩まされ、鬱々《うつうつ》とした日々を過ごしたが、文学にわが身を助けられた。きっかけひとつで、人生は変えられる。漱石の生涯はそのことを教えてくれている。

[5] 夏目伸六著『父・夏目漱石』文春文庫
[6] 夏目漱石著「私の個人主義」『夏目漱石全集10』ちくま文庫

No. **31**

Isaac Newton

アイザック・ニュートン

1642年～1727年。イギリス生まれ。ケンブリッジ大学を卒業後、26歳で教授となる。万有引力の法則を発見しニュートン力学を創始。微積分法や反射望遠鏡の発明、光学において光のスペクトル分析など数多くの業績を残す。ロンドンの王立協会の会長、造幣局長官など。

驚異の年――。

アイザック・ニュートンが23歳から24歳のときに行った研究活動は、そう呼ばれている。ニュートンは、1665年から1666年にかけてのわずか1年半で「万有引力の法則」「微積分法」「光学（色彩論）」という3つの大理論の基礎を築いた。

このとき、ニュートンはケンブリッジ大学の3年生だったが、当時はペストが大流行していたために、大学が閉鎖しており、田舎に帰省していた。

2020年にコロナウイルス感染症が世界中に拡大し、やはり多くの教育機関は通学が困難になったが、ニュートンにとってはそうした状況がかえって、自分の思索を深めるよい期間となったようだ。

ひらめく瞬間を、ニュートンはこう語っている。

名

「集中し、ひたすら努力することだ。私は常に、頭にある問題を考え続けている。はじめはゆっくりと夜が明けるような具合に、答えが少しずつ見え始め、やがて明らかな光になるのだ」［1］

輝かしい業績をあげた若きニュートンは、26歳の若さで大学教授となった。

だが、天才が放つ光には必ず影がある。ニュートンは複雑な家庭環境のなか、暗い幼少期を送った。

父はニュートンが生まれる3カ月前に死去。母はニュートンが3歳のとき、再婚相手の富裕な司祭バーナバス・スミスのもとへ去っていった。残されたニュートンは祖母のもとで育てられた。

幼くして母と引き離されたニュートン。少年時代、遊び友達だったという女性は当時のニュートンをこう回想している。

「いつも陰気で、口数が少なく、考えこんでいるような

［1］イアン・ジェイムズ著、草薙ゆり訳『アスペルガーの偉人たち』スペクトラム出版社

少年だった。外で男の子たちと馬鹿らしいことをして遊ぶことはほとんどなかった」[2]

ニュートンは母を奪った相手を憎悪した。スミスが司祭を務める教会がちょうど家から見えたので、尖塔《せんとう》を睨みつけて過ごしたと言われている。大学1年生のとき、ニュートンは宗教に目覚めて、懺悔《ざんげ》のリストを作成。そこには、次のような項目が並んでいた。

迷

「スミスの父と母を殺し、その家を焼いてしまうと脅したこと」[2]

迷

「誰かが死ねばよいと思ったこと」[2]

複雑な家庭環境こそが、天才を生んだのではないか――。ニュートンが活躍したのちには「父の死後に生まれた男児には超能力がある」と流布されたこともあった。荒唐無稽な俗説であることはいうまでもないが、孤独な状況に置かれた少年は、取り巻く自然を科学するしか、道はなかったのかもしれない。

ニュートン自身は少年時代をこう振り返っている。

名

「世間の人に私がどう見えているのかは知らないが、私は自分がただの少年にすぎなかったように思える――海岸で遊びながら、ほかのものよりすべすべした小石や、きれいな貝殻を探して遊んでいる子どもだ。その向こうで、真実という偉大な海は未知のものとして私の前にずっと横たわっていた」[1]

科学者として名声を得てからもニュートンの人生はバラ色とは言いがたかった。研究をめぐって同僚や知人との論争が耐えなかったのである。

ニュートンは、ゴットフリート・ライプニッツと微分積分の先取権を争い、ジョン・フラムスティードとは月の観測データをめぐって争った。なかでも激しかったのが、ロバート・フックとの論争である。光学理論についてどちらが先かと4年以上にわたって対立を深めた。

このとき、ニュートンはまだ王立協会の会員になったばかりだったため、フックとの言い争いがかなりのスト

［2］島尾永康著『ニュートン』岩波新書

レスだったらしい。研究発表の意欲がそがれて、王立協会からの脱退すらも考えている。

　もう地味な研究者生活から脱したいと、政治家への転身も考えたがうまくはいかなかった。なかなか転職活動の結果が出ないニュートンは、50歳を過ぎた頃から、うつ状態に悩まされることになる。長期の不眠症や記憶障害にも悩み、友人にこんな手紙を出すこともあった。

迷

「私にはいま非常な悩み事があり、この1、2ヶ月というもの十分に寝食もとれず、以前のような精神力もありません」[2]

被害妄想から、友人にこんな手紙も出した。

迷

「あなたが、女やその他の手段を使って、私を困らせようとしていると聞いて無性に腹が立ち、誰かが、あなたの病気は治るまいといったとき、死んだ方がいいと答えました」[2]

迷走しながらも、ニュートンは王立協会を脱退することなく、60歳で会長に就任。会長になるや否や、すでに亡きフックの肖像画を破棄するという暴挙に出て、その陰湿さをいかんなく発揮している。

　ちなみに、ニュートンはフラムスティードについても、会長としての権力を振るい、皆の前で問い詰めて、罵《ば》詈《り》雑言を浴びせた。

　自分に逆らうものは、徹底的につぶしたニュートン。身体も健康そのもので、ライバルの誰よりも長生きすることで、科学史を作り上げたといってもいいだろう。

　その力の源について、ニュートンはこう語っている。

名

「孤独は天才の学校である」[3]

[3] 木原武一著『天才の勉強術』新潮選書

No. 32

Sōichirō Honda

本田宗一郎

1906年～1991年。静岡県生まれ。自動車修理工として働いたのちに独立した。1948年に本田技術研究所を設立。小型バイク「スーパーカブ」で大ヒットを飛ばす。四輪車に参入して、F1にも参戦。海外展開に成功し、一代で世界のトップメーカーを築く。

1973（昭和48）年、ホンダ創業25周年の年に、本田宗一郎は66歳で引退を決意。こんな言葉を残した。

名

「俺たちは祭りばかりやってきた。お前ら、真面目にやってくれ」[1]

型破りで、数々の武勇伝を残した宗一郎らしい言葉である。22歳のときに、自動車の修理工場で独立。最初こそ注文が来なくて苦戦したものの、その腕の良さがたちまち評判となった。

注文が増えるのに応じて、工場を拡張。工員も50人まで増えた。宗一郎が当初、生涯の目標としていた貯蓄額を、25歳にして1カ月で稼ぎ出すほど収益を伸ばす。

そうなると、遊びも派手になってくる。2台の車を乗り回し、芸者と飲めや歌えやの大騒ぎを連日繰り返した。なにしろ、宗一郎のモットーは、次のようなものだった。

名

「遊ぶときはとことん遊べ。そして、仕事をするときはとことん仕事をしろ」[1]

しかし、あまりに羽目を外しすぎたようだ。

芸者を自慢の車に乗せて、静岡へ花見に行ったときのことだ。宗一郎は花見酒ですっかり酔っ払っており、天竜川にかかる橋を渡るときに運転を誤ってしまう。橋の手すり20本を破壊し、車ごと川の中へ……。

飲酒運転に交通事故とはとんでもない話だが、驚くのはまだ早い。もっとひどいことを宗一郎はしでかしている。生意気な芸者を料亭の2階から放り投げてしまったのだ。

宗一郎に投げられた芸者は、外の電線に引っかかり、ショートして火花が散ったが、厚着だったため火傷もなく無事だったという。

[1] 山口智司著『アウトロー経営者の履歴書』彩図社

宗一郎はこう述懐している。

迷

「もしこのとき電線にひっかからずにまっすぐ下の道路に落ちていたら、芸者の命はなかったと思う。そして私は今頃、刑務所生活をしていたかもしれない。もちろん、今の本田技研もありえなかった。きわどいところで助かったのは私の方だともいえる」[2]

とことん遊んだ宗一郎だったが、28歳で工場を閉鎖してしまう。自動車の修理だけでは満足できなくなり、自動車の部品作りへと事業を転換したのだ。

その部品とは「ピストンリング」だ。ピストンの外周の溝にはめる輪のことである。

しかし、夜中の2時3時まで実験を重ねてもうまく作ることができない。とことん仕事するモードに入った宗一郎は、工場の床にゴザを敷いて寝起きした。散髪する暇さえ惜しみ、伸ばし放題の髪の毛は工場で工員に切ってもらっていた。寸暇を惜しむとはこのことだろう。

それでも打開策は見えないまま、月日だけが過ぎていく。50人の工員を抱えているうえ、機械も一新していたため、資金繰りが苦しくなってくる。貯金は底をつき、質屋に駆け込むこともしばしばだったという。

「ここで挫折したら皆が飢え死にするとがんばったが、仕事はさっぱり進展しない。絶体絶命のピンチに追い込まれた」[2]

「私が一生のうちで最も精魂をつくし、夜を日に継いで苦吟し続けたのはこのころである」[2]

のちに当時の苦労をそう吐露したが、むしろ失敗こそが、宗一郎を奮い立たせるモチベーションとなった。

名

「失敗のない人生なんて面白くないですね。歴史がないようなもんです」[3]

宗一郎は、鋳物の基礎知識を身につけるために、聴講生として浜松工高に通い始める。目的が明確なため、授業中にノートをとることもなく、ひたすら集中して聞くことに徹した。

筆記試験もすべて欠席した宗一郎。入学から2年が経った頃に「試験を受けなかった者には卒業免状をやれない」と校長から退学を告げられる。

［2］本田宗一郎著『本田宗一郎 夢を力に―私の履歴書』日経ビジネス人文庫
［3］本田宗一郎インタビュー動画　https://www.youtube.com/watch?app=desktop&v=_ynFw5JZbiI

すると、宗一郎はこう言ってのけた。

名

「免状なんかどうでもいいですよ。私は免状のために学校へ来ていたのではありません。仕事のために勉強しているのですから。映画の切符なら必ず映画館に入れますが、免状じゃ映画も見られません。映画の入場券より悪いじゃないですか」[3]

その後も宗一郎は自分の好きな講義に出ることをやめず、基礎的な技術の知識を習得。見事にピストンリングの製造に成功した。誰でも簡単に作れる自動式に改良して、商品化に漕《こ》ぎつけている。

その技術は、自動車だけでなく海軍の船や飛行機の部品を作るのにも役立ち、軍から表彰もされた。苦心した甲斐があったというものである。

ところが、終戦を迎えると同時に、宗一郎は自社の株を売却。一転して無職となってしまう。

迷

「ようすを見ようと尺八など吹いて遊び暮らした」[2]

せいせいしたと言わんばかりに妻にこんなことも言った。

迷

「軍がいばりくさる時代が終わってよかったなぁ。これからしばらく何もしないよ、お母さん、当分養っとくれ」[3]

妻も戸惑ったに違いないが、宗一郎の頭の中では、すでに次の事業が動き始めていた。それはオートバイづくりである。小型オートバイ「スーパーカブ」をリリースすると、たちまち注文が殺到し、手軽な価格で手に入れられるバイクとして、庶民の生活を一変させた。

宗一郎のデザインに対するこだわりは相当なもので、よいアイデアが浮かぶと、どんなに深夜でも妻にこう怒鳴った。

迷

「紙と鉛筆を持ってこい！」[1]

命じられた妻のほうはたまったものではないが、宗一郎の突飛な行動は止まらない。

あるときはデザインを考えている最中に、中華そば屋のチャルメラの音がどうも気になった。宗一郎は、もう我慢ならんとばかりに妻に命じて、売っている中華そばをすべて買い占めてしまったのである。

宗一郎の激しい気質は、時には職場での衝突を生む。あるときは、ニュートン力学を持ち出して反対してきた工員をこう怒鳴りつけた。

迷

「ニュートンなんて二百年以上も昔の学者じゃねぇか。そんな古いことを勉強して何になる！」[4]

根っからの職人気質のトップリーダーがゆえに、現場では厄介な存在だったかもしれないが、その根底にある「よい商品を作りたい」という思いは宗一郎が誰よりも強いと、皆が認めていたことだろう。

宗一郎は、従業員と同じ食堂で昼飯を食べて、一緒に将棋を指すなど、飾り気のない性格から「オヤジさん」と呼ばれ親しまれていた。退任の挨拶では、宗一郎の口から、こんな言葉も飛び出している。

名

「がんばってくれた従業員一人ひとりにお礼を言いたい」[5]

言葉だけではない。引退後、宗一郎は全国に点在する従業員たちに直接会いに御礼行脚を始めた。

ある工場では、一人の行員が感激し、宗一郎と握手しようとしたが、慌てて手を引っ込めた。自分の手が油まみれだと気づいたからだ。しかし、宗一郎はその手をがっしりと握って、こう声をかけたという。

名

「いや、いいんだよ、その油まみれの手がいいんだ。俺は油の匂いが大好きなんだよ」[5]

［4］中部博著『定本本田宗一郎伝—飽くなき挑戦 大いなる勇気』三樹書房
［5］原田一男著『モノづくり日本の原点 人間・本田宗一郎の素顔』ごま書房新社

No. 33

Ludwig van Beethoven

ルートヴィヒ・ヴァン・ベートーヴェン

1770年~1827年。ドイツのボン生まれ。20歳代後半から難聴の症状が始まるが、『悲愴』『月光』などピアノソナタを発表。大バッハ、ブラームスとともにドイツ音楽における「三大B」の一人とされ、音楽家として最高の「楽聖」の称号が授けられている。

ベートーヴェンといえば『運命』がよく知られている。始まりの「ダダダダーン」の音は、一度聴くと忘れられない強烈なインパクトを持つ。「冒頭の4音は何を示すのですか」と、ベートーヴェンに尋ねたところ、こんな答えが返ってきたと弟子のアントン・シンドラーは話す。

迷

「このように運命は扉を叩く」[1]

この有名な逸話は、シンドラーの創作ともされているために「迷言」としたが[1]、確かにベートーヴェンは、運命から扉を随分と乱暴に叩かれ続けた。

まずは、スパルタすぎる父親の存在である。

ベートーヴェンは音楽家の父に強引なやり方でピアノやヴァイオリンを教え込まれた。嫌がって泣いても無理やり弾かされたばかりか、ひどいときは夜中に酔っぱらって友人と帰宅した父に、寝ているところを叩き起こされて、朝まで演奏させられることもあったという。

それでもベートーヴェンは音楽嫌いにならず、自由に音を奏でるのが好きだったが、それさえ許されなかった。楽譜どおりに練習しなければ、殴られて地下室に閉じ込められた。子は親を選べない。あまりに過酷な運命である。

どうも当時、父は宮廷楽長への道を断たれたことに苛《いら》立《だ》っていたらしい。自分の才能のなさに打ちのめされながら、わが子の才能を羨《うらや》んだのだろう。

だが、ベートーヴェンの才能は、そんなちっぽけな嫉妬につぶされるようなものではなかった。父の目を盗んで、作曲に励んだベートーヴェン。10歳のときに、小さな手ではとても弾けないような曲を教会で作った。

それを見た修道士から「こりゃお前には弾けないね」と言われると、ベートーヴェンは、こう切り返した。

名

「もっと大きくなったら弾きます」[2]

[1] かげはら史帆著『ベートーヴェン捏造 名プロデューサーは嘘をつく』柏書房
[2] 青木やよひ著『ベートーヴェンの生涯』平凡社新書

やがてその才能は、天才作曲家モーツァルトの知るところとなる。人に連れられてモーツァルトの家にやってきたベートーヴェンは与えられたテーマに応じて、即興で演奏を披露した。モーツァルトはそれを聴くと、友人に近づいてそっとこうささやいた。

「彼に注目したまえ。いつの日か彼は、語るに足るものを世界に与えるだろう」[2]

天才は天才を知るといったところか。ベートーヴェンもまたモーツァルトの音楽が好きだった。ある音楽雑誌がモーツァルトの『レクイエム』を批判する記事を載せると、雑誌の余白にベートーヴェンは、こう書きこんだ。

迷

「大バカ者！」[2]

モーツァルトの大ファンだった作曲家のシュタットラーには、手紙でこう書いたこともあった。

名

「私は常に自分を、モーツァルトの最大の賛美者の一人と考えており、命ある限りそうであり続けるつもりです」[2]

ベートーヴェンも自分の才能を十分に自覚し、故郷のボンから音楽の街ウィーンへ移住。手帳に自分へのメッセージを書き込んでいる。

名

「勇気を出そう。肉体はどんなに弱くともこの精神で勝ってみせよう。いよいよ、25歳だ。一個の男の力の全部が示さるべき年齢に達したのだ」[3]

ベートーヴェンは一人で5カ月にわたる演奏旅行に出かけた。行く先々で演奏して人々に喜ばれ、さまざまな音楽家や王侯貴族と交流することにも成功。手ごたえを感じたベートーヴェンは、プラハから弟にこんな手紙を書いた。

名

「何よりもまず、ぼくは好調でとても元気だ。自分の芸術が、友人たちや尊敬を私にもたらしてくれる。これ以上、何をのぞむことがあろうか」[2]

だが、まさにこれからというときに、ベートーヴェン

[3] ロマン・ロラン著、片山敏彦訳『ベートーヴェンの生涯』岩波文庫

は運命からまたも、強烈に扉を叩かれることになる。それはあまりに悲劇的な運命だった。

27歳のときのことだ。ベートーヴェンは聴覚に異常があることに気づく。耳鳴りが絶えず続き、相手の声は聴こえても、言葉が聞き取れない。音楽家にとって致命的な状態であることはいうまでもない。

絶望のなか、医師にこんな手紙を綴った。

迷

「僕は惨めに生きている。人々の中へ出ることを避けている」[3]

迷

「僕の職業が他のものだったらまだしもどうにかいくだろうが、僕の仕事では、これは恐ろしい状況だ」[3]

以前は誰よりも耳がよかっただけに、筆舌しがたい苦痛だったことだろう。人目を避けたのは、自分の耳の状態を悟られないためである。それまでユーモアあふれる性格で知られていたが、この頃から話しかけられないように、気難しい雰囲気を醸し出すようになった。

それでもベートーヴェンは、人生を諦めなかった。たとえ耳が聞こえなくても、楽譜は書ける。そう思い直して、音楽活動へと一層、身を捧げたのである。

ベートーヴェンは、ピアノソナタ第八番『悲愴《ひそう》』を作曲。この曲の標題は彼自身の命名であり、ベートーヴェンの思いが込められているといっていいだろう。

医師への手紙でも、もう嘆くことはしなかった。代わりに意欲あふれる言葉を綴った。

名

「できることなら、ぼくは運命を相手に戦い、勝ちたい」[3]

その後もベートーヴェンは作曲活動を続けたばかりか、積極的に新しい手法にも挑戦。変奏曲を2組作曲して、出版社への手紙で、意気込みをこう語った。

名

「両方ともまったく新しい様式で、それぞれ完全に異なる手法で書きました」[2]

もちろん、新しいチャレンジがいつでも歓迎されたわけではないが、不評を買うと、ベートーヴェンはこう言い返した。

名

「これはあなたのためのものではない、やがて来る時代のためのものです」[2]

一方で、プライベートでは、運命は一向に、扉を叩いてはくれなかったようだ。何事にも情熱的なベートーヴェンらしく、恋に落ちれば、激しい炎を燃え上がらせた。30代のとき、未亡人ヨゼフィーネ・ダイム伯爵夫人に熱を上げて、15通ものラブレターを書いている。

名

「あなたは、私を征服してしまったのです」[4]

残念ながら、ベートーヴェンの思いが成就することはなかった。その後も女性と恋に落ちることはあったが、結婚することなく、生涯独身を貫いている。

ベートーヴェンが心奪われる相手は「名家の令嬢で美人」という共通点があった。ベートーヴェン自身もこう書いている。正直といえば正直だ。

迷

「私は美しい人でなければ愛することができません」[4]

40代になると、結婚を諦めたベートーヴェン。晩年は、奇人変人ぶりを発揮して、服装がどんどん粗末になっていく。裾が破れたままの薄汚れた仕事着で街をうろつくこともあり、「汚れ熊」と呼ばれた。あまりにひどい服装だったため、浮浪者と間違われて逮捕されたこともあった。警察にベートーヴェンはこう叫んだ。

迷

「俺はベートーヴェンだ！」[5]

肺炎を患ったことをきっかけに、ベートーヴェンは56歳で病死。病床では、10番目の交響曲に着手していた。亡くなる直前まで音楽家であり続けたのである。

死の数日前に遺したこの言葉が最後となった。

名

「諸君、喝采を。喜劇は終ったのだ」[6]

[4] 北嶋広敏著『結婚しなかった男たち―世界独身者列伝』太陽企画出版
[5] 山口智司著『トンデモ偉人伝　天才編』彩図社
[6] レイ・ロビンソン編、畔上司訳『雑学 世界の有名人、最期の言葉』ソニー・マガジンズ

No. **34**

Akiko Yosano

与謝野晶子

1878年〜1942年。大阪の堺生まれ。10代から短歌を始めて、22歳のとき『明星』に掲載される。与謝野鉄幹と出会い、恋を大胆に歌った『みだれ髪』を上梓して一世を風靡した。初めて『源氏物語』の現代語訳を行ったことでも話題を呼んだ。

「情熱の歌人」。そう呼ばれた与謝野晶子は、13人もの子どもを産んだワーキングマザーでもあった。

5歳年上の夫、与謝野鉄幹とは、20歳の頃に知り合い、23歳のときに結婚。鉄幹には妻がいたため、いわゆる略奪婚だった。10代半ばから短歌を作り始めた晶子は、こんな歌を詠み、師である鉄幹を誘惑した。

名

「やは肌のあつき血汐《ちしお》にふれも見でさびしからずや道を説く君」［1］

名言というより名歌だが、「熱くほてった肌に触れず人生を説くばかりで淋《さび》しいでしょう」と官能的な作品を作り、鉄幹を手に入れてしまった。誰に何を言われようが、やりたいようにやる。それが、晶子の生き方だった。

結婚の翌年、24歳で長男を生んだ。以降、毎年のように出産し、最後の六女を生んだのが、41歳である。それくらいハイペースで産まねば、13人には到達しない。

出産・育児においても、晶子は周囲に惑わされることなく、自分の価値観に基づいて行動した。出産では、まだ麻酔自体が珍しかった頃に、無痛分娩を試みている。

「お腹を痛めて生むことに価値がある」という風潮など一笑に付す、とばかりにこう言っている。

名

「私は人間の力で人間の苦痛を除きえる確信を得たことが近代人の誇るべき自覚の一つだと思っている。従って私は平生から、避け得らるべき肉体の苦痛を避けずにいるのは無益な辛抱だと考えている」［2］

また育児においては、性差のない教育を心がけた。これも当時は画期的だったことは、言うまでもない。

［1］与謝野晶子著『与謝野晶子歌集』岩波文庫
［2］松村由利子著『与謝野晶子』中公叢書

名

「私はなるべく十四五までは男女両性を殆《ほとん》ど自覚させないで教育したいと思って居ます」[2]

晶子の「あえて空気を読まない」姿勢は、創作活動にも現れている。日露戦争真っ最中の1904（明治37）年に、次の歌を詠んで、物議をかもした。

名

「あゝをとうとよ君を泣く　君死にたまふことなかれ」[1]

反戦的な作品だと、雑誌の出版元には連日のように誹《ひ》謗《ぼう》中傷が寄せられることとなったが、晶子からすれば率直な思いを歌にしただけである。嘆きたくもなる家庭の事情もあった。弟は実家が経営する駄菓子屋の大事な跡取り息子で、後継が決まった矢先の召集だったのである。

戦争反対というよりもストレートに「死んでもらっては困る」という思いが、晶子にはあった。その証拠に晶子は太平洋戦争中、戦地に赴く四男・昱《いく》には「君死にたまふことなかれ」とはまるで正反対の歌を残した。

迷

「水軍の大尉となりて　わが四郎み軍《いくさ》に征く　猛《たけ》く戦へ」[1]

一転して、戦争へと奮い立たせる歌を残している。気持ちに率直に行動した晶子。勝ち気な女性というイメージを抱きがちだが、口下手で内気なところがあった。

迷

「わたしは無口な女で座談が誠に下手である」[2]

根っからの物書きなのだろう。

育児に追われながら、創作にも心血を注いだ晶子。明治から昭和にかけては、実に5万首に及ぶ歌を残す。さらに、小説・童話の執筆に評論活動や、『源氏物語』の現代語訳などの古典研究にも励んだ。

むさぼるように働いた晶子は、自身をこう表現した。

名

「私は可なりに欲が深い」[2]

No. **35**

Pablo Picasso

パブロ・ピカソ

1881年～1973年。スペイン南部のマラガ市生まれ。現代美術の出発点『アヴィニョンの娘たち』、スペイン市民戦争におけるナチスの無差別爆撃に抗議する『ゲルニカ』などを発表。20世紀を代表する画家であると同時に、彫刻や版画、陶芸などでも才能を発揮した。

画家にとってアトリエは戦場である。画筆をふるい、脳内にあるイメージをキャンバスに再現していく。自己との厳しい戦いが、そこでは繰り広げられている。

だが、ピカソの場合は、また違う意味でアトリエが戦場と化していた。

対峙《たいじ》しているのは二人の女性、マリー・テレーズとドラ・マーラーである。二人ともピカソの恋人であり、ある日、アトリエでかち合ってしまった。

しかも、ピカソには妻がほかにいたため、二人とも愛人ということになる。テレーズにいたっては、ピカソとの間に子どもを産んでいた。

「私は彼の子どもを産んだのよ！」

テレーズがそう叫び、二人の間では、激しい口論が交わされた。まさに修羅場である。

ピカソはその間、素知らぬ顔で、絵を描くばかり。ついに、二人からこう迫られた。

「はっきり決めてください。わたしたちのどっちが出ていくか」

ピカソからすれば、愛らしいマリーと、知的なドラは、女性としてそれぞれ違う魅力を持っていた。決めかねたピカソは、こう言ったという。

迷 「徹底的に喧嘩すべきだ」[1]

さすが天才、というべきか、まさかの決闘の提案である。その後、どうなったか。ピカソ自身が振り返った。

迷 「それで二人は格闘を始めた。これがわしのいちばんの思い出の一つだ」[1]

完全に他人事だが、ピカソはいろんな女性と付き合っては、トラブルになることもしばしばだった。マリーとの出会いは路上で、ピカソがいきなり話しかけたことで、

［1］瀬木慎一著『ピカソ』集英社新書

関係が始まった。

迷

「お嬢さん、君は魅力的な顔をしているね。君の肖像を描いてみたいな。私はピカソです」[1]

このときピカソは45歳で、声をかけられたマリーは17歳。年が離れているうえに、ピカソはすでに結婚していたが、全く構うことなどなかった。自分が有名な画家だと伝えるために、わざわざ日本語で書かれた『ピカソ』という本を差し出している。用意周到だ。

その後、ピカソは妻のオルガに離婚を求めるも、頑として応じてもらえずに苦しむことになる。制作も滞ってしまい、手紙にこう書いている。

迷

「これは人生最悪の時です」[3]

完全に自業自得だが、ピカソの場合、享楽のためだけにさまざまな女性と関係を持ったとは言い切れない。付き合う女性が代わるたびに、ピカソの描く絵もまた変化していったからだ。女性との交際を通して、ピカソは自らの作風に刺激を与えていた節がある。

ピカソといえば、前衛的な作風で、一見しただけではよく理解できない絵を描くというイメージが強い。だが、それはピカソのたどり着いた、一つの作風にすぎない。

名

「私は子どもらしい絵を描いたことがない」[1]

幼少時代を自らそう振り返るとおり、初めての言葉が「ピス！　ピス！」（鉛筆をとって！）[3]だったというピカソは、幼少期から絵を描くのが好きで、その才能はピカソが13歳のときに、画家の父が絵を描くのをやめてしまうほどだった。

ピカソが父から徹底的に叩き込まれたのは、デッサンである。デッサンがうまくなるまで、絵の具を使うことを禁じられていたという。

名

「私ほどデッサンの練習を積んだ者はいないだろう」[2]

スペイン中の美術学校を渡り歩いたピカソ。まだ14歳

［2］木原武一著『天才の勉強術』新潮選書

［3］マリ・ロール・ベルナダック、ポール デュ・ブーシェ著、高階絵里加訳『ピカソ―天才とその世紀』（「知の再発見」双書31）創元社

にもならないうちに、20歳以上の者のみに受験資格が与えられた上級クラスに入ったこともある。また、スペイン最難関のマドリッドの美術学校では、普通ならば何日もかかる数多くのデッサンをたった1日でこなして、周囲を驚愕《きょうがく》させたこともあった。

ある分野で才能を発揮し「神童」と呼ばれた少年が、やがて挫折して、伸び悩むのはよくあることだ。だが、ピカソはそんな「並みの神童」とも一線を画していた。類まれな才能とたゆまない努力。いや、努力を努力とも思わなかったのだろう。

名

「私が私の人生においてやってきたすべてのことは現在のためであり、つねに現在であり続けようという希望をもってやってきた。私は探究心ということを考えたことさえない。私は表現すべき何物かを見出したとき、過去も未来も考えずに表現してきた」[2]

ピカソの作風は、かけだしの頃だけでも、どんどん変化していく。青の絵ばかりを描く「青の時代」から、バラ色の色調をふんだんに使った「バラ色の時代」。そこから絵画の造形的な変化に挑んだ、現代絵画の金字塔「キュビズムの時代」へと突入していく。ピカソの絵のイメージとして印象が強い、いわゆる「何が描いてあるのかわからない」と言われる絵は、そうしたピカソの試行錯誤の結果、たどり着いた領域だった。

キュビズム時代の始まりとなったのが『アヴィニョンの娘たち』。そのときそばにいた女性、フェルナンド・オリヴィエは「キュビズムの女」とも呼ばれている。フェルナンドは、まだ無名で貧乏だった頃のピカソを支えた。このキュビズムへの傾倒とともに、ピカソの名は、世界的に知られるようになる。

それから30年後、ピカソは『ゲルニカ』を描く。これはスペイン戦争において、ナチスドイツがスペインにある村ゲルニカを無差別爆撃したことへの抗議として、その惨劇を描いたものである。

ナチスのゲシュタポ（秘密警察）がピカソの家に家宅捜査に来たときのことだ。将校がゲルニカの写真を観て、こう尋ねた。

「これを描いたのはあなたか？」

ピカソは、毅然《きぜん》としてこう答えたという。

名

「いや、あなたたちだ！」[3]

自分に筆を執らせたのは、惨劇を起こしたナチスではないか――。ピカソはそう伝えたかったのだろう。

ちなみに、この『ゲルニカ』は、愛人であるマリーとドラがピカソのアトリエで取っ組み合いを始めたときに描かれたものだ。そのため、ドラは「ゲルニカの女」とも呼ばれる。ドラが写真家だったことが幸いし、ゲルニカは制作過程が写真に残されている。ピカソの絵の描き方を知るうえで重要な資料となった。

ピカソはその後も、付き合う女性や社会情勢の変化に影響を受けながら、作風を変化させていく。

ただし、一つだけ、変わらなかったことがある。それは「常に変化する」ということ。それがピカソの最も重要なポリシーだった。

名

「冗談じゃない、同じことをいつまでもやっていると思わないでくれ。過去にはもはや興味はない」[2]

名

「自分の作品の真似をするくらいなら、他人の作品を真似たほうがましだ。なにしろ、私は新発見が大好きなのだ」[2]

それも意図的に自分を変化させようとして変化させたわけではない。常に自分の感性を磨いて、内なる声に耳を傾ければ、おのずと作品は同じものにはならない。

名

「探すのではない、出会うのだ」[1]

80歳を超えても、絵を描くことに情熱を燃やし続けたピカソ。女性への熱い思いもまた失われることなく、70歳を超えてから、20代半ばのジャクリーヌと再婚を果たしている。

絵と女性を最期まで愛した天才画家が、生涯残した作品の数は、実に4万点とも6万点ともいわれている。それでもピカソは晩年になっても、こう言っていたという。

まだこれから描くべき絵は残っている――と。

No. 36

Kamo no Chōmei

鴨長明

1155年～1216年。京都の下鴨神社の宮司の次男として生まれる。後鳥羽上皇が和歌所を設置すると、寄人に選ばれた。河合神社の禰宜に推薦されるも、同族の鴨祐兼による反対で阻まれて、50歳で出家。随筆『方丈記』、説話集『発心集』など。

「ゆく河のながれは絶えずして、しかも、もとの水にあらず」[1]

鴨長明が執筆した『方丈記』は、清少納言の『枕草子』、吉田兼好の『徒然草』と並ぶ日本三大随筆の一つ。「名文」として名高いのがこの書き出しである。現代語訳するならば、次のようになる。

名

「流れゆく河のながれは、絶えることはなくて、しかも、もとの水では決してない」[1]

長明が無常観あふれたこの随筆を書き始めたのは、50歳のときのことだ。この少し前に、長明は後鳥羽上皇から「河合社《ただすのやしろ》の禰宜《ねぎ》に」と推挙された。禰宜とは、神社の最高責任者のこと。長明の父は下鴨神社で禰宜を務めており、河合社は下鴨神社の摂社にあたる。父の思いを継ぐようなありがたい話に、長明は喜びを隠せなかった。

ところが、この昇進話は同族の鴨祐兼《すけかね》に阻まれてなくなってしまう。絶望した長明は50歳で出家することを決意。いわば、出世競争に敗れたビジネスマンの悲哀に近いものが、このときの長明からは感じられる。

長明の人生の歯車が狂ったのは、18歳のときに病弱だった父が亡くなってからのこと。そのときの悲しみを長明は、こんな和歌にしている。

「父、身まかりてあくる年、花を見てよめる　春しあれば今年も花は咲きにけり散るを惜しみし人はいづらは」[1]

意味としては次のようになる。

名

「父が死んで翌年の春、桜の花が今年もまた咲いた。花が散ることを、あれほど惜しんでいたあの父はいったいどこにいってしまったのだろうか」[1]

長明が若かったため、禰宜の職はほかの一族に受け継

[1] 鴨長明著、浅見和彦校訂『方丈記』ちくま学芸文庫

がれてしまい、取り巻く状況は一変する。これまでは父が下鴨神社の禰宜という高い地位にいたため、周囲にはたくさんの取り巻きがいたが、父が死んでからは、誰もいなくなってしまった。

手の平を返すような人たちに長明は「あはれともあだにいふべき歎《なげ》きかと　思ふか人の知らず顔なる」[1]という歌を詠み、次のような嫌みを言っている。

迷

「お気の毒に、と通り一遍の言葉で済む悲歎《ひたん》だと他人は思っているのだろう。誰もが知らず顔で過ごしている」[1]

長明は、30歳のときには祖母から引き継いだ家も手放し、小さな家を河原に建てて暮らし始める。人との交流を避けて、和歌を詠み続ける日々を送った。

そんな引きこもりのような長明にも転機が訪れる。後鳥羽上皇が新古今和歌集の編纂《へんさん》のために和歌所を設置すると、そのメンバーに選ばれたのだ。長明は大いに張り切って、日夜、和歌の研究に打ち込むようになる。

その熱心な働きぶりに感心して、後鳥羽上皇は河合社の禰宜に長明を推挙したのだが、前述したように話がなくなってしまい、長明を大いに失望させることとなった。

後鳥羽上皇も期待だけさせて申し訳ないと思ったのだろう。長明のために、わざわざほかの社を官社に格上げして「その禰宜はどうか」[3]と長明に打診している。

だが、長明はこれを固辞。それどころか、あれだけ張り切っていた和歌所寄人《よりうど》の職をも辞している。完全に社会に背を向けてしまったのである。

一連の騒動を見ていた源《みなもとの》家長《いえなが》は、長明が後鳥羽上皇のこれほどの厚遇を無下にしたことについて「正気を失ったか」[2]と日記に書いている。長明からすれば、何もかもにうんざりしたのだろう。

しかし、このときの理不尽な仕打ちがなければ、日本文学史上に残る『方丈記』が生まれることはなかった。出家した長明は、さらに小さな庵を住まいとしたが、一人静かな日々にむしろ充足感を得るようになる。

名

「ただひたすら、静かであることを望みとし、憂えないことを楽しみとする」[1]

挫折だらけの人生。だからこそ、たどり着くことができた人生の真理である。

［2］三木紀人著『閑居の人 鴨長明』新典社
［3］五味文彦著『鴨長明伝』山川出版社

No. **37**

Graham Bell

グラハム・ベル

1847年～1922年。スコットランドのエディンバラ生まれ。父とともに聾唖者の教育に従事した。1876年に電話機の発明に成功。ベル電話会社を設立した。信号伝送効率を示す単位「dB」（デシベル）などにその名を残している。

たった一つの成功が人生を一変させることがある。グラハム・ベルは電話の発明に成功し、自分の人生どころか、人類の社会生活を変えてしまった。

ベルは、聴覚や言語に障害のある人を対象に、話すための技術指導を行っていた。父や兄も同様の仕事で、母が聾《ろう》唖《あ》だったため、ごく自然にその職業を選んだ。

あるときベルは、話し手の声の振動を何らかの装置で、相手の身体にうまく伝えて、相手はその振動から元のメッセージを復元できないかと考えた。

このアイデアが「電話」の発想の根源となるが、声の振動を忠実に電流にして相手に伝えるのは、常識では困難だとされていた。なぜベルがその発想に至ったのかといえば、この言葉に尽きるだろう。

名

「もし私が電気について、もっと多くの知識を持ち合わせていたなら、電話の原理など思いつかなかっただろう」[1]

逆に言えば「知識がいかに固定観念を作っているか」をベルの発明は体現しているともいえそうだ。

また、ベルには「声の振動を利用したコミュニケーションを可能にしたい」という強い動機付けがあった。当時、26歳だったベルは、聴覚障害者のための会話教育を行っていた。その生徒である、16歳のメイベル・ハバードのことを、ベルは一目見て好きになってしまう。

「私は、大切な生徒への自分の思いが、予想以上に深いものへと熟しているのを知りました」[1]

彼女ともっと意思疎通を図るためにベルが着目したのが、声の振動であり、そのことが、電話のもととなる発想へとつながった。

ベルは研究を重ねて、28歳で電話の基本原理を確立。電話の発明を足がかりに、電気信号による聴覚障害者とのコミュニケーション法へと、研究を進めようとした。

[1] ロバート・V・ブルース著、唐津一訳『孤独の克服―グラハム・ベルの生涯』NTT出版

ところが、ベルにとっては第一歩にすぎなかった電話の原理が実用化されると、たちまち大ヒットに。莫大《ばくだい》な収入を得たベルは、電話の事業者としての道を歩み始める。念願のメイベルとも結婚を果たして、まさに思いどおりの人生を謳歌《おうか》するかに見えた。

だが、成功の果実は、また別のストレスを生む。特許権を巡る争いや、名声への嫉妬にベルは苦しめられる。

迷

「人が発明で名声を獲得すればするほど、ますます世間は当人を攻撃目標にする」［1］

結婚生活も行き詰まりを見せていた。もともと孤独癖があったベルは、妻にこんなことを言った。

迷

「歳をとるにつれて、自分の中に引きこもり、自分の思考にふける傾向が、強くなってきている気がします」［2］

ベルは独りで暮らすようになる。過食に走り、１３０キロも太り、糖尿病に苦しんだ。そんななか、次第にベルは科学者の仲間と語らう楽しさを覚えていく。電話の発明は、もはや自分事ではなかったようだ。

迷

「もうすっかり昔のことで、果たして本当に自分が電話を発明したのだろうか、それとも人の話をどこかで読んだだけではないかとよく思いますよ」［1］

電話の発明が人類にもたらしたインパクトはあまりに大きく、ベルはより生きづらくなった。突然の電話でスケジュールが狂うと、こんな冗談を口にしたという。

迷

「どうして私は電話なんて発明したんだろうね」［1］

［2］正高信男著『天才はなぜ生まれるか』ちくま新書

No. 38

Ichizō Kobayashi

小林一三

1873年～1957年。山梨県生まれ。慶応義塾卒業後、三井銀行に入社するが、34歳で退社。箕面有馬電気軌道（後の阪急電鉄）の設立に参画。鉄道沿線の宅地開発や動物園の開園、歌劇団の創設、ターミナルビル百貨店の開業など、鉄道会社による多角経営の先陣を切った。

偉人伝は子どもの頃によく読まれるが、大人になってから読むと、また違ったかたちで心に残るものがある。阪急グループを創業した小林一三の物語は、特に大人が読んだほうが、励まされることだろう。

一三はもともと小説家志望だった。記者になるのが、小説家への早道だと一三は考えたが、応募した都《みやこ》新聞（現在の東京新聞）では不採用となる。方向転換をして、三井銀行に入社した。

だが、もともとやりたい仕事ではないため、銀行での仕事に身が入らなかったようだ。仕事の合間にも、小説の執筆に精を出し、銀行の仕事にやり甲斐を見出すことがなかなかできなかった。

迷

「銀行の仕事は少しも面白くない」[1]

自分から面白がろうとしていないのだから、つまらないのは当たり前だ。もちろん、そんなことは一三自身が一番よくわかっていた。だからこそ苦悩したのである。

銀行を辞め、新聞社への転職を考えたり、他の銀行への転職を試みて失敗したりするなど、鬱々《うつうつ》とした日々が続く。

迷

「東京における三井銀行時代は、私にとっては耐えがたき憂鬱の時代であった」[1]

環境のせいにばかりしていた銀行員時代の一三。泣き言以外の何物でもないが、実業家として成功したあとは、180度違う言葉を言っている。

名

「下足番を命じられたら、日本一の下足番になってみろ。そうしたら、誰も君を下足番にしておかぬ」[2]

［1］小林一三著『小林一三―逸翁自叙伝』日本図書センター
［2］柴崎伴之著『大失敗にも大不況にも負けなかった社長たちの物語』彩図社

一三をここまで変えた転機は34歳のときに訪れる。元上司に誘われたことをきっかけに、13年にわたって勤務した三井銀行に辞表を出したのだ。

だが、その後も運命は二転三転する。設立されるはずだった証券会社の話は日露戦争の影響で立ち消えになり、一三は無職になってしまう。すると、今度は鉄道会社の監査役を打診される。これがのちの阪急電鉄である。

だが、鉄道の工事は始まったが、郊外の路線でPRポイントがない。電車が走ったところで目的地がないのだ。またもや壁にぶつかったが、もうこれまでの一三ではなかった。

名

「金がないから何もできないという人間は、金があっても何もできない人間である」〔2〕

言い訳することなく、今の状況を生かす方法を考え抜いてひらめいた。「何もない、それこそが強みだ」と。

一三は郊外の過ごしやすさをパンフレットで強調。高級感を打ち出し、郊外住宅の月賦販売に踏み切っている。住宅販売のうたい文句は、次のようなものだった。

「排煙の漂う不衛生な都会から脱出し、清潔で爽やかな郊外生活をしよう」

さらに箕面《みのお》動物園、宝塚新温泉をオープンさせてファミリー層を取り込むことに成功。「宝塚歌劇団」の前身、「宝塚少女歌劇団」を発足させたのも一三で、すべては鉄道に人を呼び込むためのアイデアだった。

宝塚少女歌劇団はいつしかプロの劇団へと成長する。一三自身が脚本を手がけ、作品数は22本にも及ぶ。昔、諦めた小説家の夢を形を変えて叶えた格好となった。

アイデアで時代を切り開いた一三。必ず鉄道で移動し、かつ、座席に座らず立つことにしていたという。今では当たり前の風景となった、電車内の中吊り広告も、そんな習慣のなかで一三が考案したものだ。

生活者としての目を失わないことで、一三はほんの少し先のニーズを発掘することができたのだった。

名

「百歩先を見る者は狂人扱いを受け、現状のみを見る者は落伍《らくご》する。十歩先を見る者のみが成功する」〔3〕

〔3〕小林一三研究室編『小林一三　発想力で勝負するプロの教え　永久保存版』アスペクト

No. 39

Friedrich Nietzsche

フリードリヒ・ニーチェ

1844年～1900年。ドイツのザクセン地方生まれ。ボン大学、ライプツィヒ大学を経て、25歳のときにバーゼル大学で古典文献学の教授となった。体調を崩して大学を辞職すると、執筆活動に専念。著作に『反時代的考察』『ツァラトゥストラはかく語りき』など。

天才には、ひらめく瞬間というものがある。哲学者のフリードリヒ・ニーチェは、代表作『ツァラトゥストラはかく語りき』のアイデアが電光のように、頭にひらめいたのだという。その思考を文章にしたときのことを、ニーチェはこう表現している。

名

「自分の手で書いているのではないという感じがある。なによりはっきり気づくのは、頭のてっぺんから足の先までをつらぬく、身をふるわせる無限のスリルである」［1］

自分でも止められない、湧き上がる思考とそれを書く手。ニーチェは10日間で第1部を完成させ、その後も手を緩めることなく、わずか1年で大作を書き上げた。

ニーチェは子どもの頃から、周囲と比べて、やや風変わりなところがあったようだ。ほかのクラスメートが教室で騒いでいるときも、ニーチェは礼儀正しく振る舞っていた。賛美歌がうまく、聖書の言葉をよく知っていたため「小さな牧師さん」と呼ばれていたという。

突然、大雨が降ってきたときのことだ。みなが大急ぎで家路につくなか、ニーチェだけは小さなハンカチを頭に乗せ、ずぶ濡れになりながら、歩いて帰ってきた。

それを遠くから見ていた母親が「はやくしなさい！」と手で合図をしても、ニーチェの歩くスピードはゆっくりのまま。帰宅後に母親からとがめられると、ニーチェは真面目な顔でこう答えた。

迷

「でもお母さん、校則にはこう書いてあるんだよ。生徒は下校時に騒いだり走ったりしてはならない、ゆっくり行儀よく家に帰ることって」［2］

［1］ブルースター・ギースリン編、若林千鶴子訳『三十八人の天才たち　その創造過程』新樹社

ニーチェは、ほかの子どもたちと遊ぶこともなく、10歳にして詩作にふけった。14歳になると早くも自伝を執筆し、10歳の頃を振り返っている。

迷

「これらの詩で描写しているのは、たいてい自然の光景であった。すべからく少年の心というものは、壮大な自然の光景に深く感動し、思わずこみあげる言葉を詩句に移し変えたいと思うものである」[3]

迷

「もちろんこの時期の作品はつたないものであり、ほとんどすべての詩が、表現はぎごちなく生硬であったが、しかしながらこの第一の時期の詩の方が、次に述べる第二の時期の作品より私としてははるかに気に入っている」[3]

自分で自分を批評しているのだから、末恐ろしい14歳である。学校では首席を取り続け、神童ぶりを発揮した。

しかし、学校の成績がすべてではない。なかなか友達ができないため、「どこか人と違うのではないか」と孤独感にさいなまれた。

人との付き合い方に悩まされたニーチェは、頼りにされるのがうれしくて、頼まれるとついお金を貸してしまうところがあった。

友人から「50フランを借してくれ」と頼まれると、ニーチェはこんな妙な提案をしている。

迷

「100フランのほうがよくないか？」[4]

時には、あまり知らない人にさえお金を貸したニーチェ。人間関係の希薄さがゆえに、お金の貸し借りでも人とつながれることを特別視したのだろう。

そんなニーチェも25歳の若さで大学教授になると、学生と交流するようになる。ただ、ニーチェの講義は厳しいことで知られており、予習をしてこなかった学生に対して、ニーチェは冷ややかな態度で接した。

学生が返答に困っても、すぐに助け船を出すことなく、しばらくは放置。やや時間を置いてから、皮肉っぽくこう言った。

[2] ヨアヒム ケーラー著、五郎丸仁美訳『ニーチェ伝―ツァラトゥストラの秘密』青土社
[3] ゲルハルト・プラウゼ著、丸山匠訳、加藤慶二訳『天才の通信簿』講談社
[4] 山口智司著『トンデモ偉人伝　天才編』彩図社

名

「そうかね」[4]

「名言」としたのは、このニーチェのやり方が効果てきめんだったからだ。学生の多くは冷たくあしらわれるのを恐れてなるべくきちんと予習をし、ニーチェにただ一言「よろしい」と言われることを目指すようになった。

だが、29歳のときから、ニーチェは激しい偏頭痛に襲われるようになり、健康状態が悪化していく。

そんなニーチェを心配したのが、音楽家のワーグナーである。ニーチェはワーグナーと交流を深めるにつれて、彼の音楽に傾倒していく。ワーグナーからは、こんな型破りなアドバイスを受けた。

「金持ちの婦人と結婚しなさい！　結婚して旅行しなさい。そしてすばらしい経験を次々と積んでいきなさい」[5]

はたして結婚が偏頭痛の解消につながるのかはよくわからないが、ニーチェは納得したようで、結婚を目指すようになる。そして、ひょんなことから出会いは訪れた。

ニーチェは31歳のときに、体調悪化により、講義を中止してジュネーブへ。滞在中に若いオランダ女性と出会い、4時間ほど二人で散歩をする。帰宅後にニーチェは、その女性に手紙を綴った。こんな文面である。

「あなたの心のすべての勇気を集めてください。そして、いま私があなたに呈する質問にびっくりなさらないでください」

なんだか不穏な前振りだが、ニーチェはこう続けた。

迷

「あなたは私の妻になろうとお思いになりますか？　私はあなたを愛しています。そして、あなたはすでに私のものであるような気がしています」[5]

あまりに一方的な求愛である。あとで冷静になりニーチェもそのことに気づいたらしく、謝罪の手紙を出した。

恋の結末については、書くまでもないだろう。

恋愛も実らず、体調も悪化したままで、ニーチェは32歳で大学の職を辞すことになる。だが、ここからが、哲学者ニーチェにとって、極めて重要な時期となった。

著述活動に入ったニーチェは、旧友に呼ばれてローマへ。そこでルー・サロメという女性に会い、恋に落ちている。ニーチェを崇拝する哲学者のパウル・レーも加わって、ニーチェ、レーの二人の男とサロメの3人による、

［5］北嶋広敏著『結婚しなかった男たち―世界独身者列伝』太陽企画出版

奇妙な共同生活がスタートした。

当初は理想的な生活だったらしい。午前中はそれぞれが仕事に打ち込み、午後からは3人で近所を散歩したり、馬で遠出したりし、夕方になれば思いのままに語り合った。ニーチェはこの充実期に『人間的な、あまりに人間的な』の執筆にとりかかっている。

だが、サロメが男女間を超えたルームシェアを望んだ一方で、レーはサロメを女性として愛して結婚を望むまでになり、ニーチェもまた彼女に強く惹かれ、自分の思想の後継者だとまで考えていた。

ある日、ニーチェは、サロメと二人だけでサクラ・モンテの丘に登り、至福のひと時を過ごす。サロメへの手紙で、こう気持ちを綴っている。

名

「君のお蔭《かげ》で、僕の生涯の最も美しい夢を見られた」[6]

しかし、ニーチェの思いはまたもや届かない。サロメはニーチェもレーも選ばず、ニーチェの恋は8カ月で終止符が打たれた。サロメと失恋してから、ニーチェが女性と交わった形跡はない。最後の恋だったのだろう。

冒頭で書いた『ツァラトゥストラはかく語りき』につながるひらめきを得たのは、サロメとの失恋からまもなくしてのことだった。

『ツァラトゥストラはかく語りき』でニーチェはニヒリズムを徹底。変わりなく永遠に人生は繰り返される「永遠回帰」の真理こそが、「超人」へ至る道だと説いている。

その後、ニーチェは、45歳のときにトリノの広場で昏《こん》倒《とう》し、発狂。入院前には、ワーグナーの妻コジマにこんな支離滅裂な手紙を書いた。

迷

「私が人間だというのは偏見です。私は人間が経験できるすべてのことを、卑小なことから最高のことまで知ってはいます」[4]

それから10年以上経っても、正気に戻ることはなく、母や妹の看護を受けながら、1900年に46年の生涯を閉じた。

[6] フリードリヒ・ニーチェ著、眞田収一郎訳
『ニーチェ・レー・ルー――彼等の出会いのドキュメント』未知谷

No. 40

Raichō Hiratsuka

平塚らいてう

1886年〜1971年。東京生まれ。本名は明。日本女子大学校卒業後、青鞜社を設立して、女性文芸誌『青鞜』を刊行。創刊号の巻頭言が話題となった。市川房枝らと新婦人協会を結成し、婦人参政権運動に尽力。日本婦人団体連合会会長、国際民主婦人連盟副会長など。

たった一つのフレーズが、多くの人の心をつかみ、新しい時代を拓くことがある。

1911（明治44）年、新雑誌『青鞜《せいとう》』が創刊される。コンセプトは「女性による女性のための雑誌」。

そこには、女性の地位が著しく低かった明治において、女性たちが待望した言葉が詰まっていた。創刊号が発刊されると、熱烈な読者からの手紙が連日、編集部に届き、購読の申し込みが相次いだ。

特に大きな反響を呼んだのが、「創刊の辞」である。時代を超えた名文として、文学史に深く刻まれている。

名

「元始、女性は実に太陽であった。真正の人であった。今、女性は月である」[1]

作者の本名は平塚明《はる》。この創刊の辞によって「らいてう」の筆名が一躍知られるようになる。

だが、こんな意気揚々とした文章を書いておきながら、らいてうは当初、雑誌の創刊に乗り気ではなかった。

3年前、らいてうは夏目漱石の門下生で作家の森田草平と栃木県の那須塩原へ駆け落ち。山中で心中未遂事件を起こしていた。

当時、22歳だったらいてうに対して、草平は27歳で妻子がいた。らいてうは日本女子大学校を、草平は東京帝国大学を卒業していたため、「エリート男女の不倫の末の心中未遂」として世間に騒ぎ立てられる。これが「塩原事件」と呼ばれる心中事件である。

事件直後、らいてうはどこかさっぱりしていた。心中の直前で死ぬのを恐れた草平の姿に、すっかり興ざめしていたのである。迎えに来た母にこう言っている。

［1］平塚らいてう著『元始、女性は太陽であった―平塚らいてう自伝〈1〉』国民文庫

迷

「山のぼりで先生はまいってしまいましたけれど、わたくしは大丈夫でした。坐禅をしているお蔭《かげ》です。心配しないで下さい」[1]

その後、事件報道の影響で、母は病に伏せ、父は職場で辞職勧告を受ける。結局は母も大事に至らず、父も退職せずに済んだが、両親に多大な迷惑をかけた。それでも、らいてうはこたえていなかった。

迷

「自分が別段悪いことをしたという、罪悪感は湧いてきません。ですから、とんでもない親不孝者などとも考えませんでした。親の立場と自分自身の問題とはどこまでも区別して考えていました」[1]

まだ親のすねかじりの時期だったということもあり、両親の気持ちになって「迷言」としたが、「親の立場と自分自身の問題は別」という考えはしごく真っ当だろう。

堂々としたものだが、学生時代のらいてうは、内気で表情も乏しかった。ところが、禅の立場から儒仏の一致を説く『禅海一瀾』を読んで、衝撃を受ける。長年の問いに対する答えがそこに記されていたのである。

「大道を外に求めてはいけない。心に求めよ」

この言葉を「現在の自分に対する、直接警告」と受け取ったらいてうは、禅に傾倒。性格や行動も一変して、今まで行ったことがない寄席や芝居にも足を運ぶようになった。心身にはエネルギーがみなぎっていたという。

迷

「からだはあってもなきが如くで、不思議なほど身軽ですし、疲れというものをまったく感じないのです。一日中どんなに歩きまわっても、夜一時二時まで起きていても平気でした。何もかもたのしく、美しく、うれしさでいっぱいで、過剰精力でいつも張りきってピチピチしていました」[1]

なんだか怪しいクスリをやっていたのではないかと思

ってしまうほど、急激な変化である。その後、らいてうは寺にいた若い和尚にいきなり接吻をして、ファーストキスを体験。その気になった和尚から結婚を迫られると断る、という珍事を引き起こしている。

草平との心中未遂はそんなふうに、らいてうがハイテンションなときに起きた事件だった。

事件の余波は、両親だけではなく、らいてう自身にも当然、及ぶこととなる。母校からは除名され、就職や結婚の障害にもなった。

3年の月日が過ぎた頃、文学会の主宰者である生田長《ちょう》江《こう》から、こんな誘いがあった。

「女性だけが作る文芸雑誌を創刊してみないか」

時間を持て余しているように見えたからだろう。だが、らいてうは、どうも乗り気になれなかった。

迷

「わたくし自身が、文学で身を立てようなどという気がさっぱりないからです」[1]

随分と後ろ向きだが、生田の説得もあり、次第に雑誌作りに気持ちが傾いていく。『青鞜』という雑誌名は、イギリスで女らしくない女性を「ブルー・ストッキング」と呼ぶことに由来している。

そして、あの伝説となる創刊の辞を、たった一夜で書き上げることになる。『青鞜』の創刊から数年後には「世の婦人たちへ」と題して次のような文章を書いた。

名

「愛なくして結婚し、自己の生活の保証を得んがために、終世ひとりの男子に下婢《かひ》として、売春婦として侍しているような妻の数は今日どれほどあるか知れないでしょう」[2]

この表現が問題視され、らいてうは、警視庁高等検閲係から出頭を命じられて、厳重注意を受けている。だが、厳重注意を受けるべきは、女性の権利が公然と踏みにじられていた社会そのものだろう。

その後、らいてうは、女性の権利を守るための運動に没頭。社会に大きな影響力を持つ論客として活躍した。

一夜漬けの創作でも全身全霊であたれば、自分の人生だけではなく、社会に変革をもたらすこともあるのだ。

[2] 奥村直史著『平塚らいてう ― 孫が語る素顔』平凡社新書

No. 41
Ikkyū Sōjun

一休宗純

1394年～1481年。京都生まれ。後小松天皇の落胤といわれ、幼少で出家。謙翁宗為、華叟宗曇の弟子を経て、華叟より一休の道号を授かる。応仁の乱をはさんで転々としながら、大徳寺の住持に就任。以後は詩や狂歌、書画をたしなみ、風狂の生活を送った。

アニメ『一休さん』のモデルとして知られる、室町時代の僧、一休宗純。アニメでは、見事なとんちで、大人たちをもやり込めているが、実際の一休はもっと破天荒な僧だった。

伊勢で地蔵菩薩の開眼供養があったときのことである。供養の導師として招かれた一休は、地蔵につかつかと歩み寄ると、その頭から滝のように小便をぶっかけた。

きれいな供え物もすべて一休の小便まみれ。周りは驚き慌てて、地蔵にふりかけられた一休の小便を必死に洗い落とした。だが、一休は高名な僧としてすでに知られていたため、こんな声が上がり始めた。

「天下の一休が開眼されたのに、洗い落としてよかったのか」

開眼供養をやり直してもらおうと、後を追うと、一休は「わざわざ戻るにはおよぶまい」と言い、自分の使い古したふんどしを手渡した。

迷 「これにて地蔵の首をくくり置け、たちまち病は失《う》すべし」〔1〕

小便にふんどしと全く供養になっていない気がするのだが、そのとおりにやってみたならば、その地域で流行していた奇病が収まった……という伝説が残っている。

また正月には、墓場で拾った骸骨を持って、「このとおり、このとおり、ご用心、ご用心」〔1〕と言いながら、家々の門を回って、迷惑がられている。「生まれてから死へと向かう人間にとって、正月がなぜ楽しめるのか」という一休なりの警句だったが、こんな奇抜な方法では、伝わるわけもないだろう。

痛快な逸話もある。大金持ちの家で法事の導師を頼まれたときのことだ。一休は物乞いの装いをまとい、数日前にその家を訪問して、大声でこう言った。

「ご供養の施行をいただきたい。なにとぞご慈悲をくだ

〔1〕西田正好著『一休』講談社現代新書

されよ」

だが「見苦しい奴、即刻追い出せ」と、下男を使って棒で打ちのめされてしまった。

そして迎えた当日、今度は金襴《きんらん》の袈裟《けさ》をまとって一休が現れると、主人の態度は打って変わって、一休に贅を尽くした食事を振る舞った。

すると一休は食事に手をつけることなく、おもむろに袈裟を脱ぎ、こう言い残して立ち去ってしまったという。

名

「乞食も愚僧も、おなじ火と水なれども、きのふは棒をくらひ、今日は御ときを給ふこと、ひとへにこの衣の色が光るゆゑなり」[1]

昨日の乞食も今日の僧も同じ人間なのに、昨日は棒で叩かれ、今日は手厚くもてなされる、これはひとえにこの袈裟が光るからだろう――。

外見で人を判断する傲慢《ごうまん》さを見事に戒めた一休。あらゆる権力を否定し、戒律さえも守らなかった。こんな置き手紙をしたことある。

迷

「私を訪ねてくるようなことがあれば、私は魚屋か居酒屋か娼婦の家に入り浸っているので、そこらへんを探してください」[1]

どの場所も仏戒では禁じられていることはいうまでもない。
奇想天外な行動が多かった一休だったが、自身はそのような生き方を「風狂」といい、不真面目なことを大真面目に生涯かけて行った。[2]
それは一休が生きた時代と無関係ではない。戦乱の世に振り回され、度重なる飢饉《ききん》と疫病、さらに、地震、津波、大火事と災害も襲いかかってくる。
そんな生き地獄といってよい時代に、一休は自由自在に生き抜いた。享年87歳。一休らしく「生」に執着した、こんな言葉を残して。

名

「死にとうない」[1]

[2] 栗田勇著『一休　その破戒と風狂』祥伝社

No. 42 Che Guevara

チェ・ゲバラ

1928年～1967年。アルゼンチンのロサリオ生まれ。ブエノスアイレス大学の医学部で学び、医師免許を取得。友人と南米を放浪して社会主義に傾倒。フィデル・カストロとともにバティスタ政権を打倒し、キューバ革命を成功に導いた。ボリビアで銃殺される。

革命家の代名詞的存在ともいえる、チェ・ゲバラ。

ゲバラは、農場を経営する父のもとで5人兄弟の長男として生まれた。誕生したときは未熟児で、2歳のときには重度の喘息《ぜんそく》と診断されている。息子の喘息が少しでも良くなればと、両親は転居を繰り返した。

そんな病弱さを感じさせないほど、少年時代のゲバラは腕白で、喘息の吸入器を片手にラグビーに夢中になった。体罰を行う教師には猛然と立ち向かうなど、権力と戦うことを恐れない気質がすでに現れている。

ゲバラ家は裕福な家庭だったが、さまざまな身分の人たちが出入りしていた。誰とでも分け隔てなく接したゲバラは、やがてその目を世界へと向け始める。

ゲバラは、自身が喘息で苦しんだ経験から、医学部に入り、医師免許を取得。アレルギーに関する論文で医学博士号も取った。しかし、在学中、そして卒業後に、6歳年長の友人グラナドスとともに、南米で放浪の旅に出ているうちに、ゲバラの考えは変わっていく。

自分の「医師になる」という夢は、個人的な成功を望んでいるにすぎない。そう気づいたとゲバラは言う。

名

「誰もがそうであるように、私も成功を願っていた。有名な医学研究者になることを夢みていた。人類の助けになる何かを発見することを夢想していたのである。しかし、そのころ獲得しようとしたのは、個人的な成功だった。私は、われわれすべてのものと同じく、幼稚な考えにとりつかれていたのだった」[1]

ゲバラは友人との放浪の旅を通して、インディオや下層農民、労働者の貧しさを目の当たりにし、社会主義へと傾倒していく。医師として患者の病気を治す道ではなく、革命家として社会の病に立ち向かう道を選んだのである。

だが、ゲバラは各地で行われる抵抗運動を冷ややかに見ていたところもあった。学生時代のゲバラを知るグラナドスは、13歳のゲバラが発した言葉に驚愕《きょうがく》したという。

迷 「ぼくは、拳銃をくれさえすれば、出て行くつもりだ」[1]

またゲバラが23歳のときのことだ。鉱山の労働者たちを組織しようと、友人たちが熱心に語り合っていると、それまで黙っていたゲバラがいきなり笑い出して、暴言を吐いた。

迷 「一発も撃たずに革命をする気かね？　きみらは頭がおかしいんじゃないのか！」[1]

挑発的な物言いはともかく、「ラテン・アメリカを帝国主義の鎖から救うには武装闘争しかない」というゲバラの信念が早くから萌芽《ほうが》していたことがわかる。

ゲバラの激情が、日本人全体に向けられたことがあるのはご存じだろうか。キューバ革命を成し遂げて半年後、ゲバラは来日して原爆資料館に足を運ぶと、広島県庁の職員に英語でこんな問いかけをしている。

名 「きみたち日本人は、アメリカにこれほど残虐な目にあわされて、腹が立たないのか？」[1]

そんな血気盛んなゲバラが心から共鳴したのが、フィデロ・カストロである。27歳のときにゲバラは、2歳年上のカストロとメキシコで初めて出会う。

ゲバラは、キューバ人の亡命者を援助するカストロの活動に賛同し、ゲリラ闘争に参加する決意を固める。それは当時、アメリカにすり寄り腐敗が横行していたバティスタ政権を打倒して、キューバ国民を救済するというものだった。そのときに聞かされたカストロの作戦はいかにも無謀なものだったが、それがなおさらゲバラの心をとらえたようだ。

[1] 三好徹著『チェ・ゲバラ伝』原書房
[2] 戸井十月著『チェ・ゲバラの遥かな旅』集英社文庫

名

「初めから、わたしは彼とは結ばれていた。冒険へのロマンティックな共感と、かくも純粋な理想のためなら、外国の海浜で死に遭遇しようとも悔いることはない」[1]

連れだつ仲間が増えようがゲバラはゲバラだ。周囲がバティスタ政権打倒に向けて闘志を燃やすなか、ゲバラはさらにその先のことを見据えていた。

「クーデターを成功させさえすればいい」

そんな仲間の意見に対してゲバラは「それは間違いだ」と言い切って、こう熱弁を振るった。

名

「もっとも大切なことは、権力を握るそのことではなく、握ったならば、何をしようとするかを明らかにしておくことだ」[1]

手段が目的化しやすい革命運動に、ゲバラは警鐘を鳴らし続けたのである。理想家と誤解されやすいゲバラの現実主義的な一面が見て取れるだろう。

キューバ革命の成功後、ゲバラは政権運営にあたってカストロと意見が対立。キューバの地を離れて、コンゴや南米のボリビアに渡り、一人の革命家として戦い続けた。

ボリビアの地で捕らえられて、死を予感したゲバラ。最後の手紙として息子にこんな言葉を送った。

名

「世界のどこかでなにか不正が犯されたならば、いつでも強く感ずるようになりなさい」[1]

いよいよ処刑される前夜、スープを持ってきた女性に「どうしてこうなったの？」と問われて、ゲバラは短くこう答えた。

名

「理想を実現させるためだよ」[2]

祖国のためではなく、ゲバラはただ理想のために戦った真の革命家だった。

No. 43

Franz Schubert

フランツ・シューベルト

1797年～1828年。オーストリアのウィーン生まれ。6歳からヴァイオリン、ピアノを始める。11歳で聖歌隊の合唱員になり、その後、作曲活動へ。管弦楽、教会音楽、ピアノ曲など幅広く手がけた。特に歌曲に優れ、「ドイツ歌曲の王」と呼ばれた。『野ばら』『魔王』など。

フランツ・シューベルトは、教師でアマチュアの音楽家の父を持った。父は、息子に音楽を教えているうちに、その才能に驚かされることになる。

シューベルトと四重奏曲を演奏していたときのことだ。父がチェロを弾き、シューベルトはヴィオラを演奏していたが、チェロが何度か間違えると、最初は遠慮していた息子シューベルトは、父に遠慮がちにこう言った。

名

「お父さん、ちょっとどこかおかしかったようですよ」[1]

父も息子の音楽的才能に目を細めて、喜んで間違いを修正したという。

多くの音楽家は、幼少期に両親のいずれかから音楽の教育を受けて、やがて親を超えていき、大空へ羽ばたいていく。モーツァルトも7歳のときに、極めて正確に6曲の三重奏を弾いて周囲の大人を唖然とさせた。音楽家の幼少期のエピソードとしては珍しいことではない。

ただ、シューベルトの場合は、父が慌てるほど音楽に情熱を注ぎ始めた。作曲に打ち込むあまり、学校の成績は低迷。特に数学の成績がひどく、父を狼狽《ろうばい》させている。

父は、息子を自分と同じく、教師にしたいと考えていた。音楽と同じく、ほかの教科にもしっかりと打ち込んでもらいたいというのが、シューベルトへの父の願いだった。

ついに、父から「作曲禁止」を言い渡されたシューベルト。五線紙を買うための小遣いももらえなくなった。

だが、止められれば止められるほど、情熱は燃え上がる。シューベルトは、年長や友人に五線紙をこっそりもらい、作曲活動を続けた。1日に8曲も作ったことさえあった。

それでも父の目を気にして、最低限の勉強はなんとかこなし、17歳のときに、父の学校の助教諭に採用される。

だが、シューベルトは教師の仕事に何ら興味を持てな

［1］村田千尋著『作曲家 人と作品 シューベルト』音楽之友社

かった。しばらくは教員と作曲家の二足の草鞋《わらじ》という生活となったが、その間も、数多くの作曲を行った。

シューベルトは、ドイツの文豪ゲーテの大ファンで、19歳のときには、こんな思い切った行動にも出ている。ゲーテの詩に曲をつけて、16曲からなる『ゲーテ歌曲集』の楽譜を作って、ゲーテ本人に送ったのだ。

尊敬の念からだろう。シューベルトの音楽のすばらしさを知っている私たちからすれば、違和感があるほど、ゲーテにへりくだっている。

迷

「私のようなつまらない者のこともお覚えいただけますならば、私のこの願いがかなえられますなら、私にとって生涯で最高の出来事となることでしょう」[1]

残念ながら、多忙のせいか、ゲーテから返事が来ることはなかったという。

それでもシューベルトは作曲を続けて、やがて教職から完全に離れて、作曲家として独り立ちすることになる。

毎朝起きて、9時頃から昼過ぎて午後2時頃まで作曲を行い、毎日のように新しい作品を生み出した。シューベルトは筆が速かったが、よい詩ならば、さらに作曲がはかどったようだ。こんなことを言っている。

名

「うん、これは詩がいいんだ。そういう場合にはすぐに気が利いた音楽が浮かんでくる。メロディーが流れ出て来て、それは本当に楽しい」[1]

夢のような生活のなかで、曲をやや作りすぎたようだ。自分の新作を、オペラ歌手フォーグルが歌うのを聞いて、シューベルトはこう尋ねた。

迷

「これは悪くない。誰の作品ですか」[1]

だが、充実した日々は長くは続かなかった。25歳で梅毒に罹患《りかん》し、体力が低下するなかで、31歳のときに腸チフスを発症。そのまま死亡してしまう。

短すぎる生涯のなかで、シューベルトは実に600以上の歌曲を作っている。「歌曲の王」と称されるのに、ふさわしい足跡を残した。

No. **44**

Osamu Dazai

太宰治

1909年～1948年。青森県に生まれる。大地主の息子として裕福な幼少期を過ごし、東京帝国大学仏文科に入学。井伏鱒二に師事し『逆行』で芥川賞候補となる。5回の自殺未遂を繰り返し、玉川で入水して38歳で死亡。『斜陽』『人間失格』『走れメロス』など。

小説家の太宰治は、生涯を通じて自殺を5回も試みた。酒に溺れては借金を重ね、薬物中毒に陥って精神科病院に入院したこともある。そして、いよいよ立ちいかなくなると、女と死ぬことを考えた。

「生まれてすみません」

そんな有名なフレーズのままに、太宰は堕落した人生を送ったと思われがちだが、それは誤解である（ちなみに、「生まれてすみません」は詩人の寺内寿太郎が生みの親で、人を介して太宰に伝わり、太宰が勝手に借用した）。

自殺について「自分への殺人罪」と批判する友人で評論家の山岸外史《がいし》に、太宰はこう反論している。

迷 「処世術とは考えられないかなあ」[1]

自殺が処世術、つまり「生きていくための方法」だとは異質な価値観だが、太宰は、自殺未遂を繰り返すことで、現実的な困難から逃れてきた。

青森県でも指折りの大地主の家に生まれた太宰。小学校、中学校と常に成績はトップクラスだったが、作家の芥川龍之介への憧れから、次第にドロップアウトしていく。芸者遊びに繰り出して学業を放棄。一方で、創作活動に精を出した。芥川と同じ東京帝国大学に進学するも、卒業が危うい状態だった。

実家はそんな落ちこぼれとなった太宰を苦々しく思い、勘当を言い渡したり、経済的援助を打ち切ったりしようとするが、そのたびに太宰は自殺未遂や、女性を巻き込んでの心中事件を引き起こす。騒動を仕掛けることで、問題をうやむやにし、実家からの継続的な援助を勝ち取ってきたのである。

太宰は、敬愛する芥川の自殺に共感しながらも「しかし、僕は死なないがね」[2]と友人に話したことがあった。確かに太宰にとって自殺未遂は、むしろ生きるための手

［1］山岸外史著『人間太宰治』ちくま文庫
［2］小沼丹著『井伏さんの将棋』銀河叢書

段だったといえるだろう。

優等生としての人生をかなぐり捨てて、文学に身を投じた太宰。1935（昭和10）年に、日本最初の文学賞・芥川賞が創設されると、受賞に執念を燃やした。

だが、太宰の『逆行』は候補には挙がるものの、あえなく落選。選に漏れた理由として、選考委員の川端康成から私生活の乱れを指摘されると、太宰は激怒した。こんな手紙を送りつけている。

迷

「小鳥を飼い、舞踏を見るのがそんなに立派な生活なのか」［3］

迷

「刺す。そうも思った。大悪党だと思った」［3］

今ならば大問題になりそうな選考委員への「殺害予告」だが、太宰はなりふり構わない言動を取り続ける。第3回の候補作に再び自分の名が挙がっていることを知ると、選考委員の佐藤春夫にこんな手紙で懇願した。

迷

「私はよい人間です。しつかりして居りますが、いままで運がわるくて、死ぬ一歩手前まで来てしまひました。芥川賞をもらへば、私は人の情に泣くでせう」［4］

もはや泣き落としである。だがその甲斐もなく、またもや受賞を逃し、太宰は佐藤をも深く恨むことになる。

そんな情緒不安定な太宰だったが、恩師の井伏鱒二の紹介で、石原美知子と結婚してから、その生活は落ち着きを見せる。30歳という年齢的な節目もあったのかもしれない。規則正しい執筆生活を送るようになり、井伏の手紙では、人が変わったかのような決意表明をしている。

名

「結婚は、家庭は、努力であると思ひます。厳粛な、努力であると信じます。浮いた気持は、ございません。貧しくとも、一生大事に努めます」［5］

太宰は22歳のときに、芸妓の小山初代と、実家の反対

［3］太宰治著「川端康成へ」『もの思う葦』新潮文庫
［4］太宰治著『決定版　太宰治全集〈12〉書簡』筑摩書房
［5］太宰治著『太宰治の手紙：返事は必ず必ず要りません』河出文庫

を押し切ってまで結婚を果たすが、心中未遂を経て、やがて離別している。太宰は、二度目の結婚生活を送るにあたって、美知子にこんなお願いをしている。

迷 「かげで舌を出してもよいから、うわべはいい顔を見せてくれ」[6]

表面さえ取り繕ってくれればいいという、太宰の要望に美知子は唖然としたというが、自意識の強い太宰にとって、妻の前で苦言を呈されるのは耐えがたいことだったのだろう。

それ以後も、美知子は太宰の言動にたびたび驚かされることになる。ある日、子犬が後をついて家まで来ると、太宰にこう言われたという。

迷 「卵をやれ」[6]

決して犬好きだったわけではない。むしろ大の犬嫌いだったがゆえに、恐怖心から、卵で手なずけようとしていたのだという。

一方で、職業作家として、執筆には極めて真摯に向き合っている。太宰は机の上にいつも大きな辞書を置き、原稿用紙1枚書くのに、二、三度は辞書で調べるのが常だった。

名 「ウソ字、アテ字は書かぬように。疑問のときには必ず辞書を引いてたしかめること」[7]

これは太宰が弟子に語った小説の作法だが、小説家を志す若者に対して、太宰はいつも親身になって相談に乗った。太宰ファンで大学生の野原一夫が「小説を読んでもらえませんか」と太宰にお願いしたところ、太宰は座り直して、こう言った。

名 「読ましてもらう。出したまえ」[6]

読んでいる最中も正座を崩すことがなかった太宰。読み終えると、飲み屋に移って、ビールをあおりながら、さりげなく、小説論を披露した。

[6] 津島美知子著『回想の太宰治』講談社文芸文庫
[7] 別所直樹著『太宰治失意の遺書』世紀社出版

名

「小説を書くというのは、日本橋のまんなかで、素っ裸で仰向けに寝るようなものなんだ。自分をいい子に見せようなんて気持は、捨てなくちゃ」[6]

別の機会では、より簡潔にこんな言葉で小説の真髄を伝えたこともある。

名

「自分のことをきたなく書け、いやらしく書け」[7]

ちなみに、このとき、アドバイスを受けた野原は新潮社に入社。編集者として、太宰に『斜陽』の原稿執筆を依頼することになる。

太宰が弟子にアドバイスしたのは、小説のことだけではない。女性について、こんな珍妙なアドバイスをしたこともあった。

迷

「手の小さい女には、お前も、用心した方がいいぞ」[8]

「働かない女性は、手足が小さい」というのが太宰の持論で、「しかも浮気っぽく、心底では別のことを考えている」と、めちゃくちゃなことを言っている。

自分を慕う若者たちと交流することは、太宰自身の創作意欲を掻き立てたに違いない。昭和21年の座談会で自分の成長をこんなふうに語っている。

名

「ぼくはね、今までひとの事を書けなかったんですよ。この頃すこうしね、他人を書けるようになったんですよ」[9]

これに坂口安吾は「それはいいことだね。何か温かくなればいいのですよ」と応じている。

日本の文壇史に残る大作を書き残す——。門人・堤重久への手紙のなかでは、こんな決意を綴った。

〔8〕堤重久著『太宰治との七年間』筑摩書房
〔9〕座談会「無頼派時代」『太宰治全集第10』筑摩書房

名

「僕も三十八だからね、四十までには、大傑作を一つ書いて置きたいよ」[6]

だが、傑作を書かねばならないという強い思いは、太宰をまた放蕩《ほうとう》生活へと向かわせる。『人間失格』の執筆に取りかかると、太宰の生活は激変。家庭を顧みず、毎晩、浴びるように酒を飲む日々を送るようになった。駅前の屋台で出会った山崎富栄《とみえ》をこう口説いた。

迷

「死ぬ気で恋愛してみないか」[10]

１９４８年、『人間失格』を書きあげると、太宰はその１カ月後に、愛人の富栄とともに、水量の多さから当時「人食い川」と恐れられた玉川上水に入水する。川から遺体が引き揚げられたのは、奇しくも満39歳の誕生日だった。

自殺は処世術――。

そううそぶいていた太宰が、なぜ最後は決行してしまったのか。自殺する半年前、弟子と三鷹駅に向かいながら、こんな言葉を残して、弟子を戸惑わせた。

迷

「おれもね、なんとか我慢して、もう二十年も生き続ければね、白い髭など貯えて、文豪なんていわれるかも知れんがね、文化勲章ぐらい貰えるかも知れんがね、おれは、もう我慢がならんのだよ。辛棒の限界まで来てしまったんだよ」[8]

健康不安があったとも言われているが、真意は誰にもわからない。弟子たちは太宰が別れ際にこんな激励の言葉を送ってくれたことを思い出しては、太宰がもうこの世にいないことを、強く感じたことだろう。

名

「苦しいことがあったら、三鷹の奥で、下手な作家が、下手な小説を、うんうん苦しんでかいていることを思い出してくれたまえ」[8]

[10] 山口智司著『肉声太宰治』彩図社

No.
Ieyasu Tokugawa

45 徳川家康

1543年～1616年。三河の岡崎城生まれ。幼少期を織田・今川の人質として過ごす。桶狭間の戦いの後、岡崎に戻り、信長と同盟を結んで勢力を拡大。秀吉の天下統一にも協力した。関ヶ原の戦いで石田三成を破ると、征夷大将軍となり、徳川幕府を開いた。

江戸幕府を開いた徳川家康は「忍耐で天下をとった」と言われるとおり、我慢を強いられる場面が多かった。幼少期からして過酷である。たった3歳で母と別れ、6歳にして織田、今川へ人質に出された。また、信長に謀反の疑いをかけられたときは、自分の妻と実の娘を、殺害するという苦行まで実行している。

そんな家康にふさわしい名言として、広く知られているのが、次の言葉である。

「人の一生は重荷を負て遠き道をゆくが如し」

「不自由を常と思えば不足なし」

「いかりは敵とおもへ」

いずれの言葉も、逆境を生きた家康ならではのように思うが、残念ながら後世の創作である。これらは「徳川家の遺訓」のなかに含まれるが、旧幕臣・池田松之介の創作であることが判明している。[1]

創作ではない家康の言葉に触れるには、書状をあたるしかなかろう。幸い、家康は筆まめでかなりの数の書状を残しており、家康の人柄を行間から知ることができる。

1600（慶長5）年、前田家の重臣、村井豊後守長頼に宛てた書状を読んでみると、家康は、加賀大聖寺城《だいしょうじじょう》を攻略したことへの感謝の言葉を綴っている。

背景を説明すると、前田家では、利家が息子の利長に「秀頼様を御守し、これより三年間は大坂を離れてはならない」と遺言を遺した。それにもかかわらず、利長はそれを反故《ほご》にして、勢いのある家康に服従した。

書状で家康は忠誠への礼を述べたうえで、最後の「追伸」に、こんな心憎い言葉を加えた。

名

「儂《わし》は長いこと自らの手で文を書かなかったけれども、満足したことを伝えたいので、自筆で申し入れました」[2][3]

満足したがゆえに、代筆を使わずに、自ら筆を執った

[1] 徳川義宣著『殿さまのひとりごと』思文閣出版

ことをアピールしている。これは、江戸に人質として差し出された利長の実母、芳春院へのメッセージでもあった。関ヶ原の戦いで、家康率いる東軍の邪魔をしなければ、人質を返すことも暗に示唆している。

同年、豊臣恩顧の大名である福島正則にも、家康は書状を出した。正則には、自分に味方してもらえるように「小山評定」に出席してもらわなければならない。そこで家康はあえて書状では詳細を伏せ、思わせぶりに「詳しくはここで記すことはできません」と書いて、おびき寄せている。前田家への手紙の追伸とともに、現代でも使える、細やかな手紙テクニックといえよう。

時には、ややオーバーな表現をすることもあった。関ヶ原の戦い後、家康は、西軍の総大将となった毛利家に厳しい態度で臨んだ。いったんは改易し、取りつぶそうとしたが、その影響力を考えて撤回している。約120万石もの大所領を周防《すおう》・長門2カ国の約30万石まで大幅に減封した。

家康は毛利輝元と毛利秀就《ひでなり》宛ての書状で「二人の命の保証はする」「周防・長門2カ国は与える」と恩着せがましく処分を伝えたうえで、こう書いた。

迷

「もし、偽りがあれば、梵天帝釈四大天王、総じて日本国中六十余州の大小の神祇・特に伊豆箱根両所の権現・三嶋大明神・八幡大菩薩・天満大自在天神の罰をこうむるであろう」[2][3]

要は「これ以上、罰は与えないから安心しろ」ということなのだが、いろんな神を引き合いに出して、オーバーな表現で強調している。

これだけあちこちに気配りしたのは「天下は自分だけで収められるものではない」という家康の考えがあったからだ。『武野燭談《ぶやしょくだん》』からの次の名言で締めよう。

名

「天下は天下の人の天下にして、我一人の天下と思うべからず」[4]

［2］桑田忠親著『家康の手紙』文春文庫
［3］吉本健二著『戦国武将からの手紙―乱世に生きた男たちの素顔』学研M文庫
［4］村上直著『武野燭談』江戸史料叢書

No. 46

William Burroughs

ウィリアム・バロウズ

1914年~1997年。アメリカ・ミズーリ州で資産家の家に生まれる。ハーバード大学卒業後、定職につかず、探偵、害虫駆除業者、バーテンダーなどの職を経て、『ジャンキー』で作家に。1950年代のビート運動を先導した。実験的な作品を多く残す。代表作に『裸のランチ』。

作家はそれぞれ自分の文章スタイルを持つものだが、ウィリアム・バロウズはとりわけ独特な作風だった。それは、自分や他人の文を適当に切って混ぜて並べるというもの。バロウズは多くの作品で、この「カットアップ」と呼ばれる技法を使っている。

自由奔放なスタイルは作風だけにとどまらない。なにしろ、名門ハーバード大学で英文学を専攻したかと思えば、ウィーン大学の医学部に入学するも中断し、ハーバード大学院で考古学を学ぶという脈絡のなさ。卒業後もやはり職を転々としている。挙句に麻薬の売人となり、自らがヘロイン中毒に陥ってしまう。

迷

「麻薬を使うのに、はっきりした理由はない。それ以外に何もすることがなくて麻薬をうっているうちに、気がつくと中毒になっているのだ」[1]

迷

「麻薬は人生そのものだ」[2]

そんな麻薬に溺れていく経験を綴った『ジャンキー回復不能麻薬常用者の告白』が、バロウズのデビュー作となる。その後、治療を受けて中毒からは脱するが、男性との恋愛トラブルで小指を切り落とすなど、話題には事欠かなかった。

仕事も気の向くままで、小説が話題になると、映画やCMに出演することもあれば、アメリカのロックバンド「ニルヴァーナ」のリードボーカルであるカート・コバーンとCDを出すこともあった。どんな制約も受けない。それがバロウズの流儀だった。

[1] ウィリアム・バロウズ著、鮎川信夫訳『ジャンキー：回復不能麻薬常用者の告白』思潮社
[2] 山形浩生著『たかがバロウズ本。』大村書店

名

「わたしの神話には天国も地獄もある。地獄は敵の手に落ちること、ウィルスパワーの手に落ちることであり、天国とはこのパワーから自分を解放すること、あるいは内的自由を達成することと、条件付けからの自由を獲得することだ」[3]

しかし、自由すぎる行動が、取り返しのつかない事態を招くこともある。バロウズが37歳のときのことだ。酩《めい》酊《てい》したバロウズは、内縁の妻ジョーンに「頭の上にグラスをのせろ」と言い出した。何でも、スイスの伝説的な英雄ウィリアム・テルが息子の頭上のりんごを矢で打ち抜いたように、バロウズも妻の頭上のグラスを銃で撃ち抜くのだという。妻も酔っぱらっていたうえに、バロウズが射撃の名手だと知っていたので、笑顔で頭上にグラスを置いた。

バロウズはグラスに向けて発砲した。だが、結果はまさかの失敗……。グラスではなく妻の頭を撃ち抜き、バロウズは殺人罪で送検された。バロウズは『おかま』の序文で、この悲劇についてこんなことを書いている。

迷

「悪の勢力に憑《つ》かれてやった。だからその勢力を明確にするため、自分は書き続けるんだ」[4]

確かにバロウズはそれからも書き続けた。振り返れば、中学校も高校もクラスに馴染めず、読書にふけり、文章を綴る日々だった。バロウズは、作家の素養について、次のように語っている。

名

「一人で何時間もタイプライターに向かっていられないとダメですな。これができないなら、物書きはおあきらめなさい」[5]

発表のあてがなくても作品を書き続けたバロウズ。何事からも自由になろうとしたが、「書く」ことからだけは逃れることができなかった。

[3] S. Lotringe, “Burroughs Live: The Collected Interviews of William S. Burroughs 1960-1997”, Semiotext
[4] ウィリアム・S・バロウズ著、山形浩生訳、柳下毅一郎訳『おかま』ペヨトル工房
[5] クリストファー シルヴェスター編、新庄哲夫ほか訳『スターリンからジョン・レノンまで インタヴューズ2』文藝春秋

No. 47

イマヌエル・カント

Immanuel Kant

1724年～1804年。ドイツのケーニヒスベルク生まれ。哲学教授として招聘され、哲学、地理学、自然学、人間学などを担当する。『純粋理性批判』『実践理性批判』『判断力批判』の三批判書を発表し、批判哲学を提唱。晩年にはケーニヒスベルク大学総長を務めた。

哲学者のイマヌエル・カントは、どうしても細かいことが気になってしまう性格だった。

大学卒業家、家庭教師を経て私講師（非常勤講師）となる。私講師は大学から給料が出ないため、学生からの受講料だけで生計を立てなければならなかったが、1年もたてば、カントの講義は大人気となった。

地質学、自然学、旅行記などに及ぶカントの研究発表は、学生だけではなく一般人の興味も引いた。聴講者が講義室に入りきれず、玄関や階段にまであふれかえったほどである。カントは声が小さかったため、講義室中は静まり返っていたという。

もちろん、カント自身も手ごたえを感じていた。

「私講師時代は、わが人生最良の年であった」

46歳のときにケーニヒスベルク大学から哲学教授として招聘《しょうへい》されたカント。私講師の時代から72歳で引退するまで、休講はおろか遅刻することすら一度もなかったという。カントは几帳面で真面目だった。

多くの学生の心をとらえたカントだったが、講義中に突然、放心状態になることがあった。不思議に思った生徒から「どうしたんですか」と尋ねられると、カントはこう答えた。

迷

「すぐ前に座っていた一人の聴講生の上衣のボタンがとれていたため、終始考えがとぎれた。心ならずも眼と考えがこの隙間に引きつけられて、それであんなにぼんやりしてしまったのだ」[1]

服装の乱れが気になるわけではなく、普段とは違う風景を目にすることで、カントは放心状態になった。むき出しの襟首や、露わな胸、変わったファッションなどにも気をとられることがあったようだ。カントはこの話を

［1］ヤハマン著、木場深定訳『カントの生涯』角川文庫

するときに必ずこのたとえ話を引き合いに出したという。

迷 「ある人の歯が抜けて隙間ができると、いつも隙間ばかり見ているものだ」[1]

細かいところが気になるのは、人間関係においてもそうだった。下男がワイングラスを割ってしまったときのことである。カントは下男にガラスの破片を盆に集めさせ、知人が食事を終えると同時にこう言った。

「下男にはまかせられないから、自分たちでガラスを埋めてこよう」[1]

カントは、鍬《くわ》を持ってガラスを埋めるところを探し始めたが、周囲の人が「ここはどうでしょう」と言っても「ここではいつ誰が怪我をするかわからない」と言い、なかなか決まらない。検討に検討を重ねてようやく埋める場所を決めたカントは、周りの人に立ち会ってもらいながら、穴を掘り、ガラスを地中深くに埋めたという。

そんな心配しすぎるところはあったものの、それもカントなりの他人への思いやりにほかならない。

カントはいつも陽気な性格で、どんなメンバーでも皆から話を引き出しながら、巧みに会話を盛り上げた。長く一緒にいた友人は、カントの伝記でこう振り返る。

「私の知る限りでは、カントの友人はことごとく、カント以上に面白い話し相手を知らないと、異口同音に言っております」[1]

そうした友人との楽しい場も含めて、カントは毎日変わらない単調な生活を愛した。

どんな季節でも毎朝5時に起床して、書斎で紅茶を2杯飲んで、タバコを一服。7時から9時まで講義をして、昼間に執筆。午後1時になると昼飯をとった。

カントは1日1回しか食事をとらなかった。その代わりに時間を長くとった。友人を招くことが多く、午後4時までが昼飯の時間だった。

食後の運動には、グレーの服にステッキといういつもの服装で同じ並木道を4往復。雨だろうが、風だろうが欠かさなかったため、この散歩するカントの姿を見て時計を合わせる人がいたくらいである。

散歩の後は寝るまで自由時間で、その間にカントは読書や執筆に励んだ。午後10時には必ず床に就き、朝5時の起床まで7時間は睡眠をとるようにしていた。冬はナイトキャップを2枚かぶり、起床時のパジャマを脱ぐ手順さえ決まっていたという。

ひたすらルーティンを守ることで、アイデアを浮かびやすくしていたのかもしれない。代表作『純粋理性批判』の着想は、散歩中に生まれたものである。

その幅広い知識で人々を魅了しながらも、カントは生涯を通じてケーニヒスベルクの町から一歩も出なかった。国の中心にあり、バルト海に面したこの港町を愛してやまなかったのである。

名

「私の故郷は、人間や世間に関する知識を手に入れるにふさわしいところといえよう」[2]

友人との語らいを楽しみ、決まりきった毎日を尊び、自分の生まれ育った故郷を愛する——。

当たり前すぎてつい忘れしまう、足元の幸せをカントはいつも大切にした。両親の教育も大きかったようだ。母は「夜空に輝く星々や、野に咲く花々もすべて神がおつくりになったのよ」[2]と幼少期のカントに、何度も言った。周りにある自然を愛するべきだとカントは考えた。

また馬の革具職人だった父は、革具屋と馬具屋がケンカし始めると、両者の言い分を丁寧に聞いて、解決の糸口を探った。いつも穏やかで誰も悪口も言わない父から、カントは他者に優しくすることを学んだ。

カントは小論文にこう書いたこともあった。

名

「全体は最善である。そしていっさいは全部のために善い」[2]

80歳でこの世を去ったカント。生涯独身を通したのは、健康に不安があったからともいわれている。虚弱体質で、健康に気をつけていたカントは、ドイツの名物、ビールを口にせず、誰かの訃報を聞くと、いつもこう言った。

迷

「きっとビール飲みだったんだろう」[3]

かなりの決めつけだが、自分のルーティンを守るためには、それくらいの線引きが必要だったのかもしれない。満足げにこうつぶやいたのが、人生最期の言葉となった。

名

「これでよい」[3]

[2] 石井郁男著『カントの生涯 哲学の巨大な貯水池』水曜社
[3] 山口智司著『トンデモ偉人伝　天才編』彩図社

No. **48**

Ango Sakaguchi

坂口安吾

1906年〜1955年。東洋大学卒業後、友人たちと『青い馬』を岩波書店より創刊する。終戦直後にエッセイ『堕落論』、小説『白痴』を発表。大きな反響を受け、一躍流行作家に。推理小説や探偵小説など幅広く執筆し、『不連続殺人事件』で探偵作家クラブ賞を受けた。

名

「人間は生き、人間は堕《お》ちる」［1］

そんな強烈なメッセージは、敗戦直後、国土も人心も荒廃した日本社会において、ひときわ輝きを放った。戦後のベストセラーとなった『堕落論』で、安吾はうつむく日本人たちをこう露悪的に励ました。

名

「戦争に負けたから堕ちるのではないのだ。人間だから堕ちるのであり、生きているから堕ちるだけだ」［1］

これだけ言い切れるのは、安吾は戦争の有無にかかわらず、すでに落伍者《らくご》としてキャリアが長かったからである。幼少期からガキ大将でケンカばかり。着物はいつも破れていた。それだけなら、やんちゃ坊主で済まされるが、夜まで遊び回り、周囲の友達も安吾に殴られるのが怖くてそれに付き合っていたという。

中学生にもなれば本格的に学校をサボり、不良仲間と酒を飲んだり、料理屋でどんちゃん騒ぎをしたりと、無茶苦茶なことばかりしていた。

安吾自身も、いつからそんなふうになったのかと、振り返って首をかしげている。

迷

「もとより小学生の私は大将だの大臣だの飛行家になるつもりであったが、いつごろから落伍者に志望を変えたのであったか」［2］

そんな安吾は欠席日数が多すぎて、中学校を落第。親は、安吾を学力の低い学校へと転校させることを決めた。転校で去るとき、安吾は机の蓋の裏側に言葉を彫った。

［1］坂口安吾著『堕落論』新潮文庫
［2］坂口安吾著『風と光と二十の私と』講談社文芸文庫

迷

「余は偉大なる落伍者となっていつの日か歴史の中によみがえるであろう」[2]

『堕落論』を書きベストセラーを飛ばしたことを思えば、この予言どおりになったといえる。

続いて出した小説『白痴』も大きな反響を呼び、一躍人気作家となった安吾。執筆依頼が殺到し、玄関の扉に「執筆中につき面会はご遠慮下さい」と張り紙をしても効果がなかった。

このままでは仕事にならないと、面会者の訪問を避けて雲隠れしたが、行った先に面会希望者が先回りしていることもしばしばあった。安吾はこう苦笑したという。

迷

「オレも忍術の心得が多少あるが、オレより上手がいるものだね……」[3]

執筆に対しては落伍者どころか誠実だった安吾。自分を追い込みすぎて、いつからか睡眠薬や覚醒剤を服用し始める。友人の太宰治の自殺も重なり、情緒不安になっていった。

ある日、妻の三千代にこんな無茶を言ったりもした。

迷

「ライスカレーを百人前とってくれ」[4]

言い出したら聞かないので、妻は出前でカレーライス100人分を注文。到着した大量のカレーライスを庭に並べた。食べきれなかったことは言うまでもない。

何を思ったのか、2階の窓から飛び降りたいと言い出したこともあった。

迷

「オレはここから飛び降りさえすれば何とかなる」[4]

安吾は本当に飛び降りてしまうが、妻と女中が布団を使い、下で受け止めて事なきを得た。

お騒がせな安吾だったが、48歳で脳出血により死去。型破りな生涯を送った安吾らしい言葉を残している。

名

「人生はつくるものだ、必然の姿などというものはない」[5]

[3] 若園清太郎著『わが坂口安吾』昭和出版
[4] 坂口三千代著『クラクラ日記』ちくま文庫
[5] 坂口安吾著「教祖の文学　—小林秀雄論—」『坂口安吾全集　5巻』筑摩書房

No. 49

Martin Luther

マルティン・ルター

1483年〜1546年。ドイツのザクセン地方生まれ。エルフルト大学で文学得業士となり、法学部に進学するが、修道院へ。教皇庁による免罪符発行を批判する「95か条の意見書」を発表。宗教改革運動の口火を切った。ザクセン選帝侯のもとで聖書のドイツ語訳を完成させる。

親の思いどおりに子は育たない。ドイツの宗教改革者、マルティン・ルターの父親は、そう実感したことだろう。炭鉱夫から身を起こし、実業家に成り上がった父のハンスは、たゆまない努力が運命を切り開くと、信じて疑わなかった。息子のルターが5歳にもならないうちに、教会付属の学校でラテン語を習わせるなど、わが子の教育に熱を上げた。8歳になると、ラテン語の専門学校で、読み書きや算術、さらに論理学、修辞学などを学ばせた。

ハンスの目標は一つ。同業者たちからは驚き呆《あき》れられながらも、こう公言していた。

「俺は息子を大学にやるぞ」

父の期待を一身に受けて、ルターは名高いエルフルト大学に進学。父も胸をなでおろしたことだろう。ハンスは息子を法律家にしたいと考えていたのだ。ルターが最短期間で教養学士になると、父はこう言って目を細めた。

「学士様になったんだから、もう〈おまえ〉と呼んではいけないな。〈あなた〉と呼ばなくちゃな」[1]

修士を取れば、医学部、神学部、法学部から専門を選択できる。ルターは法学部へ進む。父は高価な法律書をプレゼントして、前途洋々の息子を誇らしく思った。

肝心のルターのほうはどう思っていたのだろうか。晩年になって、父がしてくれたことにこう感謝を述べた。

名

「父は汗と労働で私を支えてくれた」[1]

だが、ルターが勉学に励んだのは、学ぶのが楽しかったからではない。父が口うるさく、暴力を振るわれることもしばしばだったからだ。体罰には母親が加わることもあったという。

学校でもさして状況は変わらず、ルターは嫌で仕方がなかった。憎悪に満ちた思い出として、振り返っている。

[1] 徳善義和著『マルティン・ルター——ことばに生きた改革者』岩波新書

迷

「学校とは、世間を欺く名称にすぎず、時・所をかまわず拷問が行なわれる地獄・煉獄《れんごく》にほかならなかった。いくらムチでもって牛馬同然に仕込んでも、すっかりおびえきった生徒たちは、文字通り何ひとつ学ぶことができなかった」[2]

法学を学び始めて1カ月余りが経った頃のことだ。ルターは突然の雷雨で足を止めると、雷が鳴り響き、恐怖のあまりにこう叫んだ。

「お助けください！　私は修道士になります！」

当時、命の危険を感じたときに、宗教に目覚めるのは、珍しいことではなかった。とはいえ、ルターは将来の夢に向かって歩き始めたばかり。ただ、それが「自分の夢」ではなく「父の夢」であることへの抵抗感が、無意識下にあったのではなかろうか。

ルターは雷から2週間後に、法学部の学友たちにこう別れを告げた。

迷

「諸君は、私のこういう姿をもう見ることはないでしょう」[1]

父からすれば「迷言」以外の何物でもなく、進路変更に激怒したことは言うまでもない。

だが、ルターは本気だった。父からもらった法律書を破り捨て、修道会へ入学。見習い修道士として、修行の日々を送った。

神学教授になったルターは、免罪符を大量に発行して金もうけに走る教皇庁を批判。「95か条の意見書」を発表して大きな物議を呼んだが、ルターはひるまなかった。

名

「魂を私から奪うことはできない」[3]

これからは自分の生きたいように生きる――。

そんな決意をしたのだろう。ルターは宗教改革の旗手となり、世界史に名を刻むことになった。晩年は聖書の研究に打ち込み、ドイツ語訳を完成させている。

［2］ゲルハルト・プラウゼ著、丸山匠訳、加藤慶二訳『天才の通信簿』講談社
［3］フリーデンタール著、笠利尚ほか訳『マルティン・ルターの生涯』新潮社

No. 50

Gaius Julius Caesar

ガイウス・ユリウス・カエサル

紀元前100年～紀元前44年。ローマ生まれ。三頭政治家のなかで、頭角を現す。ガリア地方総督となり、ガリア戦争を開始し連戦連勝を飾る。ルビコン川を渡って元老院側を撃破。ローマ内戦を終結させ、終身独裁官に就任。元老院の議場内でブルータスに暗殺される。

ローマ最大の英雄、ガイウス・ユリウス・カエサル（英語名：ジュリアス・シーザー）。カエサルは、ガリア戦争やローマ内戦に勝利して、帝政ローマの礎を築いた。

英雄には、名セリフがつきものである。

ライバルのポンペイウスとの戦いを決意して、ルビコン川を渡ることを決意したカエサル。そのときに叫んだ言葉は今でも「考えている余裕はない、もはや断行するしかない」という意味で用いられる。

名

「賽《さい》は投げられた」[1]

また、紀元前47年、カエサル率いるローマ軍は、ポントス王国のファルナケス2世との間で起きたゼラの戦いに勝利。腹心ガイウス・マティウスに手紙で、勝利を報告した。そのときの言葉は、歯切れの良さから現代でも広告コピーなどで引用される。

名

「来た、見た、勝った」[1]

そんな勇ましいカエサルも、人知れず苦悩を抱えていた時期があった。31歳のとき、余暇にアレクサンドロス大王の伝記を読むと、涙を流して、友人にこう語った。

迷

「アレクサンドロスが世界を制覇した年になったのに、自分は何ひとつやっていないではないか」[1]

アレクサンドロス大王どころか、同時代を生きるポンペイウスやキケロもすでに名声を獲得している。

一方のカエサルはといえば、自分を着飾るためや、出世するためのバラマキに浪費して、借金を重ねる始末で、何一つ結果を残していなかった。

のちに世界史に名を刻む英雄もまた、偉大な先人の功

[1] プルタルコス著、村川堅太郎訳『プルタルコス英雄伝』ちくま学芸文庫

績と自分の年齢を鑑みては絶望し、同時代のライバルの活躍に焦燥感に駆られていたのである。

しかし、カエサルは30代の頃は無名だったが、10年かけて知名度を上げ、40歳で三頭政治家の一角を担う。51歳のときに「賽は投げられた」と叫び、宿敵ポンペイウスに背いて打ち勝った。ゼラの戦いに勝利し「来た、見た、勝った」と戦勝を報告したのは53歳のときのことである。

涙する31歳のカエサルには「心配ないよ」とのちの活躍を思わず教えたくなるが、ご法度だろう。苦悩や葛藤があったからこそ奮闘し、大きく飛躍できたのだから。

カエサルは独裁者としてのイメージが強いが、部下の功績を評価することに心を砕く一面もあった。

自らの手で書き残した遠征記『ガリア戦記』には、次のような記述がある。

「冬の季節に、非常に困難な道と寒さに耐え真剣に苦難を頑張りとおした兵士に、その大きな苦労と忍耐に報いて、分捕り品の代わりに、一人あたり二百セステルティウスを与えることを約束する」

その時々の状況に応じて、見返りを与えていたことが読み取れる。

また、部下の名前がきちんと記されていることも『ガリア戦記』の特徴の一つである。冬期陣営については、次のように記した。

名

「トレポニウスを四個軍団とともにベルガエ人の地に駐屯させる。ファビウスには、同数の軍団兵とともに、ハエドゥイ族の領土へ連れて行かせる」[2]

その後に「ガリアでもっとも勇猛なベルガエ人と、最大の権威をもつハエドゥイ族が、ローマ軍に牽制されておれば、ガリアは安泰であろうと判断したからである」と理由も説明している。命じられたほうはモチベーションを刺激されたことだろう。

カエサルは、遠征記『ガリア戦記』だけではなく、元老院への報告書においても、部下の功績をはっきりと書くようにしていた。

のちに終身独裁官となってローマを支配したカエサルだが、遅咲きの人ほど、くすぶっている人たちへの配慮が細やかなものだ。カエサルもまた、部下たちにかつての自分の姿を重ねたに違いない。

〔2〕カエサル著、國原吉之助訳『ガリア戦記』講談社学術文庫

No. 51 樋口一葉

Ichiyō Higuchi

1872年～1896年。東京生まれ。父の病死により、17歳で戸主になった。19歳の頃より、小説家を志して、半井桃水に師事。生活苦のなか執筆活動を続け、『たけくらべ』『大つごもり』『にごりえ』『十三夜』『わかれ道』などの作品を残した。24歳の若さで病没。

五千円紙幣の肖像に選ばれるなど、日本の文壇を代表する作家、樋口一葉。幼少期から一日に10冊も本を読むほど読書家だったが、9歳にして「このまま平凡な人生で終わりたくない」という思いを抱き、日記にこんな心境を吐露している。

迷

「9歳くらいになると、自分の一生が、普通に終わってしまうことがなげかわしく、もし自分が竹であれば、一ふしほかの人達よりも抜け出ていたい、毎日そう考えていた」［1］

9歳には似つかわしくない上昇志向は父譲りだろう。父の則義は百姓の長男だったが、のちに一葉の母となる滝子と恋に落ちると、甲斐から江戸へ駆け落ちをする。幕臣の従者や公用人を務めながら、農民から士族へと成り上がり、さらに、株式投資などでその財を築いた。だが、その気質に共通点があったとしても、一葉は父の金もうけを嫌悪していた。士族であることに誇りを持っていたからだ。

名

「ただ利欲に走る浮世の人あさましくいとわしく、これゆえにかく狂へるかと見れば、金銀はほとんどチリのように見える」［1］

これも9歳のときの日記だが、何とも大人びている。拝金主義を戒める名言といえよう。だが、この金銀、つまり、お金に一葉は苦労することになる。

1889（明治22）年、父が59歳で肺結核によって亡くなると、一葉は17歳の若さで戸主となり、一家の代表を務めることになった。母と妹のくにと、女3人での新生活をスタートさせている。「平凡な人生で終わりたくな

［1］『新潮日本文学アルバム　樋口一葉』新潮社

い」という少女の頃の願いが、意外なかたちで叶えられることになった。

言うまでもなく、女手だけの生活は苦しかった。本の読みすぎで視力が悪かった一葉は、母と妹のように針仕事ができない。そのため、小説の執筆で生計を立てることを決意する。

一葉は、新聞の専属作家として活躍中の半井桃水《なからいとうすい》のもとを訪ねて、原稿を読んでもらうが「文体が難しいのでもっとわかりやすく」と指摘を受ける。せっせと図書館に通い、文調を見直しながら格闘する日々が始まった。

「午後から机に向かって、文章をとりとめなく書き続けたが、心ゆかぬことばかり多くて引き裂き捨てること、はや10回になった。いまだに一篇の文も作り出せないのは信じられない」[1][2]

それでも半井に励まされながら執筆活動を続けて、同人誌「武蔵野」に『闇桜』を掲載してもらうと、一葉は1年で8編もの短編を発表する。

順調な作家生活が始まったかのように見えたが、原稿料が安く、生活費を稼ぐことは難しい。母からの「稼ぎが悪い」というプレッシャーもあり、21歳のときには、こんな悲愴《ひそう》な決意をすることになる。

「原稿執筆も金策も思うようにならず、いよいよ生活が行き詰まってきた年。執筆生活をあきらめて商売をはじめる覚悟をした」[1][2]

商売とは雑貨屋である。だが、開業資金が集まらず、一葉はまたため息をつく。父の金もうけを疎ましく思っていた幼少時代も今は昔。情け容赦ない社会の荒波に、恨み言もつい出てしまう。

名

「落ちぶれて袖に涙がかかる時、人の心の奥を知ることができるというのは本当だ。不足のなかったその昔は、人は誰でも情け深いもの、世の中はいつまでも変わらないものと思っていた」[2]

一葉が言うように、自分の人生に逆風が吹いているときこそ、大切にすべき人がわかる。人生の本質をついた金言といえるだろう。

だが、借金の依頼に対して返事が来ないと、一葉が腹を立てていたのは、やや理不尽な気もしなくはない。

一葉はお金を貸してくれない人を「頼み甲斐のない相手ばかりだ」と怒って、こう罵倒《ばとう》している。

[2] 増田みず子著『樋口一葉』新典社

迷

「引き受けることができないのは、頼んだ方が悪いのではない、私の心は川の底が澄んでいるみたいに、いささかのよどみもなく、いささかの私心もなく、曲がった道を行こうとするのではない。曲がっているのは人々の心だ」[2]

借金をする立場にしては随分と偉そうだが、それも一葉なりの処世術だったのかもしれない。人生の苦境において大事なのは、時に「開き直ること」。すべてを真面目に考えてはつぶれてしまいそうな苦難が人生にはしばしば訪れる。特に一葉の人生は、そういう局面が多かった。無理やりにでも、絶望の底から自分を引きはがさなければならなかったのだろう。

一葉は愚痴や弱音をこぼしながらも、小説に没頭していた頃は自分でしっかりノルマを決めて達成しようと努力していたし、生活苦から始めた雑貨屋も開店前夜は眠れないくらい興奮するなど、常に前を向こうとしていた。

名

「今日から小説を1日1回ずつ書くことを日課にする。1回書かない日は黒丸をつけると決める」[2]

名

「今夜は何だか胸がさわいで眠れない。それというのも新生涯をむかえて旧生涯を捨てるという大事なことが目の前に横たわっているのだもの」[2]

あくまでも己の人生は自分で舵《かじ》を取る。それが一葉のスタンスである。雑貨屋を開業した一葉は、雑貨屋の主人として、商品の買い出しに出かけたり、店番をしたりしながら、地元の子どもたちと交流を深めていく。

しかし、一葉はまたもや苦難に直面する。競合店の出現によって、雑貨屋の経営は行き詰まり、9カ月余りで閉店を余儀なくされてしまったのだ。完全に手詰まりとなり、一葉はまたもや人生に絶望している。

「今日夕飯を終わって、後には一粒の貯えもないと、母はしきりに嘆いて、くにも愚痴をこぼす。私は何とかするから心配しないでと慰めたけど、自分だってどうしていいかわからない」[2]

それでも、人生の禍福はいつも気まぐれで、どん底のあとに、まばゆい光がふいに差し込んでくることもある。雑貨屋を切り盛りしながらも、一葉は依頼に応じて、作品を書き続けていた。『琴の音』と『花ごもり』の2作を発表したのもこの頃である。

それがだんだんと評判となり、雑貨屋を閉店した頃には、一葉のもとに、新聞社から執筆依頼が舞い込むようになる。友人で作家の川上眉山《びざん》からは、こんな言葉をかけられた。

「気の毒ではあるが、あなたの生涯はまことに詩人の面白い生涯である。すでに経てきたところは残りなく作品にして、がんばってください。あなたが女流作家として、日本文学に光を与えられる作品が書けるはずです。切に筆をもって世に立ちなさい」[2]

思わぬ激励に一葉はこう笑った。「そそのかさないでください。ただでさえ女は高ぶりやすいのに」

そこから2カ月で自伝小説『にごりえ』を完成させると、一葉は、「閨秀《けいしゅう》作家」、つまり「学問、芸術に秀れた女性。才能豊かな婦人」として世にその名を知らしめる。

さらに、その勢いで雑誌連載として『たけくらべ』を書き続けた。これは一葉が雑貨屋を経営していたときの実体験が生かされた作品で、森鷗外や幸田露伴らにも高く評価され、一葉の代表作となった。これまでの辛苦の道のりは、決して無駄ではなかったのだ。

しかし、何度となく希望を持っては現実に打ちのめされてきた一葉は、簡単には人生の成功を語らない。

名

「ようやく名を知られ初めて、めずらしげにもてはやされる。うれしいなどとどうしていえるだろう。これもただ目の前の煙のようなもので、昨日の自分とどんな違いがあるのか」[2]

大きな成功は時に、人を傲慢《ごうまん》にさせて破滅をも呼び込むことを思えば、これもまた一葉の名言といえるかもしれない。

作家として有望視された一葉だったが、肺結核により、24歳の若さで他界。短い生涯の大半が貧乏との戦いだった。苦難の連続だったが、『にごりえ』『たけくらべ』などを生み出した期間は「奇跡の14カ月」と言われるほど輝きを放ち、一葉の名作たちは今なお読み継がれている。

No. **52**

Henry Ford

ヘンリー・フォード

1863年～1947年。アメリカのミシガン州生まれ。16歳で機械工となり、エジソン照明会社の主任技師を経て、フォード・モーター社を設立。T型フォード車は約1500万台生産の大ヒットとなった。自動車組み立てに初めて大量生産方式を導入。「自動車王」の異名をとった。

自動車王ヘンリー・フォードは、人間は大きく2つのタイプに分けられるとして、こんな言葉を残した。

名

「世の中には、いつも二通りの人間がいる。つまり開拓する者と、ゆっくり進む者とである」[1]

前者の開拓者としてふさわしい人生を送ったのが、フォードである。それも、自分の思いどおりにしないと気が済まない、かなりわがままな開拓者だった。

フォードは、デトロイト近郊のグリーンフィールドの農場に生まれた。少年時代から父の仕事を手伝わされたが、農場の仕事がどうも好きになれなかった。家業について、こんな辛辣《しんらつ》な言葉を述べている。

迷

「人間がのろのろと進む馬たちの後ろで、何日も何時間も過ごすというのは、なんと無駄なことか」[2]

フォードは何かと家の手伝いをサボり、その代わりに機械いじりに熱中した。門の蝶番《ちょうつがい》の修理から農耕具の刃先研ぎまで、フォードはどんなことでもやった。

高校に入学する頃には、ガラクタからエンジンを作り上げるほどの腕前になっていた。改良に改良を重ねるのが、性に合っていたようだ。

名

「大変幼い頃から、私はいろんなものに対し、何とかしてもっと良い方法で行えないものかと考えていた」[2]

フォードは知人の紹介で、エジソン照明会社に技師として就職。わずか4年足らずでチーフエンジニアにまで昇格した。だが、フォードが本当にやりたかったのは、

［1］ヘンリー・フォード著、竹村健一訳『藁のハンドル』中公文庫
［2］マイケル・ポラード著、常盤新平訳『フォード　ヘンリー・フォード（世界を変えた6人の企業家　4）』岩崎書店

勤務を終えてからの自動車づくりである。

フォードは、自宅の納屋でエンジンの試作を重ね、作業用自動車の製造に成功。1台目が200ドルで売れると、フォードは意気揚々と2台目の製作にとりかかった。

勤務先から工場長への昇任の話が舞い込んできたのは、そんなときだった。ただし、ある条件を突きつけられる。

それは「自動車をいじくり回すのをやめること」。フォードが奇妙な乗り物を作って、町中を乗り回していることは、もはや周知の事実だった。

会社からすれば、昇進を機会に本業に集中してほしかったのだろう。安定か、夢か。フォードは葛藤して、心を決める。のちにこう振り返った。

名

「私は自動車を選んだ。というより、むしろ会社での地位を捨ててしまったのだが、出世なんてどうでもいいことだった」[2]

37歳で会社を辞めたフォード。このときの決断が、自動車王フォードを生み出すことになる。だが、そこに至るまでは、幾多の紆余《うよ》曲折があった。

設立したばかりの自動車会社に主任技師として招かれるが、1台を完成させるのにコストをかけすぎて、解雇されてしまう。それから何度となく自動車の事業を起こすも、結局は、人間関係でもめて解散することになる。

妥協知らずのフォードは、その協調性のなさから、次第に自動車業界の鼻つまみ者として敬遠されていった。

それでもフォードは「わがまま」に生きることを決して諦めなかった。ビジネスパートナーを執念で見つけてきて、フォード・モーター社を設立。富裕層だけの乗り物だった自動車を大衆向けに作ろうと考えた。

そのためにはコストを下げなければならない。車は黒の1色のみにして、記者にこんな独特な言い回しをした。

迷

「みなさんはお好みの色の自動車を、それが黒であるかぎり、選ぶことができる」[2]

何とも人を食った言い方だが、フォードが作ったT型フォードは、その実用性の高さから爆発的に売れた。これまで富裕層を対象にしていた自動車を、庶民の生活必需品にまで押し広げたのだ。

問題は予想をはるかに上回る売れ行きに、生産が追いつかないことだった。

そこでフォードは、生産工程の大幅な見直しに着手。作業を単純化、かつ細分化し、複数の工程をこなしていた従業員の作業を一つに絞り、担当作業に集中させた。

名

「人間のほうから仕事へ近づいていくのではなく、仕事が人間のところへ運ばれていくようにしなければならない」[2]

大量生産自体は100年以上も前のアメリカですでに行われていたが、フォードはそれを車の組み立て作業に導入し、自動車革命を巻き起こしたのである。

フォードが興味深いのは、「大衆の声に耳を傾けよう」とは、まるでしなかったことだ。

名

「みんなは自分たちが何を望んでいるのか、こちらがいうまではたいていわからないものだ」[2]

腕一本で成り上がったフォード。富豪たちがよく行っていた慈善事業にも否定的だった。

迷

「慈善は非生産者をつくり出す。金持ちの怠け者と貧乏の怠け者は同じようなものである。両者はともに生産上の重荷である」[1]

さすがにこれは極端な考え方だが、開拓者としての自負もあったに違いない。「独裁者の偏屈じじい」。そんなふうに呼ばれながらも、フォードは孤独を恐れることなく、自分の信念を常に貫いた。

なにしろフォードには、強い味方がいた。それは野鳥たちである。工場の騒音に疲れると、フォードは鳥の鳴き声を求めて池のそばをさまよった。

名

「鳥類は人間にとっての最大の友人だ」[3]

鳥たちに励まされながら、フォードは世界中の人々のライフスタイルを、まるごと変えてしまったのだった。

[3] 浜田和幸著『快人エジソン』日経ビジネス人文庫

53 No. Oscar Wilde オスカー・ワイルド

1854年～1900年。アイルランド生まれ。成績優秀で、オックスフォード大学を首席で卒業。奇抜なファッションで社交界の人気者となった。戯曲『サロメ』や『真面目が肝心』、小説『ドリアン・グレイの肖像』など。ヴィクトリア朝時代イギリス文学作家の一人。

劇作家のオスカー・ワイルドは生涯を通じて「いかに自由に生きるか」にこだわり、それを実践した。

ワイルドの父は医師で地元の名士として知られていた。裕福な家庭で、何不自由なく暮らしたワイルド。幼少期から豊富な読書量を誇り、古典語をマスターした。「3巻分の小説を30分で読んだ」という友人の証言もあるくらいだ。

成績優秀だったワイルドは、名門オックスフォード大学に入学するが、どうしても苦手なものがあった。

それは「スポーツ」である。身長187センチという体格に恵まれながらも、ワイルドは運動音痴だった。友人にボートの練習に誘われると、こう拒絶した。

迷

「運動だって！　私にとっての唯一の運動は、話すことであり、歩くことではない。話していないと体が疲れてしまう」［1］

当時のイギリス社会では「紳士はスポーツをたしなむべし」という趣があったが、ワイルドは意に介さなかった。ワイルドの趣味は「自分の部屋を飾ること」。野外スポーツを勧められても、こう断った。

迷

「私は野外ゲームなんかには全然興味はない。ただ、仮装遊びは別だ。私はフランスのカフェの前で時々、仮装をしたことがある」［1］

わが道を行くワイルドは、コーヒーカップ一式や白ワイン用のヴェネチアン・グラスを取りそろえて、部屋でパーティを開催。「運動は話すこと」というだけあり、学生の頃から、社交家として活動し始めた。

大学でも自由奔放にふるまった。アレンという教授が

［1］山田勝著『オスカー・ワイルドの生涯—愛と美の殉教者』NHKブックス

気に食わなかったようで、講義をサボり続けていると、ある日、学長から呼び出しを食らってしまう。

「ワイルド君、君の態度は紳士に対する態度ではありませんぞ」

そうたしなめられると、ワイルドはこう反撃した。

名 「でもね、学長。アレン氏は紳士じゃありませんよ」[1]

相手が誰であろうと、自分の美意識に従い、言いたいことを言う。ここまでくれば、その生き方そのものが、芸術的といってよいだろう。実家の家運はどんどん傾いても、浪費をやめなかったワイルド。友人に借金をしては都合よく忘れて返済を怠った。

大学卒業後は教職に就こうとするが、失敗。古典の翻訳出版にも挫折している。雑誌や新聞に散発的に寄稿する程度で、収入は乏しかった。

だが、次第にワイルドの服装や人間関係が社交界で話題となる。最初の詩集を自費出版すると、称賛も批判も含めて大きな反響を呼んだ。

名 「この世の中で、噂されるよりもさらに悪いものが一つだけある。それは噂されないことだ」[1]

その強烈なキャラクターで名を馳せたワイルド。講演のために、イギリスを出港してニューヨークに到着すると、デッキで大歓迎されるほどの大スターになった。

税関を通るとき、「申告するものは何かお持ちですか？」と聞かれると、ワイルドはこう答えたという。

名 「何もありません。私の才能を除いては」[1]

個性もここまで貫けば、「迷言」も「名言」となる。

思いどおりにいくことのほうが珍しいのが人生。割り切って、ワイルドのように自分らしく日々を楽しめば、困難もまた人生のスパイスとなる。

名 「僕の義務は猛烈に楽しむことだ」[2]

[2] 山口智司著『アウトロー100の言葉』彩図社

No. **54**

Johann Sebastian Bach

ヨハン・ゼバスティアン・バッハ

1685年～1750年。ドイツのアイゼナハ生まれ。幼少の頃から楽器に触れて、オルガン奏者へ。教会音楽家として名を馳せ、バロック音楽のすべての様式を総合した。協奏曲、室内楽、カンタータ、オラトリオ、ミサ曲など多くの作品を残して「音楽の父」とも。

華麗なるバッハ一族は、多くの音楽家を輩出している。そのなかでも、「音楽の父」「大バッハ」と呼ばれたのが、ヨハン・ゼバスティアン・バッハ（J・S・バッハ）である（以下、「バッハ」と記す）。

バッハはオルガンに長《た》けていたが、ほかにもヴァイオリン、ヴィオラ、スピネット、クラヴィコード、チェンバロなど、あらゆる楽器を使いこなした。

それも当時、多くのオルガニストが行っていた身体をくゆらすような弾き方はせずに、静かに堂々と演奏するスタイルだった。絶賛されると、バッハはこんな天才らしい回答をした。

名

「然《しか》るべき時に然るべき音を弾く。あとは楽器がしてくれる」[1]

名

「私くらい勤勉だったら誰でも成功する」[1]

しかし、その優雅で気品のあるイメージとは裏腹に、バッハは自身の収入へのこだわりを強く持っていた。旧友に宛てた就職依頼の手紙でこう力説している。

迷

「小生の現在の地位はおおよそ銀貨700ターラーほどの収入になります。そして例年よりも葬儀の数が多いときですと、その分だけ臨時収入も増えますが、健康に良い天候の年になりますと、反対にこの種の収入は減少するわけでして、現に昨年などは、例年の葬儀収入を銀貨100ターラーも下回る有様でした」[2]

[1] 淡野弓子著『バッハの秘密』平凡社新書
[2] 礒山雅著『J・S・バッハ』講談社現代新書

バッハは音楽家として活動しながら、各地でオルガンの鑑定や弟子の教育も行うという多忙さだったが、葬儀で音楽を頼まれると喜んで引き受けた。それどころか、手紙にもあるように、貴重な収入源として、重要視していたようだ。バッハは今よりも収入のよい職場があれば、躊躇《ちゅうちょ》なく移り、年俸の交渉も積極的に行っている。

倹約家だったバッハは、楽譜も節約し、少々スペースが足りないくらいならば、新しい楽譜に書くのではなく、細かい字をびっしり詰め込んだ。音符が入らなければ、文字譜に切り替えたというから徹底している。

親戚から送られてきたワインをうっかりして、かなりの量をこぼしたときは、こう悔いている。

迷

「一滴こぼしただけでもくやしいのに、無念を晴らすすべがない」[2]

そんなバッハが頭を悩ませたのは、子どもたちの浪費だった。三男のヨーハン・ゴットフリート・ベルンハルトからは、金を無心されて送金しても、また借金を重ねて、バッハの家に債権者が来る始末だった。不肖の息子について、友人にこう愚痴っている。

迷

「あの子はまたしてもあちこちで借金を重ね、生活態度を少しも改めないのみか、行方までくらまし、しかも今日にいたるまで居所の居の字さえ知らせてこないしまつです」[2]

長男のヴィルヘルム・フリーデマン・バッハにいたっては酒乱で、ギャラをもらって作曲を引き受けておきながら、父の曲を盗用して発表。とんでもない息子だが、バッハは「酒さえ飲まなければ」と同情している。

迷

「あいつは自分で作曲するだけの立派な頭をもっているのだ。わしの曲なんか要るものか。あの呪わしい酒のことさえなけりゃ、こんな話は思いもよらぬことだったのに、可哀そうなフリーデマン！」[3]

日々倹約に励み、地道な努力をいとわなかったバッハだったが、自分の息子にだけは甘かった。

[3] アンナ・マグダレーナ・バッハ著、山下肇訳『バッハの思い出』講談社学術文庫

No.
55
Shiki Masaoka
正岡子規

1867年～1902年。愛媛県生まれ。東京帝国大学国文学科を中退し、新聞「日本」に入社。日清戦争従軍後に喀血し、脊椎カリエスを患うが、病床生活を送りながら創作活動を続けた。『俳諧大要』を著し、俳誌『ホトトギス』を指導。俳句、短歌の革新運動の旗手となった。

一辺6尺——。

つまり、約1・8メートル四方の自室から、正岡子規は出られなくなってしまった。当時、不治の病とされていた骨の結核「脊椎カリエス」を患ったためである。

だが、その6尺の空間すらも、激痛で身動きがとれない子規からすれば、広大なものだった。

名

「病床六尺、これが我世界である。しかもこの六尺の病床が余には広過ぎるのである」[1]

エネルギッシュな子規だったから、病でさえなければ、とつい考えてしまう。

子規は16歳で上京。故郷を飛び出す前は、地元の松山中学に通い、漢詩に傾倒した。「松山中学只虚名　地少良師従孰聴」[2]で始まる作品を残しており、次のような意味になる（現代語訳は筆者）。

迷

「松山中学は、中学というものの名ばかりで、教えを受けるに値する先生はいない」

随分と生意気だが、それもまた青年の特権なのかもしれない。

子規は、自由民権運動の演説にも熱中した。魅せられるとすぐに自分でもやってみたいと思うのが、行動力あふれる子規らしいところだ。早速、松山中学の講堂で演説を行っている。だが、反体制的な内容だったために、教官に中止させられて職員室へと連行された。

活発な子規が上京の道を選んだのは、ごく自然なことだった。翌年には、大学予備門に入学。あまり勤勉とはいえず、雑誌を読みふけって寄席に通いながら、ベースボールの練習に明け暮れた。日本野球の草分け的存在と

［1］正岡子規著『病牀六尺』岩波文庫
［2］正岡子規著『子規全集〈第8巻〉』講談社

も言われる子規は、当時をこう回想している。

「バット一本球一個を生命の如くに思ひ居りし時なり」[3]

やがて子規は俳句にも傾倒していく。また、この大学時代に子規は夏目漱石と出会っている。二人とも落語好きで意気投合し、顔を合わせれば熱っぽく文学論を戦わせた。

いよいよこれから自分の人生が動き出す。病が容赦なく子規を襲ったのは、そんなときだった。

22歳の子規は喀血《かっけつ》。医者に診てもらったところ、脊椎カリエスと診断された。そう遠くない死期を悟った子規は、血を吐きながらも、一晩に50句も創作した。

「子規」と名乗るようになったのは、この頃のことである。「子規」とは、鳥のホトトギスのこと。鳴くときに赤い喉が見えることから、当時、ホトトギスは結核の代名詞だった。それを自分の俳号にしてしまったのである。

子規は「卯《う》の花の散るまで鳴くか子規」[4]という俳句も詠んでいる。これは子規にとって決意表明だった（現代語訳は筆者）。

名

「自分の命（卯の花）が散ってしまうまで、子規として句を作り続ける」


34歳からは新聞で随筆の連載『墨汁一滴』を開始。翌年には『病牀六尺《びょうしょう》』と名前を改めている。

精神状態が不安定になり、病床で絶叫し号泣することもあった子規。体調面を心配して、新聞社側が連載の開始に踏み切れないでいると、「紙面に載せる余裕がなければ、枠の外にでもいいから載せてほしい」[5]と懇願。書くこと、そして、それが読まれることが、子規の生き甲斐だった。

自殺を考えたこともあったが、思いとどまった子規。食事を楽しみ、死の2日前まで執筆を続けた。生きることへの前向きさを失わなかった子規は『病牀六尺』でこう書いた。

名

「悟りといふ事は如《い》何《か》なる場合にも平気で死ぬる事かと思つて居たのは間違ひで、悟りといふ事は如何なる場合にも平気で生きて居る事であつた」[1]

悟りとは、いかなる場合も平気で生きること——。それこそが、闘病生活のなかで、子規がたどり着いた真理だった。

[3] 正岡子規著「新年二十九度」『子規全集〈第12巻〉』講談社
[4] 正岡子規著『子規全集〈第9巻〉』講談社
[5] 坪内稔典著『正岡子規の〈楽しむ力〉』生活人新書

No. **56**

Ferdinand Magellan

フェルディナンド・マゼラン

1480年頃～1521年。ポルトガル北部生まれ。スペイン王カルロス1世の支援のもと1519年、セビリアから出航。西回り航路で香料諸島を目指した。南アメリカ南端で海峡を発見し、大海原を横断。「太平洋」と名づける。率いた船団が初めて世界一周を成し遂げた。

フェルディナンド・マゼランは、初めて世界一周をした航海者として知られているが、正確には、彼が率いた船員による偉業であり、マゼラン自身は到着前に、マクタン島の首長との戦闘によって、命を落としている。

それでも勇敢なマゼランがいなければ、世界一周を成し遂げることは難しかっただろう。マゼランの人柄を現す、こんなエピソードがある。

インドからポルトガルに向かう船が座礁したときのことだ。ボートで避難することになったが、船長や身分が高い人たちは「自分たちが先に行く」と言って譲らないし、水夫たちも「俺たちに先に行かせろ」と主張した。下級ではあるが、貴族出身のマゼランは、身分の高いほうだったにもかかわらず、こう船長に要望した。

名 「自分は水夫たちと残るから、できるだけ早く助けに来てくれ」[1]

みなが納得する見事な立ち回りである。

勇気にあふれて情熱的なマゼランは、18歳の若きカルロス1世の心をも動かし、援助を受けることに成功。40歳を手前にして、まだ誰も成し遂げたことのない、西回りの航路で東インド諸島に向かう。目当ては当時、金や銀よりも貴重で入手困難だった香辛料だ。

ただ、この航海には大きな問題点があった。西回りの航路では南アメリカ大陸を横切ることになるが、海峡があるかどうかがまだ明らかになっていなかったのだ。

無謀と思われてもおかしくはない。その証拠に、ポルトガル人だったマゼランが、わざわざスペインの王に援助を頼んだのも、ポルトガル王に断られたからだった。

諦めずにチャレンジしたからこそ、世界一周を実現できたわけだが、それはマゼランの「勇敢さ」というレベルではない、ある種の狂気によって成し遂げられたものだった。航海中、マゼランは船員たちからの不満を抑え

[1] 増田義郎著『マゼラン　地球をひとつにした男（大航海者の世界）』原書房

つけながら、時には殺人も犯して、目標へと突き進んだ。

航海中、あるかどうかもわからない海峡を目指すことに、船員たちから不満の声が上がると、マゼランはこんなふうに鼓舞している。

迷

「海峡はここには存在しないが、この海岸をあと数マイル南下すればかならずそれを発見できるだろう。われわれはそこを通って航海し、冬は大いなる南の海の島で過ごすのだ。そこでは料理の鍋さえ黄金でできており、女たちの美しさはリオ・デ・ジャネイロの女たちをしのぐのだ」[2]

随分と欲望にストレートな煽《あお》り方だが、それだけマゼランも必死だったのだろう。ポルトガル人のマゼランに対する、スペイン人の乗組員たちの反感もあり、船員たちをまとめるのは、容易ではなかった。

マゼランの一行が、アルゼンチン南部のサン・フリアン港に入港したときのことである。そこは身体が震え上がるような冷寒の地。食糧が残り少なくなってきたこともあり、マゼランへの船員たちの不満がピークに達した。

「航海を中断して暖かいところに戻りたい」。そう言い出した船員たちに、マゼランは改めて決意を語った。

迷

「この地の終わりに達するまで、ないしは向こう側の南の海に通ずる通路を発見するまで、航海を続けなければならない」[1]

迷

「ひとつだけいっておきたいのは、恥辱と不名誉のうちにスペインに帰るくらいならば、私は死を選ぶ決心をしていることである」[1]

「名言」ではなく「迷言」としたのは、この説得は何ら意味をなさず、ただならぬ雰囲気のなか、マゼランは船員からクーデターを起こされたからである。夜中の間に5隻のうち、3隻の船を乗っ取られてしまう。

しかし、マゼランのほうが一枚も二枚も上手だった。「手紙を渡すから」とクーデターの首謀者をおびき寄せ

[2] イアン・カメロン著、鈴木主税訳『マゼラン―初めての世界周航』草思社

ると、仲間に命じて短刀で刺殺。マゼランは、死体を四つ裂きにして見せしめにした。

それでも船員たちの不満は消えることはなかった。海峡は見つからず、食糧はどんどん少なくなってくる。

「仮にこの先に海峡が見つかるとしても、いったんはスペインに帰国してこれまでのことを報告し、出直したほうがいいのではないか」

そんな意見も出始めるが、マゼランは聞く耳を持たず、独特な表現で引き返すことに反対している。

迷

「帆桁《ほげた》にとりつけられた牛の革を食べなければならぬとわかっていても、前進して皇帝陛下にお約束したものを発見せねばならぬのだ」[1]

暴風のなか、海峡を探し求めて、南下するマゼラン一行。海岸線の割れ目を見つけて期待を抱いては、またそれが失望へと変わる。

サンタ・クルスで2カ月にわたって停泊したのち、緊急会議が開かれた。「東へ海路を取り直すべきだ」という意見が、船長や船員の口から相次ぐが、マゼランは、こう言うのみだった。

名

「われわれは海峡を探す、それが見つかるまで」[2]

マゼランの狂気に船員たちも腹をくくった。そして一行は、ついに西へと続く海峡を発見する。船が海峡を抜けて大きな海に出ると、マゼランはこう叫んだ。

名

「どうかこの大洋がいつも今日のように静かで、慈悲深くありますように。その願いを込めて、私はこれを太平洋と命名する！」[2]

太平洋を3カ月間航海して、マゼランたちは陸地に到着。10日後にフィリピン諸島に到着するが、マゼランはセブ島の原住民と争い、殺されてしまう。

血気盛んなマゼランらしい最期だが、遺志を継ぐ者たちで航海は続けられ、270人いた船員のうち、18人が帰還。苦難の末に見つけた南米大陸南端の海峡は、マゼランの栄誉を称《たた》えて「マゼラン海峡」と名づけられた。

No. 57

Socrates

ソクラテス

紀元前469年頃～紀元前399年。ギリシアのアテナイ生まれ。スパルタと戦ったペロポネソス戦争では、3度にわたって従軍。その後、哲学者としての生活に専念。問答法で相手の無知を自覚させ、真理に到達させようとした。弟子のプラトンらの著作からその業績が伝えられている。

ソクラテスが裁判にかけられたのは、70歳のときのことである。罪状は「アテナイの国家が信じる神々とは異なる神々を崇《あが》め、若者を堕落させた」というもの。ソクラテスは否認するが、陪審員たちの意見を覆すことはできなかった。

問題となったのは、アゴラ（広場、市場）や競技場など、人が大勢集まる場所で、ソクラテスが誰彼となく話しかけて、問答を吹っ掛けたことである。有力者、政治家、知識人などが、もっともらしく演説しているところに近づいていき、こんな質問をした。

「すみません、いまおっしゃった『正しい』ってどういう意味ですかね？　どういうことを『正しい』というのでしょうか？」

これに対して、例えば「それはみんなが幸せになることだよ」と答えたとすれば、ソクラテスはすかさずこう説いた。

「『幸せ』ってなんですかね？」

こうして問答を重ねていくうちに論破していくのがソクラテスのスタイルで、相手が言葉に詰まると、こう結論づけたという。

名

「答えられないなら、あなたは、それについて知らないんですね」[1][2]

ソクラテスは何も意地悪でそんなことをしていたわけではない。ソクラテスは「自分は知らない、ということを知る」ことが賢者に近づく道だと考えていた。そのため、問答によって「無知の自覚」を促し、「無知の知」を普及させようとしていたのだ。

だが、公衆の面前で恥をかかされたほうはたまらない。そのうち、若者がソクラテスの論破に刺激されて、真似るようにもなってきた。ソクラテスが「若者を堕落させた」という罪に問われたのは、そうした背景があった。

[1] 白石浩一著『ソクラテスの生き方』社会思想社
[2] 中野幸次著『ソクラテス』清水書院

裁判にかけられたソクラテスは「何とも奇妙なことが言われているのだよ」と呆《あき》れながらも、「わたしは、いまだかつて何びとの師となったこともありません」と明言。若者を扇動した覚えはないとした。

ソクラテスは弁明をするのみで、決して自説を曲げることなくこう言った。

名

「君たちに従うよりは、むしろ神に従うだろう。すなわち、わたしは息の続くかぎり、またわたしにそれができるかぎり、決して哲学することをやめないだろう」[3]

謝罪どころか、あくまでも自分がしていることは社会貢献だとソクラテスは主張。それどころか、陪審員をこう挑発さえしている。

迷

「私は死刑になるどころか、迎賓館でごちそうされるべきである」[1][2]

裁判でのソクラテスの態度が、かえって事態を悪くしたことは言うまでもない。大多数の陪審員がソクラテスの死刑を支持して判決が確定される。

ソクラテスにとっては、どんな罰を与えられようとも、自分の正義を曲げることだけはできなかったのだ。

名

「むずかしいのは死を免れることではない。下劣さを免れることのほうがもっとむずかしいのだ」[3]

最後にはこう言って、ソクラテスは自身の裁判を終わらせている。

名

「もはや去るべきときだ。わたしは死ぬために、諸君は生きながらえるために。だが、われわれのどちらがよりよいことに出会うか、それは神より他には誰にも分からないのだ」[3]

積極的に死を選んだようにさえ見えるソクラテスに、慌てたのは周囲の人間である。プラトンをはじめとした弟子はソクラテスに、逃亡するように願い出た。

[3] 加来彰俊著『ソクラテスはなぜ死んだのか』岩波書店

実際、逃亡は難しくなかった。牢に入れられてはいたものの、ワイロを渡せば門番はすぐに鍵を開けてくれるのが常だったし、ソクラテスの場合は、牢番も含めてみなが同情したために、鍵すらもかけずに、最初から開け放っていた。

逃げ出そうと思えば、いつでも逃げ出せる状態。それでもソクラテスは、かたくなに自分の運命を受け入れることを選んだ。弟子のアポロドロスから「あなたが不当に死刑にされるのを見るのはとても辛い」と言われると、ソクラテスは次のような、ややひねくれた反論をしている。

迷

「では君は、わたしが不当に殺されるのよりも、むしろ正当に殺されるのを見たかったのかね」[3]

死刑が行われる日。ソクラテスは友人たちと議論をしながら談笑。いつもどおりの明るいソクラテスに、友人たちのほうが涙に暮れたのも無理はないだろう。

夕方には、死刑のための毒ニンジンの汁を、お茶でも飲み干すかのようにぐいっと飲み、しばらく歩き回り身体に毒が回るのを待った。

そしてベッドに横たわり、哲学者の最期らしからぬ言葉を残して、その生涯を閉じた。

迷

「そうだ、アスクレピオス神にニワトリの供え物をするのを忘れていた。忘れずに供えてくれたまえ」[1][2]

余談だが、ソクラテスの言葉として「悪法もまた法である」がよく知られているが、文献には残っていない。権力者にとって都合のよいフレーズなので、ソクラテスのものとして、デマが広がったのだろう。

「どれだけ悪くても法律は法律」などとソクラテスが言うはずもなく、死刑を受け入れたのは、自身の確固たる美学からだった。

名

「何よりも大切にしなければならないのは、生きることではなくて、よく生きるということなのだ」[3]

No. **58**

Ryūnosuke Akutagawa

芥川龍之介

1892年〜1927年。東京生まれ。東京帝国大学に進学。『鼻』が夏目漱石の激賞を受けた。『今昔物語』や『宇治拾遺物語』といった古典から題材をとった作品を多く残した。また『蜘蛛の糸』『杜子春』などの童話も発表。大正文壇の寵児となった。のちに芥川賞が設けられる。

芥川龍之介といえば、流し目で顎に手を当てているポーズがお馴染みだ。芥川に憧れた太宰治は、学生時代に同じポーズで写真を撮っている。

太宰が芥川に憧れたように、芥川にも憧れの人がいた。夏目漱石である。芥川は学生時代に『羅生門』を発表。名作として後世に残るが、発表当時は評価されなかった。その後、芥川は漱石に弟子入りを果たす。

芥川が脚光を浴びたきっかけは、その後に発表された『鼻』という作品だ。漱石が絶賛して、芥川は文壇にその名を馳せた。

芥川にとって、漱石の影響力は相当大きかったようだ。こんなふうにまで言っている。

迷

「小説を発表した場合に、もし夏目さんが悪いと云ったら、それがどんな傑作でも悪いと自分でも信じそうな、物騒な気がし出した」[1]

漱石が亡くなったとき、芥川は「精神的にも肉体的にも疲労した」という。以前から漱石のファンだった芥川は、中学生のとき、こんなタイトルのエッセイを書いた。

迷

「我輩も犬である」[2]

どこかで聞いたことがあるタイトルだが、それだけリスペクトしていたということだろう。

しかし、女性関係においては、芥川は漱石の影響を受けなかったらしい。生涯を通じて、妻だけしか女性を知らなかったともいわれる漱石に対して、芥川はプレイボーイぶりを存分に発揮。女性トラブルが絶えなかった。

芥川が結婚したのは24歳のときのこと。相手は6歳年下の塚本文《ふみ》だ。友人の姪《めい》であり、小さい頃から知っている相手だった。芥川は「文ちゃんを貰ひたい」と手紙で

［1］芥川龍之介著「あの頃の自分の事」『現代日本文学大系43　芥川龍之介集』筑摩書房
［2］芥川龍之介著「我輩も犬である（仮）」『芥川龍之介全集〈第21巻〉初期文章・草稿』岩波書店

気持ちを明かし、真っすぐな想いをぶつけている。

名

「貰ひたい理由はたった一つあるきりです。さうしてその理由は僕は文ちゃんが好きだと云ふ事です。勿論昔から好きでした。今でも好きです。その外に何も理由はありません」[3]

二人は結婚し、3人の男の子が生まれる。文は同居する芥川の叔母にいびられながらも育児と家事をこなし、芥川の執筆環境を整えた。

そんな妻の献身にもかかわらず、芥川は料亭の女将、長崎の芸者、翻訳者など、さまざまな女性と浮き名を流した。不倫というだけでも問題があるが、芥川は人妻を好む傾向があり、さらに事態を複雑にした。

「十日会」という作家の集まりを開いたときも、芥川は一人の女性に目を奪われる。女性の名は、秀しげ子。芥川は知人にこう頼んでいる。

迷

「おい、オレを紹介してくれよ」[4]

やがて二人は深い仲になり、しげ子は妊娠。実は芥川の弟や弟子とも関係を持っていたが、お腹の子はあくまでも芥川の子だとしげ子は主張した。

しげ子には夫がいたため、芥川は大いに悩まされる。

それはただダブル不倫ということだけではない。当時は「姦通罪」という罪状があり、人妻に手を出した場合、その夫は相手を告訴することができた。[5]ちょうど同じ頃、小説家の北原白秋が姦通罪に問われ、無様なまでに没落していた。

思い悩んだ芥川は理由をつけて、中国へ旅行している。もちろん、しげ子から逃亡するためである。

だが、帰国後も芥川の不安は収まらずに、ひどい神経衰弱と不眠症、睡眠薬中毒に悩む。火遊びの代償は高くつくこととなった。

芥川は晩年に『侏儒《しゅじゅ》の言葉』という随筆を雑誌に寄稿。そこには、こんな言葉がある。

名

「人生は一箱のマッチに似ている。重大に扱うのはばかばかしい。しかし重大に扱わなければ危険である」[6]

［3］芥川龍之介著『芥川龍之介全集〈第16巻〉』岩波書店
［4］森本修著『人間 芥川龍之介』三弥井書店
［5］川西政明著『文士と姦通』集英社新書
［6］芥川龍之介著『侏儒の言葉』文春文庫

マッチ箱は小さいものだが、もし扱いを間違えると大火事になってしまうかもしれない。『侏儒の言葉』の序文で芥川は「必ずしもわたしの思想を伝えるものではない」としているが、火遊びが大火事となった今、この言葉ほど、芥川が身につまされるものはなかっただろう。

ちなみに、『侏儒の言葉』には、こんな警句もある。20年近くの会社員生活に終止符を打ち、物書きとして独立したばかりの筆者にとっても、心に残る名言である。

名

「自由は山巓《さんてん》の空気に似ている。どちらも弱い者には堪えることは出来ない」[6]

芥川は1927（昭和2）年7月、多量の睡眠薬を飲んで自殺。遺書には、次のような理由が綴られていた。

名

「少なくとも僕の場合は唯《ただ》ぼんやりとした不安である。何か将来に対するぼんやりとした不安である」[7]

死の真相については、いろんな説が飛び交った。

何年もかけて完成させた『近代日本文芸読本』が売れなかったためか。義理の兄が放火を疑われ鉄道自殺したからか。もしくは友人の小説家・宇野浩二が発狂するのを目の当たりにして、自身の将来を重ねて絶望したのか。

理由は定かではない。友人への手紙ではこう書いている。

迷

「僕は過去の生活の総決算の為に自殺するのである。しかしその中でも大事件だったのは僕が二十九歳の時に秀夫人と罪を犯したことである」[8]

やはり、しげ子との不倫問題が芥川を最も悩ませていたようだ。一方で、芥川の抱えた「ぼんやりとした不安」は時代の空気をとらえた表現でもあった。

文化が花開いた平和な大正時代が終わり、未曽有の恐慌とともに昭和の幕が開かれた。労働運動や社会運動への弾圧も本格化し、日本はその後、戦争へと向かう。

いくつかの個人的な要因に、そんな社会情勢も重なって、芥川は35年の生涯に自らピリオドを打ったのではないだろうか。

［7］芥川龍之介著「或旧友へ送る手記」『現代日本文学大系〈第43〉芥川龍之介集』筑摩書房
［8］芥川龍之介著「遺書」『芥川龍之介全集　第23巻』岩波書店

No. 59

ブレーズ・パスカル

Blaise Pascal

1623年～1662年。フランス中部クレルモン生まれ。幼少期から数学と自然学に才能を発揮し、16歳で円錐曲線試論を発見。以降も、計算器の考案、トリチェリの真空の立証、流体の圧力に関するパスカルの定理の発見などの科学的業績を残した。死後『パンセ』が刊行される。

人口に膾炙《かいしゃ》する名言は、常に誤解されたり、拡大解釈されたりする運命をはらんでいる。ブレーズ・パスカルによるこの有名な一節がまさにそうだ。

迷

「クレオパトラの鼻がもう少し低かったら、歴史は変わっていただろう」

古代エジプト・プトレマイオス朝の最後の女王、クレオパトラ。「世界三大美人」の一人とされ、その美貌を武器に、男たちの権力闘争を巧みに利用したとされている。

そのため、この言葉は「クレオパトラがもう少し醜ければ、ローマの英雄たちも惑わされず、歴史は変わっていただろう」と解釈されがちだが、パスカルは少し異なる意味合いを持たせていた。

パスカルが『パンセ』で書いた原文は“Le nez de Cléopâtre : s'il eût été plus court, toute la face de la terre aurait changé”。

原文では、「地球のあらゆる面は変わっていただろう」と伝えられている部分が、「歴史が変わっていただろう」という表現になっている。

だが、もっと重要なのはクレオパトラの鼻を表現する“court”である。これは「短い」という意味で「低い」という意味合いがない。訳し方にやや問題があるので「迷言」としたが、『パンセ』(前田陽一、由木康訳、中公文庫)では、次のように正確に訳されている。

名

「クレオパトラの鼻。それがもっと短かったなら、大地の全表面は変わっていただろう」[1]

そもそも西洋では鼻が高いのは珍しいことではないため、「鼻が高い＝美人」とする価値観自体が、グローバ

［1］パスカル著、前田陽一訳、由木康訳『パンセ』中公文庫

ルスタンダードではない。パスカルが言葉に込めた趣旨は「些細《ささい》なことで世界は変わる」とするのが妥当だろう。

同じくパスカルの言葉で有名なのが「人間は考える葦《あし》である」。逆説的な表現がパスカルの真骨頂なので、誤読しやすいが、前後の言葉を拾えば、意図が明確になる。

名

「人間はひとくきの葦にすぎない。自然のなかで最も弱いものである。だが、それは考える葦である」［1］

名

「だから、われわれの尊厳のすべては、考えることのなかにある」［1］

「考えが人間の偉大さをつくる」とも言ったパスカル。16歳の若さで「円錐曲線試論」を発表し、若き天才として世に知られるようになる。

実験室にこもりがちだったパスカルだが、ある時期から社交生活に目覚めて、貴族との交際を楽しんだ。病気がちで医師に気晴らしを勧められたことが、きっかけだったが、パスカルはほどなくして社交生活の危うさに気づき、人間関係についてこんな警鐘を鳴らした。

迷

「人間生活は、はてしなく続くだまし合いにすぎない。人間は互いにだまし合い、互いにお世辞を言い合っているだけのことである」［2］

やや極端すぎるので「迷言」としたが、パスカルは、互いにお世辞を言い合うことで、他人から美化された自己を守ることに夢中になり、本質的に生きられなくなることを危惧していた。

次のパスカルの警句を耳にすれば、自分はどうだろう、そうなっていやしないかと、思わず自問自答してしまう。

名

「私たちは、想像上の自分自身を美しく装い、それを保持することに汲々《きゅうきゅう》とし、真の自分をなおざりにする」［2］

39歳の若さで亡くなったパスカル。その鋭い言葉は死後に『パンセ』としてまとめられ、普遍的な警句を私たちに突きつけ続けている。

［2］田辺保著『パスカル―痛みとともに生きる』平凡社新書

No. 60
Shigeru Yoshida

吉田茂

1878年～1967年。東京生まれ。東京帝国大学法科大学卒業後、外務省に入省。戦時中に和平工作を進めて逮捕されたが、戦後は外務大臣を経て、内閣総理大臣に就任。マッカーサー率いる連合国軍総司令部（GHQ）と渡り合った。サンフランシスコ平和条約に調印。

吉田茂は戦後5回にわたり、内閣総理大臣に任命されている。任命回数として最多を誇るが、政界にデビューしたのは、67歳と遅かった。

もともと外交官として駐英大使を務めていた吉田。第二次世界大戦中に、和平工作に加担したとして、憲兵に逮捕されてしまう。元内閣総理大臣の近衛文麿が天皇に終戦を促す上奏文を出そうとした際に、吉田に意見を聞こうと自宅を訪ねて来たのが問題視されたのだ。吉田の家に出入りしていた書生が実はスパイで、憲兵に密告して、発覚に至った。

憲兵から厳しい取り調べを受けるなか、吉田は頑として白を切った。

名

「何の罪もない俺が牢屋に入れられるのは不合理だ。本来なら貴様らがこの中に入るべきだ」［1］

痛快だがこんな態度では釈放されるわけもなく、代々木の陸軍刑務所へ。食事もろくに与えられず、夜はノミ・シラミ・南京虫に襲われた。老体には堪えたが、それでも取り調べにはまともに応じなかったという。

ところが、日本が敗戦を迎えると、吉田のそんな反骨精神が、一転して評価されることになるのだから、人生はわからないものである。

マッカーサー率いる連合国軍総司令部（GHQ）による占領統治が始まるなか、吉田は外務大臣に抜擢《ばってき》。内閣書記官長から電話を受けると、迎えの車に乗り込んで首相官邸へ向かった。

就任式では、黒い靴を職員から借りている。そんなドタバタのなか、吉田は人生の新たなスタートを切ることになった。

吉田は妻にこんな決意を語っている。

［1］細川隆一郎著『“吉田茂”人間秘話―側近が初めて明かす』文化創作出版

名

「日本は軍部に負けた。けれど今度は舌一枚で勝ってみせるよ」[2]

舌一枚で勝つ――。確かに吉田はそれをやってのけた。GHQ本部で、マッカーサーと初めて会ったときのことである。マッカーサーが部屋を行ったり来たりして、イライラしながら、占領下政策における注意点などを話し始めると、何を思ったか、吉田はぷっと噴き出した。

「何がおかしい！」

そう憤るマッカーサーに、吉田はこうおどけている。

迷

「閣下がライオンのように歩かれるので、ついライオンの檻《おり》に入れられたような気がいたしまして」[3]

いきなりライオンにたとえられて、マッカーサーは思わず苦笑いしたという。

雰囲気をほぐすユーモアは、吉田の真骨頂だ。戦後の深刻な食糧不足を受け、25万人もの都民が皇居前広場までつめかけてデモを行うと、吉田はこうとぼけた。

迷

「俺の人気もまんざらでないな。招きもせぬのに、こんなに押し寄せてくれる」[4]

その一方で、吉田はアメリカから４５０万トンの食糧支援を引き出している。実際に支援が始まると、70万トンで十分いきわたったため、マッカーサーは激怒した。

「君たちは嘘をついたな。70万トンで十分だったではないか！」

緊迫する雰囲気のなか、吉田は怒れるマッカーサーにこう切り返している。

迷

「もし日本が正しい数字を出せる国だったら、戦争に負けてなどいませんよ」[3]

これにはマッカーサーも大笑いしたが、よくも咄嗟《とっさ》にこんなユーモアを放てるものだ。「元気の秘訣は何ですか」と記者から聞かれて、吉田はこんな珍回答をしたこともあった。

[2] 塩沢実信著『人間吉田茂―昭和の大宰相の生涯』光人社NF文庫
[3] 北康利著『吉田茂　ポピュリズムに背を向けて』講談社文庫
[4] 寺林峻著『怒濤の人　吉田茂伝』講談社

迷

「はい、強いてあげれば人を食っております」[5]

そんな破天荒な吉田の言動に、周囲が振り回されることも少なくなかった。ＧＨＱの総司令部の駐車場に、自分の駐車場のスペースを設けさせるため、吉田は部下に何度も交渉させたこともあったという。

ふてぶてしい吉田の態度に反感を持つ者もいたが、吉田なりに考えたうえでの、わがままな振る舞いだったとのちに明かしている。

名

「世間の反響や部下の苦労は知っていた。でも、敗戦でシュンとしてしまった日本の国民を奮い立たせるために、私が図太くして見せなければならなかった」[1]

吉田が最も危惧したのは敗戦により、国民が自信を喪失してしまうこと。ＧＨＱと交渉を重ねた吉田は、ことあるごとにこう言っていたという。

名

「負けっぷりは立派にしよう」[2]

言うべきことはしっかりと主張し、食い違いがあれば説得したうえで、占領政策に協力的な態度をとる――。それが、吉田流の敗者の美学。見苦しい態度だけは取るまいと決めていた。

まだ吉田が外務大臣だったときのことだ。外相官邸から国会議事堂まで散歩していると、焼け野原を見ながら、吉田は娘にこう語りかけた。

名

「見ててごらん、いまに立ち直るよ。かならず日本人は立ち直る」[6]

終戦から6年の月日を経た１９５１（昭和26）年、吉田は、サンフランシスコ平和条約に調印。アメリカ側は米国製の万年筆を用意していたが、吉田は日本から携えた別のペンでサインをしたという。

どんなときも独立国の自負を持ち続けた吉田。思い描いた戦後の復興へと大きな一歩を踏み出した。

〔5〕麻生太郎著『麻生太郎の原点　祖父・吉田茂の流儀』徳間文庫
〔6〕麻生和子著『父　吉田茂』新潮文庫

No. 61

Confucius

孔子

紀元前551年～紀元前479年。魯国に生まれた春秋時代の学者にして思想家。故郷で役人となり、司法長官まで昇進したが、政争に敗れる。56歳から10年余り、諸国を歴遊。諸侯に徳の道を説いて回った。著書に『春秋』。『論語』は孔子の言行を弟子たちが記録したもの。

中国の春秋戦国時代に生きた思想家、孔子。

役人として頭角を現すが、政争に巻き込まれて、失脚と亡命を余儀なくされた。

そんな逆境のなかでも、孔子は、正しい政治の高い理想を説き続け、孟子や荀子などの後継者を生み出した。

孔子の死後、弟子とのやりとりがまとめられた『論語』は『孟子』『大学』『中庸』とあわせて儒教の「四書」の一つ。時代を超えて読み継がれ、今でも座右の書として挙げられることが珍しくない。

『論語』の書き出しは、あまりにも有名である。

「学びて時に之を習う、亦《ま》た説《よろこ》ばしからずや」[1]

現代語に訳せば、次のようになる。

名

「習ったことを機会があるごとに復習し身につけていくことは、なんと喜ばしいことだろうか」

冒頭から孔子の学問への強い思いが伝わってくる。ただし、「学ぶ」のと同じくらい大事なのが、「考える」ことだ。これも有名な一節である。

「学んで思わざれば則ち罔《くら》し。思うて学ばざれば則ち殆《あや》うし」。現代語訳は次のようなものだ。

名

「学んだだけで考えないのでは、はっきり理解できない。また、考えるだけで学ばなければ、独断に陥る危険がある」

知識を得て、自分なりに考える。それで初めて学問が活かされることになる。独りよがりに陥らないためには、仲間と意見を交わすことも大事である。

「朋《とも》あり、遠方より来たる　亦た楽しからずや」[1]という孔子の言葉も『論語』には収録されている。どんな状

[1] 金谷治訳注『論語』岩波文庫

況に置かれても、人が人との交流を絶やさないのも、このためだろう。

名

「友人が遠方から訪ねてきてくれる。こんなうれしいことはない」

そんな学問や友人との交流を楽しんだ孔子だったが、自分の力がなかなか発揮できずに、天下が乱れたままであることに、思い悩んだ時期もあった。「道行なわれず、桴《いかだ》に乗りて海に浮かばん」[1]と嘆いている。

迷

「天下は秩序乱れて私の理想に程遠い、もういかだにのって海外にでもいこうか」

だが、そんな挫折を知る孔子だからこその言葉も、『論語』では収録されている。

「己を知ること莫《な》きを患《うれ》えず、知るべきことを為すを求む」[1]などは、SNS（ソーシャル・ネットワーキング・サービス）が隆盛を誇り、承認欲求が渦巻く現代により深く刺さるのではないだろうか。

名

「人が認めてくれないことを思い悩むのならば、認められるだけのことをしようとつとめることだ」

説教臭いイメージが強い『論語』だが、実際に読めば、人間味あふれるメッセージが込められていることに気づくはずだ。

いかだによる海外逃亡をほのめかしたときは「もし行くとしたら、私に付いて来るのは子路だろうな」と軽口を叩き、弟子の子路を喜ばせておいて、「由《ゆう》や、勇を好むこと我に過ぎたり。材を取る所なからん」[1]と冗談を飛ばす。

迷

「お前の勇気は私以上だが、いかだの材料はどうするのだ？」

まるで、仕事終わりに行きつけの居酒屋でじゃれ合う、上司と部下のようだ。孔子ですら弱音を吐いて憂さ晴らしをし、憂鬱な状況も笑いに変えようとしていた。そう思うと、何だか気が楽になる。

No. 62

Yoshinobu Tokugawa

徳川慶喜

1837年～1913年。江戸の小石川で、水戸藩主の徳川斉昭の七男として生まれた。将軍後見職を経て、第15代将軍となった。1867年に大政奉還を行い、討幕派に敗北して、駿河の宝台院で謹慎。その後、1869年に謹慎が解かれても駿府に居住した。

江戸幕府第15代将軍、徳川慶喜。

大政奉還によって政権を返上し、武家政権に終止符を打った。いわば、日本のラストエンペラーである。

慶喜は、水戸藩の藩主、徳川斉昭《なりあき》の七男として生まれた。父の斉昭は没後に「烈公《れっこう》」と呼ばれるほど、荒々しい気性で知られている。慶喜も随分と厳しくしつけられたようだ。

食事は一汁一菜で、魚など動物性蛋白質《たんぱくしつ》が食べられるのは、月に3回だけ。布服や布団も絹ではなく、木綿や麻を使用していた。いたずらはご法度で、灸《きゅう》を据えられるだけで済めばまだよいほうだが、座敷牢に閉じ込められることもあったという。

それだけ厳しくしたのは、当時、大名家に生まれて、嫡男でない場合、ほかの大名家に養子に出される運命にあったからだ。特に慶喜は幼少期から聡明さで突出していた。厳しいしつけは大きな期待の裏返しだった。

だが、慶喜も負けていない。剣・弓・馬など武芸に励む一方で読書が苦手だったが、灸の罰を何遍も受けて指が腫れ上がっても、こう言い放った。

迷「陰気な本を読むよりはこの痛さを我慢する方が楽だ」[1]

それでも父に座敷牢に入れられて、食事も与えられないとなると、さすがに反省したようで、以後は学問に励んだといわれている。22、23歳頃にもなれば、『資治通《しじっ》鑑《がん》』『孫子』などを愛読するようになった。

文武両道を成した慶喜への周囲の期待はさらに高まっていく。12代将軍の家慶《いえよし》も、将来を見込んで、11歳で一橋家を相続させたくらいである。

慶喜への養子の話はこれが初めてではなかった。紀伊徳川家から話があったが、まだ手元に慶喜を置いておきたかった斉昭は、これを断っている。ほかの子どもに比

［1］松浦玲著『徳川慶喜―将軍家の明治維新』中公新書

べても、慶喜が特別視されていたことがうかがえる。

だが、自分に期待をかける父をけん制するかのように、慶喜はこんな手紙を送っている。

迷

「天下を取ることほど、気骨の折れることはない。天下を取って、仕損じるよりは、天下を取らないほうがよいと思われる」[2]

さらに、一橋家の小姓、平岡円四郎に向かっても、こんなことを言った。

迷

「自分は不肖の息子であり、とても大任に堪えない。こんなに衰えた徳川の天下を回復するなどはとんでもないことだ」[1]

なんとも冷めた言葉だが、求めても手に入れられないのが将軍の座というもの。かえって敬遠している者のところに、転がり込んできたりする。

老中の阿部正弘や薩摩藩藩主の島津斉彬《なりあきら》といった実力者が相次いで亡くなったことで、一橋派はいったん失速。大老に就いた井伊直弼《なおすけ》によって、将軍継嗣は慶喜ではなく、慶福《よしとみ》に決まる。慶福は徳川家茂《いえもち》として第14代将軍となった。

だが、家茂は第2次長州出兵の最中、大坂城で病死。慶喜は30歳でやむなく将軍の職を引き受けることになった。

ところが、そのときすでに幕府は著しく弱体化していた。かつては自分を将軍にするべく東奔西走した薩摩藩とも対立。将軍になるやいなや、幕府存続の危機に直面した。

それでも慶喜はしっかり自分の考えを持っていた。外国を打ち払うという時代錯誤の鎖国についても、政事総裁職の松平春嶽《しゅんがく》に、はっきりとこう述べている。

名

「世界万国が天地の公道に基づいてたがいに交誼《こうぎ》を通じる今日、わが国だけが単独で鎖国の旧習を守るべきではない」[3]

これだけ見事に時代をとらえていたのは、そもそも将軍職に執着がないからにほかならない。自分の置かれている状況をクールに分析して、もはや幕府を「ないもの」として見ていた。春嶽には、こうとも言った。

〔2〕家近良樹著『徳川慶喜（幕末維新の個性1）』吉川弘文館
〔3〕野口武彦著『慶喜のカリスマ』講談社

名

「自分がこのような意見を立てるのは、すでに幕府をないものと見て、日本全国のためを謀ろうとするからである」[3]

だからこそ、薩摩藩と長州藩が手を組み、幕府を追い詰めると、慶喜は朝廷に政権を返上するという「大政奉還」をやってのけた。1867年11月9日（慶応3年10月14日）、慶喜が将軍に就任して、まだ約10カ月のことである。

この大政奉還は決して窮余の一策ではない。むしろ、起死回生をかけた大一番だった。

というのも、朝廷としても幕府から政権を渡されたところで、いきなり国政の運営などできるはずもない。とりあえず全国から諸藩が集まって大名会議が開催されることになったが、徳川幕府は依然として権限を持ったまま存続することになった。

それどころか、権力を朝廷に渡すと言いながら、天皇が持つわずかな料地すらも、これまでどおり、徳川が管理することになったのである。

慶喜自身は、この大政奉還について、こう述べている。

名

「皇国の大権を一にし、天下と共同会議、全国の力を尽くして事に従って、海外万国と並び立つべき大業を期すべきなり」[2]

海外諸国と並ぶ国になるために、全国の力を尽くそうではないか——。混迷期をまとめるのにふさわしい、大局観のある言葉だろう。

この言葉を見る限り、慶喜は本当に将軍になりたくなかったのだろうか、とも思えてくる。「周囲に推されて渋々引き受ける」ことで、「その代わり、自分の好きなようにやらせてもらう」というスタンスを取りやすくしたのかもしれない。

慶喜は、フランスを手本に大統領になろうとしていたとも、イギリス流の議員政治を目指していたともいわれている。いずれにしても、全く新しいかたちでの権力掌握を慶喜は考えていた。

だが、薩摩や長州の討幕派のほうが、一枚も二枚も上手だった。慶喜の大政奉還に面食らいながらも、王政復古の大号令によって、クーデターに成功。徳川家は官位と領土をすべて失い、天皇中心の新政府が樹立されることになった。

そして、幕末の最終局面で、明治新政府と旧幕府軍が衝突する。鳥羽伏見の戦いに端を発した戊辰戦争である。当初は優勢だった旧幕府軍だが、徐々に劣勢に立たされていく。新政府側に錦の御旗が翻ると、慶喜は朝敵になってしまったことにかなり動揺したらしい。

名

「この大坂城がたとえ焦土になろうとも、断乎死守しようではないか。予がここで死んでも、江戸城の忠義の臣が我が志を継いでくれるだろう」[3]

なんとか自分を奮い立たせて、慶喜が檄《げき》を飛ばすと、感激して涙を流す兵もいた。けだし名言だろう。だが、実際のところ、慶喜にはそこまでの覚悟はなかった。

連敗が続くと、軍内にも不穏な雰囲気が流れて、仲間同士で何かともめるようになる。慶喜は大局観があり、行動力もあるが、逆境に強いタイプではない。

戦力的には、まだ盛り返せる状況ではあったが、慶喜はすっかり戦意を喪失してしまう。

迷

「自分さえ居なければ、激論も鎮静するであろう」[3]

こんな弱気な言葉を吐いた慶喜は、戦闘中にもかかわらず、わずかな側近を引き連れて、大坂城からこっそりと脱出。あろうことか、敵前逃亡している。

リーダーらしからぬ行動は、のちに厳しい批判を浴びた。当然である。ただ、歴代将軍の誰も体験していない、時代の大転換期に身を置いた点は、情状酌量の余地があるかもしれない。

隠居謹慎を命じられた慶喜は、その後、政治にかかわることはなかった。これからは自分の好きなように生きる。そう決心したのかもしれない。

明治新政府が日本の近代化に苦心する一方で、慶喜は趣味のカメラや油絵、書に没頭。狩猟や能楽に馬術を楽しむなど、セカンドライフを堪能している。

1913（大正2）年、慶喜は76歳で没する。江戸幕府の将軍としては最も長生きした。

No. 63

Martin Luther King Jr.

マーティン・ルーサー・キング・ジュニア

1929年～1968年。アメリカのジョージア州アトランタ生まれ。ボストン大学で博士号を取得。バス・ボイコット運動で、無抵抗主義・人種差別廃止運動の指導者として注目される。南部キリスト教指導者会議を組織。1964年にノーベル平和賞を受賞。39歳で暗殺された。

「キング牧師」と呼ばれる、マーティン・ルーサー・キング・ジュニアは、アフリカ系アメリカ人公民権運動の指導者として、黒人差別に非暴力で立ち向かった。25万人の支持者とともに、首都ワシントンを行進し、歴史に残る名演説を行ったことは、あまりにも有名である。

名

「私には夢がある（I Have a Dream）」〔1〕

時代を超えた名フレーズを生み出したキング。虐げられた黒人たちのリーダーとして差別と闘ったことから、苦労人というイメージもあるが、キング自身は裕福な家庭で育った。

父は教会の牧師をしながら、大学や銀行の理事も務める町の有力者。生活保護を受ける黒人が少なくないなか、キングは着るものにも食べるものにも何不自由なく育った。ボストン大学大学院へ入学すると、父親からご褒美として、グリーンのシボレーを新車で買ってもらっている。典型的な金持ちのボンボンだった。

新車に乗って女の子を探し回る華やかなキャンパスライフを送ったキング。大学時代に後に妻となるコレッタ・スコットと出会うと、一目ぼれして猛烈にアプローチしている。電話口でいきなりこう言い、コレッタを驚かせた。

迷

「ナポレオンでも敗北することがある。僕もナポレオンだ。ワーテルローの戦いに敗北して君の前にひざまずいているところだよ」〔2〕

デートにこぎつけると、自慢の愛車で待ち合わせ場所に登場。キングは、時をともにするにつれて彼女にますます惹かれて、別れ際にこう口説いている。

〔1〕上坂昇著『キング牧師とマルコムX』講談社現代新書

〔2〕マーシャル・フレイディ著、福田敬子訳『マーティン・ルーサー・キング』岩波書店

迷

「ぼくが妻に求めるものは、性格、知性、人格、美の四つだが、あなたはそのすべてをもっている。ぜひまたお会いしたい。いつ会えますか」[1]

デートを重ねてコレッタはキングからプロポーズされるが、即答を避けた。当然のように「女性は家に入るべきだ」と考えるキングへの抵抗感があったからだ。

それでもコレッタはキングのプロポーズを受け入れて結婚。牧師の妻として生きる道を選ぶ。

だが、キングが差別への反対運動で、その名を馳せると、コレッタは夫の不倫に悩まされることになる。

キングはコレッタ夫人との間に4人の子どもをもうけながら、講演活動で家を空けがちなのをよいことに、さまざまな女性と関係を持った。女性問題を嗅《か》ぎ付けたFBIに女性とのベッド上の会話が盗聴され、そのテープが自宅に送られてきたこともあったくらいだ。

そんなキングに忠告する友人もいたが、キングは聞く耳を持たなかったという。

迷

「僕は別にかまわないさ。この関係を断ち切るつもりはないね」[2]

そう言いながらも、公衆の面前で語る自分と、実際の自分との二面性に苦しんだのか、キングは教会で聴衆にこう語ることもあった。

名

「私たちは誰しも精神分裂症のような人格を持っています。私たちは二つに引き裂かれていて、それが苦痛をもたらすのです」[2]

女性にだらしなかったキングだが、かといって、黒人たちに勇気を与えて奮い立たせた業績の価値が失われるわけではない。演説を魅力的なものにするために、キングは人知れず、努力も重ねていた。

最初の頃、キングの教会での説教は、大学の講義のように知識を与える内容で退屈なものだった。試行錯誤するなかで、キングは、聞いている人を熱狂させることが重要だと気づき、説教のスタイルを感情に訴えかけるものへと変えていった。

そんな創意工夫のなかで生まれたのが、「私には夢がある」の名演説だった。あとに続く言葉もまた感動的なものである。

名

「私には夢がある。いつの日にか、ジョージアの赤土の丘の上で、かつての奴隷の子孫とかつての奴隷主の子孫が、ともに兄弟愛のテーブルにつくことができるだろう、と」〔1〕

また、キングが差別の抵抗運動において「非暴力」を打ち出したのも意義深い。キングは「汝《なんじ》の敵を愛せよ」といい、その理由をこう語った。

名

「憎悪にむくいるに憎悪をもってすることは、いたずらに宇宙における悪の存在を強めるにすぎないだろう。憎悪は憎悪をうみ、暴力は暴力をうみ、頑迷はますます大きな頑迷をうみだす」〔1〕

あくまでも非暴力で抵抗したキング。ヒントはインドの独立の父、マハトマ・ガンジーから得たという。

名

「永い歳月の間さがし求めてきた社会改革のための方法を、ガンジーがこのように強調した愛と非暴力のなかにはじめて発見したのだ」〔1〕

革命の道のりにおいて、キングは数百回にわたる脅迫を受け続けた。自宅を爆破されたことや、FBIに盗聴器を仕掛けられたこともある。

いつ殺されるかわからない状況で、キングが周囲に語っていた言葉がこれだ。

名

「私にはしなければならない仕事がある。死を恐れてなどいられない。たとえ私が命を失っても、私の死は無駄にはならないはずだ」〔3〕

人種の壁を越え、人間愛に満ちた社会の実現を目指したキング牧師。志半ばで銃弾に倒れ、39年の生涯を閉じた。

〔3〕20世紀新聞編纂委員会編『20世紀新聞』青春出版社

No.

64

Rosa Parks

ローザ・パークス

1913年〜2005年。アメリカのアラバマ州生まれ。1955年に市バスの運転手の命令に背き、白人に席を譲るのを拒むと、人種分離法違反の容疑で逮捕された。この事件をきっかけに、キング牧師とともに「バス・ボイコット運動」を展開。「公民権運動の母」と呼ばれた。

ローザ・パークスの名が、世間で知られるようになったのは1955年12月、アラバマ州モンゴメリーでのある事件がきっかけだ。

42歳のパークスは、夕暮れに市バスに乗車。「黒人席」の一番前に座った。そのうち、白人の乗客が乗ってきたため、白人席は満席に。そんなときは、黒人席に座る黒人が白人に席を譲るのが、暗黙のルールだった。

しかし、パークスは白人の運転手から「席を空けてくれ」と言われても応じずに、座ったまま。「お前を逮捕させるぞ」と脅されても、パークスは屈しなかった。

「かまいませんよ」

白人の警官が二人やってくると、その一人にパークスはこう言った。

名 「あなたたちは、皆どうして私たちをいじめるのですか」〔1〕

アラバマ州モンゴメリーはとりわけ人種差別が強い地域だった。この言葉は、黒人を代表してパークスが放った言葉だといってもよいだろう。警官はこうすごんだ。

「わからないが、規則は規則だ。お前を逮捕する」

パークスは市条例違反で逮捕。やがて保釈されるが、この事件が大きな反響を呼ぶことになる。

そのときのことをパークスはのちにこんなふうに振り返っている。

「その日、私はいったいどんな結果になるのか、まったく見当がつきませんでした。しかし、人びとがバスに乗らずに抗議したことに対し、皆本当にびっくりしていました。誰にとっても予期せぬことだったのだと思います」〔1〕

席を立たなかった理由について、「疲れていたのではないか」「年だったからではないか」などさまざまな憶測が飛んだが、もちろん、そのいずれでもなかった。

パークスは、幼少期からの差別に疲れ切っていた。自

〔1〕ローザ・パークス著、高橋朋子訳『ローザ・パークス自伝』潮出版社

伝でこう書いている。

迷

「私は他の誰とも変わらない普通の人間です」[1]

「迷言」としたのは、そんなわかり切ったことを改めて表明しなければならないこと自体が、明らかに異常だからだ。

さまざまな場所で隔離政策が行われ、水飲み場さえ「白人用」と「黒人用」に公然と分けられていた。幼いパークスはこう不思議に思っていたという。

迷

「白人用の水は、黒人用の水よりおいしいのだろうか」[1]

祖父や母から悲惨な奴隷時代を聞かされ、農園で肉体的に酷使されるだけではなく、精神的にも支配されていたことをパークスは知る。黒人奴隷は幸せそうに振るまい、白人の主人にそれを信じ込ませなければ、暴力が振るわれることもあったという。白人の主人が亡くなったならば、悲しまなければならなかったので、黒人奴隷は必死に演技をしたという。

迷

「指に唾を吐いて、それで頬を濡らし、涙に見せかけたというのです」[1]

自分の祖父や父の代から続いている黒人差別。それがパークスの身にもまた降りかかり、40年の月日が過ぎていた。バスで思い切って、席を譲るのを拒絶したのは、そんな差別の積み重ねがあっての行動だった。

パークスはキング牧師の指導を受けながら、「バス・ボイコット運動」を展開。公民権運動が巻き起こり、公共交通機関での人種差別は禁止されることになった。

もちろん、そこに至るまでには幾多の困難があった。キング牧師の家は爆破され、パークスは「お前なんか、殺されてしまえ」と電話で何度も脅迫された。それでも行動することを決して諦めなかった。

名

「正しいことをしているのなら、決して恐れてはいけません」[2]

公民権運動の母――。そう呼ばれたパークス。たった一つの行動でも、世界を変えることはできる。

［2］池上彰著「言葉の力　社会を変えたキング牧師」2019年2月18日付 日本経済新聞朝刊

No. 65

ジョアキーノ・ロッシーニ

Gioachino Rossini

1792年〜1868年。イタリアのペーザロ生まれ。10代の終わり頃からオペラ作曲家として活動を始め、『セビリアの理髪師』でヨーロッパ中にその名声をとどろかせた。歌劇『ウィリアム・テル』を最後にオペラ界から引退し、料理の道へと方向転換した。

「華麗なる転身」というべきだろうか。ジョアキーノ・ロッシーニは、作曲家から美食家へと方向転換した、稀《け》有《う》な人物である。

ロッシーニは、トランペット奏者の父と、歌手の母の間に生まれて、6歳のときには父の楽団でトライアングルを演奏した。11歳で作曲を依頼されるようになり、音楽家として一家に稼ぎをもたらすようになっていた。両親はそんなわが子に期待し、音楽院へ入学させている。

美男子だったロッシーニは13歳のときに、女性とオペラ鑑賞に出かけたというから、随分と大人びている。

鑑賞後、彼女から「今日、聴いた曲の楽譜が欲しい」と頼まれると、写譜屋やオペラの主催者に楽譜がもらえないかと頼みに行くが、子どもということもあってか、断られてしまう。

怒ったロッシーニは、こう啖呵《たんか》を切った。

名

「じゃあいいですよ、今晩もう一度オペラを聴いて覚えて、好きなところから書いてみせますから」[1]

これが「名言」か「迷言」のいずれになるかは、結果次第だが、ロッシーニはその後、オペラ全部をピアノ伴奏譜にして書き上げてしまう。

18歳でオペラ作曲家デビューを果たしたあとは、数々の名曲を世に送り出した。作曲の速さにも定評があったロッシーニは、24歳のときに作曲したオペラ『セビリアの理髪師』がヨーロッパ中で評判を呼ぶ。それはたったの2週間で書き上げたものだった。

音楽的才能をいかんなく発揮したロッシーニだったが『ウィリアム・テル』を最後にオペラの筆を折ってしまう。その後は、せいぜい管弦楽の小曲を扱うだけで、音楽の世界から引退同然の身となった。

このときロッシーニはまだ37歳である。しかし40作も

[1] マリオ・ニコラーオ著、小畑恒夫訳『ロッシーニ　仮面の男』音楽之友社

のオペラからの莫大《ばくだい》な収入で、蓄えはもう十分にあった。生活のために働く必要はもうなかったのだ。

ロッシーニが選んだのは、美食家としての道である。引退の理由をこんなふうに語った。

迷

「美食と、料理と、トリュフを探す豚の飼育に専念するため」[2]

王侯貴族のような第二の人生をスタートさせたロッシーニ。舌も肥えており、パスタの店に行ったときには、こんなこともあった。

ロッシーニはパリに住んでいたため、本場ナポリのパスタが手に入らぬ悔しさを日々味わっていた。そんなとき、イタリア人が経営するパスタ店にナポリ産のマカロニがあると聞いて早速、足を運んだ。

だが、マカロニを一目見ると、表情を曇らせて、こう叫んだ。

名

「これがそうだって！　だけどこれはジェノヴァ産のマカロニじゃないか！」[3]

これには店主も脱帽。ロッシーニの前では、食材のごまかしは通用しなかった。

食い意地が張っていたロッシーニには、がめついところがあった。

あるお金持ちの夫人の邸宅でご馳走してもらい、見送りのときに「また、お食事にどうぞ」と別れの挨拶を言われると、こう返したという。

迷

「今すぐそうしたいものですな！」[3]

まだまだ食べられるというわけである。

当然、そんな生活をしていれば太るのは言うまでもない。しかも、ロッシーニは脂っこい料理を好んだ。「トゥルヌドー・ロッシーニ」というロッシーニの名を冠したフランス料理があるが、それも脂ぎったステーキである。

晩年は、過度の肥満から不整脈や痛風の発作に悩まされ、ついには脳卒中で倒れてしまう。その後、心臓手術を受けてもよくならず、76歳でその生涯を閉じている。十分に人生を味わい尽くしたロッシーニだった。

[2] 夢プロジェクト編『名曲（クラシック）謎解きミステリー
―あのクラシックの名曲に隠された驚きの真実とは…』KAWADE夢文庫
[3] 水谷彰良著『ロッシーニと料理』透土社

No. 66

Grimm brothers

グリム兄弟

ヤーコプ・グリム（兄）、1785年～1863年。ヴィルヘルム・グリム（弟）、1786年～1859年。ドイツのハーナウ生まれ。二人とも、のちにベルリン大学の教授になる。『グリム童話』や『ドイツ語辞典』の編纂に携わった。

グリム兄弟はまさに「一心同体」という言葉がぴったり当てはまる二人だった。

幼少時代から一つのベッドで寝起きをし、一つの机で勉強した。のちにベッドと机は別になるものの、部屋は一緒のままで、社会に出ても同じ屋根の下で暮らし続けた。

ヤーコプはのちにこう振り返っている。

「二重に買われた少数の品をのぞいては、持ち物も書物もすべて仲よく妨げられることなく共有し続けて暮らした」[1]

一生を通じて二人が離れ離れになったのは、大学入学の食い違った期間と、旅行の期間だけである。そのわずかな期間でさえも、弟のヴィルヘルムは兄のヤーコプにこんな手紙を書いた。

迷

「にいさんが行ってしまった時、ぼくは胸が裂けるかと思った。ぼくは我慢できなかった。ぼくが兄さんをどんなに愛しているか、きっとにいさんにはわからないのだ……」[1]

あまりに深い愛に思わず「迷言」としてしまったが、兄もこう返事をしている。

迷

「ぼくたちは決して離れまい。ぼくたちのひとりをどこかへ連れて行こうとする人があったら、もうひとりがすぐ拒絶するようにしよう。ぼくたちは共同生活になれきっているので、ひとりになっただけで死ぬほど悲しくなるのだ」[1]

弟のヴィルヘルムはやがて結婚。それでも妻と一緒に、生涯独身だった兄のヤーコプと暮らし続け、死ぬまで離れることはなかったという。まさに有言実行である。

［1］鈴木晶著『グリム童話―メルヘンの深層』講談社現代新書

そんな二人が、別々に行った数少ない習慣が散歩だった。活動的な兄のヤーコプはせっせと歩き回る一方で、弟は病弱でゆっくり歩くので、さすがにペースが合わなかったようだ。二人の性格の違いがよく出ているが、だからこそ、お互いを補う合う関係にあったのだろう。

二人が協力して執筆したのが『グリム童話』である。ドイツ各地の農村を訪ねて歩いて、古くから伝わる民話を聞いて書きとめ、いっさい手を加えずに本にまとめた……というのがコンセプトで、序文にこう書かれている。

迷

「私たちは、これらの話をできる限り純粋なかたちで集めることに努めた。話に何ひとつつけ加えたり、粉飾したり変更したりしてはいない。すでにこれほど豊かなストーリーにわれわれがつけ加える必要は、まったくない。これらの話は、作ろうと思って作れるものではない」[2]

これも「迷言」としたのは、実際には民話にかなりの加筆がなされて、明らかに創作されていることがわかっているからだ。そもそも「地方を回って調査した」というのも偽りで、実際は民話の提供者から話を聞いて、グリム兄弟がそれをまとめた格好となる。

とはいえ、手抜きをしたわけではない。とてもではないが、各地を調査する費用などなかったのだ。

早くに父を亡くした二人は、全員で六人兄弟だったため、ほかの兄弟の生活費を稼ぐために、学業のかたわらアルバイトに励む。

叔母の援助で、なんとか進学こそ果たしたものの、毎日の食事は乏しく、破れていない衣服を交代で着た。弟のヴィルヘルムは叔母に手紙を書いて窮状を訴えた。

迷

「朝、食事をしてから五時の夕食までお腹がもたないので、朝食のうち何かひとつを食べずに取りのけておくことにします」[2]

兄のヤーコプにいたっては朝食のみだった。それでも、貧しい境遇に不満を漏らすことなく、大学で文献学と言語学に打ち込んだ。こんな気が引き締まるような名言を放っている。

［2］ジャック・ジャイプス著、鈴木晶訳『グリム兄弟—魔法の森から現代の世界へ』筑摩書房

名

「乏しさは勤勉と研究に拍車をかけ、気を散らせないようにし、けだかい誇りを心に注ぎ込む」[1]

民話の提供者には、苦しい家計をやりくりして、お礼を送っていたグリム兄弟。とにかく民話を集めることに心血を注ぎ、子どもが生まれた知人がいれば、すぐさまこう食いついた。

迷

「君は、きっと乳母を頼むと思うけど、そういう女の人は昔話や民話を知っているはずだから聞き出してくれ」[2]

こうして完成した『グリム童話』は、草稿から数えて、実に7回も改訂された。改訂のたびに、残酷なストーリーは削られて、子どもでも理解しやすい表現に改められている。これほど読み継がれているのは、そんな二人の努力のたまものといってよいだろう。

またグリム兄弟は、50代から20年にわたって、『ドイツ語辞典』の編纂《へんさん》に情熱を傾けた。しかし、その完成を見ることなく、先にヴィルヘルムが73歳で他界。兄は弟の死を深く悼んだ。

名

「私たちは子どもの時から一体だったので、私にとって今はすべての糸が切断されました」[1]

六人兄弟で一番長生きしたヤーコプは、一人で『ドイツ語辞典』に日夜打ち込むこととなった。放っておくと一日中、作業してしまうので、家族が無理やり机から身体をはがしていたという。最愛の弟が亡き今、この仕事だけがヤーコプの生き甲斐だったに違いない。

1863年、そんなヤーコプも弟の後を追って死去。最期は弟の写真を左手に取り、目に押し付けるように見つめた。やがて力尽き、布団の上に写真を落として、78年半の生涯に幕を降ろした。

［3］高橋健二著『グリム兄弟』新潮選書

No. 67

Hokusai Katsushika

葛飾北斎

1760年～1849年。江戸本所割下水（東京都墨田区）生まれ。幼少期から絵と親しみ、浮世絵界の巨匠・勝川春章に入門。江戸時代後期における浮世絵師として、森羅万象を描いた。世界的名画『富嶽三十六景』など、生涯で残した作品は約3万点といわれている。

世界的な偉人と言って差し支えないだろう。

葛飾北斎の代表作『富嶽三十六景』では、さまざまな角度から見た各地の富士山を描き出し、画家のゴッホが絶賛している。作曲家のドビュッシーは、交響詩『海』を作曲するにあたって、やはり北斎の『富嶽三十六景』から曲想を得たという。

アメリカのライフ誌が企画した「この1000年間に偉大な業績をあげた世界の人物100人」では、エジソン、ニュートン、レオナルド・ダ・ヴィンチ、ガリレオと名立たる偉人たちと肩を並べて、北斎は日本人で唯一ランクインしている。

だが、北斎の生涯は、華やかさとは無縁の泥臭いものだった。貸本屋で本の挿絵を観て勉強していたのは、13歳のときのこと。そこからまずは彫刻家に弟子入りして、文字彫りなどを担当していたが、19歳のときに浮世絵の世界へ方向転換。浮世絵界の巨匠・勝川春章に入門する。

だが、兄弟子の春好からは随分とつらくあたられたようだ。北斎が、絵草紙の問屋のために看板を描いたときのことだ。その出来栄えに喜んだ問屋が店先に飾っていると、春好は「こんなものを掲げていては、師匠の恥を掲げているようなものだ」と嘲《あざ》笑い、北斎の目の前で、看板を引き裂いてしまった。

あまりにひどい仕打ちだが、兄弟子に逆らうことはできない。このときに、北斎は世界一の画工になることを密かに決意したという。

受けた屈辱は時に、己の人生に大きなストーリーを与えてくれる。晩年に当時のことをこう振り返った。

名

「私の画法が上達したのは、あのときに春好に辱《はずかし》めを受けたお陰だ」［1］［2］

北斎は、師匠の春章以外の狩野派の画家からも学びながら、和漢洋の技法を広く取り入れた。摺物《すりもの》や狂歌絵本

［1］永田生慈監修『もっと知りたい葛飾北斎―生涯と作品』東京美術
［2］飯島虚心著、鈴木重三校注『葛飾北斎伝』岩波文庫

のほか、錦絵、肉筆画とさまざまな分野に次々と挑戦し、世界一の画工への道をひた走ったのである。

ただ、絵を描くだけで生活することは難しく、七味唐辛子やカレンダーを売り歩いたこともあった。

また、その貧しさは北斎ならではの気難しさにも起因していたのかもしれない。

オランダ人医師から絵巻物の注文を150金で受けたときのことだ。北斎が言われたとおりに2巻仕上げて持っていくと、その医師は自身の薄給を理由に、半額にするか、1巻だけを75金で売ってほしいと言い出した。

北斎はこの交渉に応じず、2巻とも家に持ち帰る。生活苦で少しでもお金が必要だっただけに、北斎は妻からなじられるが、毅然《きぜん》としてこう答えている。

名

「異国の者の無理に屈すれば、日本の恥となる。だから持ち帰ったのだ」[1][2]

北斎の頑固さは、仕事のパートナー相手にも発揮された。『新編水滸画伝』では、曲亭馬琴が訳し、葛飾北斎が挿絵を描いたが、両者の意見が衝突。ともに降板を申し出る事態となった。このときは、訳者を高井蘭山に変更させることで、事なきを得ている。

だが、4年後の『占夢《ゆめあわせ》南《なん》柯《か》後記《こうき》』で再び二人は大ゲンカをする。挿絵で、登場人物の口に草履をくわえさせるように馬琴が北斎に指示すると、北斎はこう言い放った。

迷

「誰がこんな汚い草履を口にするものか。そんなに言うなら、あんたがまずくわえてみてはどうか」[1][2]

この言葉に馬琴が激怒。北斎と馬琴は絶交状態になったという。

北斎からすれば、客だろうが、ビジネスパートナーだろうが、言いたいことはきちんと言うし、自分の意に沿わないことに応じるつもりはさらさらなかった。

ただ、よい絵を描きたい——。それだけが願いだった北斎は、生活のあらゆる雑事に無頓着で、部屋は荒れ放題。住めないくらい汚くなったら、家ごと引っ越すのが常で、北斎は生涯にわたって93回も転居している。

北斎の細かいことにはこだわらない性格は、三女の阿《お》栄《えい》に引き継がれている。阿栄は絵師として「応為《おうい》」という画号を使い、北斎の創作を支えた。衣服や住まいが質素でも一向に気にしなかったという。絵の腕前は、北斎が「美人画は応為の方が勝っている」[1]というほどだった。

顎が四角いことから、北斎は娘をこう呼んでいた。

迷

「アゴ、アゴ」

実の娘の外見を揶揄《やゆ》するあんまりな呼び名だが、阿栄は気に留めていなかったことだろう。なにしろ、絵師の夫と結婚したが、夫のつたない絵を指さして笑ったことが原因で離婚したともいわれている。口の悪さも父親譲りだったのかもしれない。

北斎は雅号にも無頓着で「春朗」「宗理」「可侯」「辰政」「画狂人」「戴斗」「卍」など多くの名前を使って、絵を描き続けた。実績を積んだ名前を弟子に譲ることで、収入を得ていたという説もある。

豊かさにも関心はなく、ただ生活費を稼ぎながら、絵描きに没頭することが、北斎の理想の生活であり、それを最期までやり遂げた。

80歳頃からはもっぱら肉筆画を描くようになった北斎。88歳でこの世を去るときに、こう叫んだと伝えられている。

名

「あと10年、いや、せめて5年生かしてくれ！ そうすれば、まことの絵描きになってみせるものを……」[1][2]

無念だったことだろう。北斎は75歳のとき出版した『富嶽百景』の跋文《ばつぶん》（あとがき）で、自分の画業を振り返りながら、これから目指すところにも言及した。

名

「――九十歳になればさらにその奥義を極めて――百歳でまさに神妙の域を超えるのではないだろうか」[1]

88歳まで現役でいられれば、それだけで十分のようにも思えるが、北斎にとっては、80代はまだ発展途上の段階だったようだ。

画筆に人生のすべてを賭けた北斎だった。

No. 68

Alfred Nobel

アルフレッド・ノーベル

1833年～1896年。スウェーデンのストックホルム生まれ。父の事業を手伝いながら、ダイナマイトを発明。戦争で使用されたことから「死の商人」とも呼ばれた。遺言によって、遺産をノーベル賞の設立に使用させた。

死後に自分はどんな評価を受けるのか。化学者のアルフレッド・ノーベルは、それを生前に知ることになる。

本来あり得ないことだが、フランスの新聞が別人と間違えて、ノーベルの訃報記事を掲載してしまった。誤報そのものより、見出しの文言にノーベルは衝撃を受ける。

「武器の売買で富を築いた〝死の商人〟アルフレッド・ノーベル氏死亡！」[1]

ニトログリセリンの安全な起爆に成功し、ダイナマイトを発明したノーベル。危険な爆発物を扱うがために、批判を受けることもしばしばで、これまで何度となく激しい攻撃に晒《さら》された。工場で爆発事故を起こしてしまったときも、周囲からは容赦ない批判を浴びせられたが、ノーベルは毅然《きぜん》としてこう言った。

名

「科学技術の進歩は、つねに危険と背中合わせだ。その危機を乗り越えてはじめて、人類の未来に貢献できるのだ」[1]

発明品を危険な方法で使うかどうかは、人類次第。ノーベルの言うように、科学技術の発展自体は止めるべきではないし、止められるものではないだろう。

しかし、ダイナマイトについては、人類に与えた影響があまりにも大きかった。それはノーベルが全く予見しない悲劇を生むことになる。

運河の掘削、トンネルの着工、鉱山開発、鉄道や道路の敷設……ダイナマイトはあらゆる現場で必要とされた。爆破事業関連から注文が殺到して、ノーベルは巨万の富を手中に収めた。

その一方で、1870年の普仏戦争では、プロイセン軍がダイナマイト爆弾を使用。大量殺人兵器として用いられたことが、ノーベルの心に暗い影を落とす。

発明家として称賛されても、どこか冷めた気持ちでい

[1]『週刊100人　アルフレッド・ノーベル』デアゴスティーニ

たのも、そんな負い目があったからだろう。名誉欲に駆られた人間をノーベルは冷ややかな目で見ていた。

名

「人間なんて、回転する地球の上に棲息《せいそく》する一四億匹の、二本足で歩くしっぽのない猿にしかすぎないのに、どれほど雑多な群衆の中で一廉《ひとかど》の人物になろうとし、その努力することはまったく無益なことです」[2]

地球上で生きる人類は多かれ少なかれ、みな同じという観点は、いささか乱暴ではあるが、本質をついた言葉だといえるだろう。

そんな批判の矛先は、自分自身にも向けられ、自身のことをこう卑下している。

迷

「この世に生を受けた瞬間に、慈悲深い医者ならそっと首を締め、息の根を止めてくれたであろう、哀れな人間」[2]

迷

「無駄なことに思い悩む価値のない輩《やから》である。しかも天涯孤独である。誰も想像ができないほど辛い思いに囚われている悩み多き人間である」[2]

発明家としての功績を後世に残そうと、兄から伝記を書くように、と勧められても拒絶している。

迷

「名をはせた俳優か凶悪な殺人鬼ならいざ知らず、誰が好き好んで私なんかの伝記に目を止めるものですか」[2]

売名行為を嫌ったノーベルは、出版社から「スウェーデンの著名人を集めた紳士録に掲載したい」という依頼があったときも「私はまだ世間的な名声など得ておりませんし、人の噂に上ることを好まない質《たち》なのです」[2]と断っている。

だが、そんな控えめで自虐的なノーベルにも自分を特別扱いしてほしいという気持ちはあったようだ。鉄道工事の開通記念パーティに呼ばれないと、あからさまにへ

［2］ケンネ・ファント著、服部まこと訳『アルフレッド・ノーベル伝―ゾフィーへの218通の手紙から』新評論

そを曲げて、こんな苦言を呈した。

迷

「ダイナマイトやゼラチン状爆薬の発明が鉄道網の発達に貢献し、莫大《ばくだい》な金が節約できたと世間では言われている。だが、どうやらそれは真実ではないらしい。どんなに礼儀知らずの田舎者だって、私に招待状を送ってよこさないはずがないからだ」[2]

実はプライドが高かったノーベル。だからこそ、誤報とはいえ、自分の死亡記事に触れたときの衝撃は相当に大きかった。

誤報は次兄のルードヴィとノーベルを取り違えたことで起きたものだが、まさかこれほどまで自分の評判が悪いとは夢にも思わなかった。本当に自分が死んだときに「死の商人」で片づけられることだけは避けたいとノーベルは考えたのだ。

ノーベルは、すぐ遺言状を書き換えて、財産のほとんどを世界平和に寄与することを決意。平和運動に関心を持つきっかけとなった友人のベルタ・フォン・ズットナーに、こんなプランを打ち明けている。

名

「私の遺産の一部を寄付し、ヨーロッパ各国の平和実現に最大の貢献をした男性または女性に対して、5年に1度の平和賞を与える基金にしたいと思います」[1]

その思いが、ノーベル賞の設立として結実する。

ノーベルは「遺産については、遺言執行人たちによって、安全確実な有価証券に替える」ことを遺言状で指示。

そのうえで、こう続けた。

名

「基金を設立し、利子を毎年、その前年に人類に大きな貢献をした人々に賞の形で分かつことにする」[1]

ノーベルはどんな賞を設けるかについてや、授与する期間も明記した。人類に貢献する偉業をたたえることで「死の商人」としてのイメージを払拭しようと考えたのである。現在の「ノーベル賞」の権威を考えれば、その試みは成功したといえよう。

ただ、その遺書だけではなく、ある女性に出した恥ずかしい手紙も後世に残ってしまったのは、おそらく誤算だったことだろう。

ノーベルの死後、ノーベル財団は一人の女性から「ノーベルからの手紙を買い取ってほしい」と持ちかけられる。女性の名は、ゾフィー・ヘス。生涯独身だったノーベルが、首ったけになった相手だ。

手紙の文面を読めば、23歳年下のゾフィーにメロメロになった、等身大のノーベルの姿があった。

名 「身体を大切に、可愛い子ちゃん。くよくよしないで」[2]

恋愛経験が乏しかったノーベルは、ゾフィーにいいように扱われ、金の無心ばかりをされている。おまけに死後は、手紙をネタにゆすられるのだから、ノーベルも悪女に引っかかったものだ。ノーベルは彼女に218通もの手紙を書いたが、返事は少なかったうえに、主にお金を貸してほしいときだけだったというから悲惨である。

それでも「迷言」としなかったのは、仕事に明け暮れたノーベルの人生にだって、そんな浮ついた時間があったっていいじゃないか——そう思ったからである。

なにしろノーベルは、ゾフィー以外に対しては、いつでもきっちりしていた。借金の返済は必ず守らせて、返済されれば、恵まれない芸術家に寄付していた。

ただ、あまりに寄付へのお願いが多く、げんなりしたこともある。

迷 「ケチで欲深いという批判を受けたほうがよほどましだと思うくらいの寄付の要請だった」[2]

「人殺し」と散々叩かれながらも、晩年は平和活動に身を投じ、多額な寄付を行ったノーベル。ほれた女に散財するくらいの逸脱はご愛敬だろう。

No. 69
Albert Camus

アルベール・カミュ

1913年〜1960年。フランス領アルジェリア生まれ。アルジェ大学卒業後、第二次世界大戦中に対独抵抗運動に参加。人間の不条理さに光を当てた『異邦人』や『ペスト』を発表し、大反響を得る。1957年、44歳の若さでノーベル文学賞を受賞。約2年後に事故で死亡。

2020年、コロナウイルス感染症が世界中で猛威を振るうなか、一冊の小説が脚光を浴びた。フランスのノーベル賞作家、アルベール・カミュが1947年、33歳のときに出版した『ペスト』である。

中世ヨーロッパの人口の約3分の1の命を奪ったペストを通して、カミュは人間が避けられない「不条理」について描いた。主人公で医師のリウーにこんな言葉を言わせている。

名

「ペストと闘う唯一の方法は誠実さだ」[1]

『ペスト』は発刊当時の反響も大きく、カミュの作家としての地位を確固たるものにした。

もともと、カミュは新聞記者として1日8時間、週に6日働きながら、執筆活動をしていた。

だが、世界大戦の影響で失業。深刻な状況にもかかわらず、これで執筆の時間がとれると、わくわくしているカミュの高揚感が伝わってくる。

名

「それでも、ぼくにはこれ以上のことができる気がしている。推敲《すいこう》もしなくては。ぼくは土曜に母の家に引っ越して小説を書き始めるつもりだ」[2]

そんなカミュに病が襲いかかった。喀血《かっけつ》してしまい、パリで転地療法を開始。すると、カミュは一大決心のもと、友人や知人と連絡を絶つ。無職での療養生活となり、執筆に専念するしかないと腹をくくったのだ。[3]

だが、問題は女性との交流だった。カミュは一応、二度目の結婚をしていたが、プレイボーイで女性の影が絶えなかった。カミュは自分を変えようと禁欲を課す。

[1] カミュ著、宮崎嶺雄訳『ペスト』新潮文庫
[2] オリヴィエ・トッド著、有田英也訳、稲田晴年訳『アルベール・カミュ―ある一生（上）』毎日新聞社
[3] 井上正著『人と思想 アルベール＝カミュ』清水書院

迷

「欲望が迷い出し、思考が拡散するのを禁じること。ただ一つの一貫した瞑想《めいそう》の主題を選び、それ以外を拒否すること。時刻を決め、継続的に気を散らさず、仕事をすること、など道徳的禁欲も含めてだ」[2]

何とも大仰だが、カミュが自分に課したハードルは、一般的にはそれほど高いものではなかったようだ。

迷

「一カ月間の五感の禁欲が必要だ」[2]

もちろん、たった1カ月でも本人は大真面目である。やがて出版社で仕事を開始し、カミュは「二足の草鞋《わらじ》」のまま、なんとか『ペスト』を仕上げている。

1957年、カミュは44歳でノーベル文学賞を受賞する。史上最年少という快挙だったが、カミュはもう作品を書く自信がなかった。ノーベル賞受賞により、公式の場や儀式に出席しなくてはならないのは拷問に近かったようだ。友人にこう打ち明けている。

迷

「私は、去勢されてしまった！」[4]

その後、カミュは心身に変調をきたす。密室恐怖症になり、地下鉄に乗れなくなった。人目を避けるように引きこもるカミュ。古くからの友人が電話すると、カミュは「もしもし」も言わずに開口一番にこう言った。

迷

「金をよこせと言うんですか？」[4]

それでもカミュは再び筆を執る。結局、書くことしかカミュにはできなかった。

名

「ぼくの人生に純粋なものはそう多くありません。書くことはそのひとつなのです」[2]

ノーベル賞を受賞して約2年後、カミュを乗せた車が猛スピードで立ち木に激突し、助手席のカミュは即死。鞄《かばん》には書きかけの『最初の人間』が遺されていた。

[4] H・R・ロットマン著、大久保敏彦訳、石崎晴己訳『伝記アルベール・カミュ』清水弘文堂

No. 70

Richard Wagner

リヒャルト・ワーグナー

1813年〜1883年。ドイツのライプツィヒに生まれ。ライプツィヒ大学で哲学や音楽を学ぶ。ドイツ三月革命に参加したことで指名手配され、亡命生活を送る。ルートヴィヒ2世の援助を受けて、59歳で劇場を建築。ドイツ・ロマン派最高のオペラ作曲家として名高い。

リヒャルト・ワーグナーは生涯を通じて借金に悩まされた。贅沢好きで、演奏旅行を何度行っても、稼ぎが浪費に追いつかない。多額の収入を見込んでいたロシアの演奏旅行がなくなると、51歳のワーグナーはいよいよ追い詰められて、自殺を考えた。

迷

「ぼくが人生に別れを告げたときの最後の痙攣《けいれん》を、きみは感じ取った。あの日、ぼくは苦悩の最後の段階に足を踏み入れた」[1]

こう手紙を綴った相手は、作曲家フランツ・リストの娘でビューロー夫人のコジマである。二人は許されぬ恋に落ちたが、ワーグナーがこの状態では先行きは真っ暗だった。

自殺を決意したはずのワーグナーだったが、このままウィーンにいれば監獄に入れられてしまう。弁護士のアドバイスに従い、ミュンヘンへと逃れる。

滞在先のホテルに向かう途中で、ワーグナーは自分の墓碑銘を考えることで、気持ちを落ち着かせた。

迷

「何者にもなれず、おんぼろ騎士にさえなれず、犬も喰わない歌を書き、ここに眠る」[1]

ワーグナーがこれほど自己嫌悪に陥るのも、無理はない。実はワーグナーは数年前に、50歳を目前にして一念発起し、コンサートの出演料で借金を返済していた。

そこで身の丈に合った生活をしていればよかったが、それができないのが、ワーグナーである。

気が大きくなってしまい、大邸宅を購入して、高級家具を取りそろえ、使用人まで雇って、贅沢三昧。気づいたときには再び財政危機に陥り、高利貸しに手を出して、

[1] ゲルハルト・プラウゼ著、畔上司訳、赤根洋子訳『年代別エピソードで描く 天才たちの私生活』文春文庫

借金を膨らませてしまった。一度は立ち直っただけに、自分が嫌になって死にたくもなるだろう。

　しかし「いつ死んでもいい」と思えば、不思議と「ならば別に今死ななくてもよい」とも思えてくるのが、人生の不思議なところである。

　女性作家のもとに身を寄せたワーグナー。自分の借金を世間のせいにし始めて、こう愚痴を吐き出した。

名

「美と栄光と光がわたしには必要なのです。世間には、わたしが必要としているものを与える義務がある」[1]

　死から生への転換として、あえて「名言」としたい。実際、ワーグナーの真骨頂はこの傲慢《ごうまん》さにこそある。だが、続く言葉は、さすがに「迷言」とせざるを得ない。

迷

「あなたの尊敬するバッハ先生みたいに、惨めったらしいオルガン奏者の地位に甘んじて生きていくなんてできない」[1]

　なぜか勢い余って倹約家のバッハを痛烈に批判したワーグナーだったが、時に運命は、みっともないほどにあがく人間を面白がることがある。自殺を考えてからわずか数日後、目の前の道が突然、大きく拓けた。

　ワーグナーのピンチを救ったのはバイエルン国王のルートヴィッヒ2世だ。国王はワーグナーの熱狂的なファンで、ワーグナーが楽劇『ニーベルングの指輪』を完成させるためなら、どんな費用も惜しまないと申し出た。

　さらに、国王は今後の生活に不自由がないようにと、金銭的な援助をすることまで、ワーグナーに約束したのである。まもなく52歳になろうとしていたワーグナーは、国王にひざまずかんばかりに歓喜した。

「慈悲深い国王陛下！　天にも昇る心地の私の感涙を陛下にお贈り申しあげます」

　やがて最愛のコジマとも再婚を果たしたワーグナー。まさに人生の大逆転である。

　夜明け前が一番暗い。どれだけ惨めな目になっても、人生は決して最後まで投げてはいけない。ワーグナーはそう教えてくれているようだ。

No. **71**

Kōnosuke Matsushita

松下幸之助

1894年～1989年。和歌山県生まれ。日本を代表する電機メーカー、パナソニック（旧・松下電器産業）の創業者。「経営の神様」とも称されている。PHP研究所を設立し倫理教育に携わったほか、晩年は松下政経塾を立ち上げて、政治家の育成にも注力した。

日本を代表する名経営者として、まず名が挙がるのが、「経営の神様」と呼ばれる松下幸之助である。

幸之助は、偉大な人間に共通する性質について、次のように語っている。

名

「古来、偉大なる人は、逆境にもまれながらも、不屈の精神で生き抜いた経験を数多く持っている」[1]

だからこそ、逆境はむしろ歓迎するべき状況である……と続ける名言はよく見られる。「若い時の苦労は買ってでもせよ」というわけだ。だが、幸之助はやや歯切れが悪く、こんなふうに言う。

迷

「まことに逆境は尊い。だが、これを尊ぶあまりに、これにとらわれ、逆境でなければ人間が完成しないと思いこむことは、一種の偏見ではなかろうか」[1]

ややわかりづらいので「迷言」としたが、幸之助は、逆境によって人間が磨かれるけれども「偉大になるには、逆境がなければいけないわけではない」とした。続く説明のほうがわかりやすいだろう。

名

「逆境は尊い。しかしまた順境も尊い。要は逆境であれ、順境であれ、その与えられた境涯に素直に生きることである。謙虚の心を忘れぬことである」[1]

幸之助の幼少期は悲惨なもので、逆境そのものだった。

そんな幸之助からすれば「しなくていい苦労をわざわざ

［1］松下幸之助著『道を開く』PHP研究所

しなくていい」とも考えていたに違いない。

父が相場で大失敗をし、家も土地も人手に渡ってしまい生活苦に陥った。長男、次兄、長姉と立て続けに病死して家族が次々と亡くなるなか、すでに「生き延びた」感すらある幸之助は、9歳から火鉢屋や自転車屋に丁稚《でっち》奉公に出されて、労働に従事している。[2]

小学校を中退した幸之助だが、奉公先で早くから商いに触れたことが、運命を決定づけたといっていいだろう。5年4カ月にわたる自転車屋での奉公を終えると、セメント会社の運搬人夫として3カ月、さらに、大阪電灯（現・関西電力）で7年間働いたのちに独立。この時点でまだ22歳である。

起業してしばらくは厳しい生活が続いたが、2カ所から電源が取れる「二股ソケット」を開発すると大ヒットとなった。妻と義弟との3人では注文をさばけなくなり、うれしい悲鳴を上げたが、従業員を雇用することは、同業者から止められた。技術が流出する恐れがあるからだ。

だが、幸之助は苦悩したのちに、従業員の採用を決意。その結果、懸念したように技術が流出することもなく、大量注文の受注体制が整い、売り上げは急増。幸之助が隠すことなく技術を伝えたことで、かえって従業員たちには、責任感とやり甲斐が生まれた。

この経験から、幸之助は経営者として重要な指針を手に入れる。

名

「大切なのは、まず信頼すること。信頼してだまされるなら本望と思えば、案外、人はだまされん」[3]

そんな考えのもと、幸之助は松下電器を一代で日本を代表する企業へと育て上げた。

とはいえ、ピンチもあった。1929（昭和4）年の世界大恐慌では、製品の売り上げは半減。倉庫に入りきれないほどの在庫を抱えた。状況的にはリストラを考えなければならない状況である。他社もリストラに踏み切っていた。

過労で倒れた幸之助は、病床でこう言った。

名

「賃上げも、クビ切りも結構やな。だがしかし、ウチはよそのように人のクビは切れん」[3]

［2］松下幸之助著『松下幸之助　夢を育てる』日本経済新聞社
［3］『日本人が最も尊敬する経営者松下幸之助』（別冊宝島1309―シリーズ偉大な日本人）宝島社

さらに、幸之助は具体案をすぐさま打ち出した。

名

「首切りはない。生産は半分、勤務も半日。給与は全額払う。しかし、休日返上で在庫を売るんや。ここは凌《しの》ぐしかない」[3]

生活が保障された従業員たちは全力で東奔西走。2カ月で倉庫の在庫を完売させた。リストラせずに、大苦境を乗り切ったエピソードは今でも語り草となっている。

幸之助の伝説といえば「熱海会談」も外せない。東京オリンピックが開催された1964（昭和39）年頃になると、白黒テレビ・洗濯機・冷蔵庫という「三種の神器」が各家庭にいきわたり、再び売り上げ不振に陥った。

当時、69歳だった幸之助は、全国の販売店や代理店の社長を熱海のニューフジヤホテルに集める。現場から不満の声が次々に上がるなか、幸之助はこう叱咤《しった》した。

迷

「血のしょんべんがでるほど努力しましたか」[3]

たゆまない努力で苦境を切り開いてきた幸之助の「名言」として引用されることが多いが、過労死が社会問題となっている現代にはマッチしないだろう。「迷言」とさえいえるかもしれない。

一方で、むしろ現代でこそ輝く幸之助の言葉もある。それは「水道哲学」と呼ばれるもので、1932（昭和7）年の第1回創業記念式で、テーブルを叩きながら、「松下の使命」について演説した。

名

「水道の水のごとく、物資を豊富に、かつ廉価に生産提供しなければならない。その結果、貧乏を克服し、人々に幸福をもたらすことができる」[3]

戦後の当時とは違い、今は物資も豊富にあり、またデフレによって安価で提供されている。だが、不況によって格差が広がり、社会全体として直面すべき、貧しさが再び訪れていることは、誰もが感じているだろう。

自社の利潤のみを追求する会社は、もはや生き残れない。経営者がこれまで以上に社会的使命を問われるなかで、幸之助の経営哲学に学ぶべきことは多い。

No. 72
Jonathan Swift

ジョナサン・スウィフト

1667年～1745年。アイルランドのダブリン市生まれ。イングランドで外交官の秘書を務めたのち、故郷で僧職についた。59歳のときに匿名で『ガリヴァー旅行記』を発表。ほかの著作には、『桶物語』『ドレイピア書簡』などがあり、風刺作家として活躍した。

ジョナサン・スウィフトの名を知らなくても、代表作の『ガリヴァー旅行記』を知らない人はいないだろう。『ガリヴァー旅行記』は、その一部を子ども向けに編集されたものが数多く出版されている。

そのため、児童文学として広く読まれているが、原著は政治権力を痛烈に批判した風刺文学である。餌食となったのは、イギリス王のジョージ一世やホイッグ党などだ。

スウィフトは文筆活動とともに、政治活動も行っており、すでに危険人物として扱われていた。そのため、匿名にして旅行記の体裁で言いたいことをぶちまけたのが、『ガリヴァー旅行記』である。

書き終えたときの親友への手紙から、スウィフトの高揚感が伝わってくる。

名

「見事な出来栄えですよ。驚くほどに、世の悪を正すことでしょう」[1]

このとき、スウィフトは60歳間近。落ち着いてもおかしくない年齢だが、スウィフトはいつでも怒りに満ちていた。その発端は幼少期にある。

スウィフトは1歳のときに彼を溺愛《できあい》する乳母に船へ乗せられて、家から連れ去られた。信じがたい誘拐事件だが、驚くべきことに約3年にわたって、スウィフトは、その乳母のもとで過ごしている。

父はスウィフトが生まれる前に亡くなっているが、母は健在だった。なぜ息子を迎えに行かなかったのかはわからない。母は独りで実家に戻り、そのまま22歳までスウィフトと会うことはなかった。

あまりに希薄な家族関係。3歳からスウィフトは叔父に引き取られたが、肩身が狭い思いをしていた。のちにある席で「あなたの教育の面倒を見られたのは叔父さんでしたな」と確認されると、スウィフトはこう答えた。

〔1〕有田昌哉著『ジョナサン・スウィフトと女性たち』近代文芸社

迷 「さよう、してもらったのは、犬の教育です」[1]

生活費や学費を工面した叔父が気の毒になるような言葉だが、環境に翻弄《ほんろう》された幼少期へのやり場のない怒りがあったのだろう。

また、スウィフトは持病のメニエール病による症状にも悩まされていた。突然、襲いかかる頭痛、耳鳴り、眩《げん》暈《うん》などは、さらに苦悩を深くしたに違いない。帯状疱疹《ほうしん》に罹《かか》って、２週間にわたり外出できなかったこともある。

政治の世界に身を置いてからは、怒りの感情はますます強くなり、スウィフトは執筆活動を開始する。スウィフトが好んだ文章表現が「風刺」だった。

名 「私は憤怒を冗談に費やす」[2]

一方で、スウィフトは、風刺の影響力についてクールな姿勢を貫いた。政治の世界に身を置いて、それほど物事が簡単ではないことは、承知のうえだったのだろう。

名 「風刺は万人を対象とするがゆえに、個々人は誰もみなそこで槍玉に上がった悪徳を自分とは無関係だと平然とする」[2]

70歳近くなってもスウィフトの批判精神は陰ることはなく、事実上の最後の作品となる「リージョンクラブの性格、称賛、説明」という詩の中でも「能無し」「彼らの投票用紙でわれわれの尻を拭いたら」と、スウィフト節を全開させている。[2]

スウィフトは１７４５年10月31日、78歳まであと１カ月を残して死去。その怒りに満ちた生涯を閉じた。

墓石には、次のような言葉が刻まれている。もちろん、スウィフト自身の言葉である。

名 「もはや激しい憤怒に、胸を切り裂かれることもない」[1]

[2] 塩谷清人著『ジョナサン・スウィフトの生涯』彩流社

No. **73**

Pythagoras

ピタゴラス

紀元前582年～紀元前496年。エーゲ海のサモス島生まれ。「万物の根源は数である」と唱え、ピタゴラス学派を創設。ピタゴラス学派の業績は、三角形の内角の和は180度であることの発見や正五角形の作図などがある。「サモスの賢人」「クロトンの哲学者」とも呼ばれた。

「直角三角形をなす3辺のうち、2辺の長さがわかれば、残りの1辺の長さもわかる」

そんな「ピタゴラスの定理」を生み出したとされているのが、古代ギリシアのピタゴラスである。

新発見には、逸話がつきもので「直角二等辺三角形のタイルが敷き詰められた床を見ていて着想した」といわれているが、真相は定かではない。それどころか、ピタゴラスが発見者という裏づけもない。

なにしろ、謎に満ちた人物だった。紀元前518年頃、長い外国留学ののちに南イタリアのクロトンに学校を作り、ピタゴラスは数学・自然科学・哲学を教えた。そこで弟子とともに研究を行うが、徹底した秘密主義で、教えられた内容は一切他言してはならないというルールを作った。出版ももちろん禁じられていた。

もし、口外したならば死刑だったというから、学ぶほうも命がけである。教育機関というより秘密結社に近く、「ピタゴラス教団」と呼ばれていた。ピタゴラスの業績がよくわからないのは、弟子たちの発見もすべてピタゴラスのものになったからだ。

ピタゴラスといえば、次のような真理にたどり着いたことで知られている。

名

「万物の根源は、数である」[1][2]

だが、弟子の一人であるヒッパソスが、この理論の弱点を見つけてしまう。ピタゴラスの定理を使ったときに出る「$\sqrt{2}$」の無理数こそ、数字で表せない数ではないか、と気づいたのだ。当時の数学には整数・分数の有理数しかなかった。

学問上の問いや気づきは、学説を新たなステージへと引き上げる。だが、それは、活発な議論が許される場に限ってのことだ。

ピタゴラスは、自分にとって都合の悪い、弟子の発見

[1] 左近司祥子著『謎の哲学者ピュタゴラス』講談社選書メチエ
[2] ブルーノ・チェントローネ著、斎藤憲訳『ピュタゴラス派―その生と哲学』岩波書店

を隠滅しようとするが、ヒッパソスは発見のうれしさに我慢できずについ漏らした。

教団の禁を破ったヒッパソスは、教団の手で断崖から海に落とされ、殺害されてしまう。あまりに哀れである。

閉鎖的で過激な集団には、妙なルールがあふれていた。

「刃物で火をかき立ててはいけない」

「荷物は背負うのを手伝うのではなく、降ろすのを手伝わなければならない」

「灰の中に土鍋の跡を残してはいけない」

「松の小枝で尻を拭いてはいけない」

「パンを切れ切れに引き裂いてはいけない」

そのほかにも、「豆を食べてはいけない」というルールもあり、こんな理由が挙げられた。

「胃の中にガスがたまる」

「生命の呼吸の大部分を分有するから」

「食べないほうが胃のためによく、安眠ができるから」

「豆は生殖器に似ているから」

「宇宙の形をしているから」

よくわからない理屈ばかりだが、自ら作った戒律にピタゴラス自身が追い詰められることになる。

ある日、ピタゴラスが自宅で友人と談笑していると、いきなり家に火をつけられた。ピタゴラス教団の影響力は、政界にも及んでおり、それを快く思わない勢力に狙われたらしい。

ピタゴラスは家から脱出して妻とともに逃げ出した。だが、反対派の市民グループが剣を持って、その後をすぐさま追っかけて来る。懸命に逃げていると、目の前に広がるのは、マメ畑。ここを通らなければ捕まってしまう。

だが、ピタゴラスの戒律では、マメは食べてはいけないだけではなく、近づくことさえも禁じられていた。そんなことにこだわっている状況ではないが、妻の説得もむなしく、ピタゴラスはマメ畑に足を踏み入れることを拒否。死を覚悟してこう言ったという。

迷 「豆を踏みつけるくらいなら、殺されたほうがましだ」[1][2]

反対勢力に追いつかれたピタゴラスは、喉を突き刺されて死亡している。作った本人が厳しい戒律をきちんと守ったこと自体は、立派だが……。

No. 74

Kōtarō Takamura

高村光太郎

1883年～1956年。東京生まれ。東京美術学校で彫刻、洋画を学び、欧米へ留学。帰国後、退廃的な生活を送るが、長沼智恵子と出会って立ち直る。詩集『道程』を刊行後は、彫刻に専念。智恵子と死別したのち詩集『智恵子抄』を刊行。『ロダン』『造形美論』など著書多数。

高村光太郎は彫刻家、高村光雲の長男として生まれた。光雲は近代木彫におけるパイオニア的存在。上野公園の西郷隆盛像は、光雲が木彫の原型から完成させたものだ。そんな父のもと、光太郎は幼少期から彫刻に親しみ、東京美術学校の彫刻科に進学。木彫や塑像の傑作を残す。だが、一般的に知られているのは、詩人としての作品のほうだろう。代表作『道程』は、国語の教科書にも掲載されており、その冒頭はあまりにも有名だ。

名

「僕の前に道はない僕の後ろに道は出来る」[1]

自分の人生は自分で切り開く。力強いメッセージに勇気づけられるが、青年期の光太郎は、まさにそんな遥かな旅路に出かけようとしていた。

彫刻科を卒業後、西洋画科に進んだ光太郎。「新しい空気を吸いたい」と欧米留学への思いを強くする。

迷

「金はいらない。船賃さえ出してくれればあとは必ず向うで皿洗いをしてでも自分でやって見せる。決してお父さんに迷惑をかけないと堅く約束するから、やるだけやらせてくれ」[2]

必死に懇願した甲斐があり、父の説得に成功。光太郎はアメリカへ渡る。だが、その生活は思っていた以上に苦しいものだった。当初はアルバイトで資金を貯め、ヨーロッパに向かう予定だったが、ニューヨークでの日々の暮らしすらもままならない。「金はいらない」。そう豪語していたのに、光太郎は父に送金を催促するようになる。

だが、父は父で、木彫を衰退させまいと、家で多くの弟子の面倒を見ていた。とても息子に気前よく送金する余裕などなかった。

［1］高村光太郎著『高村光太郎詩集』岩波文庫
［2］高村豊周著『光太郎回想』日本図書センター

仕方なく父は彫刻の参考品を売り払い、息子に送金していたという。当時を光太郎の弟はこう振り返っている。

「こんなことを兄は死ぬまで知らなかったろうと思うし、父も恩に着せて口に出しもしなかったが、そういう時の父の淋《さび》しそうな顔を僕は今だに忘れない」[2]

ただし、弟は光太郎に負の感情を抱いていたわけではない。父が朝から晩までアトリエにこもるため、弟にとって光太郎は父親代わりだった。

弟が高等学校の入学試験に落ちたと聞いた光太郎は、アメリカからこんな激励の手紙を書き、弟を勇気づけている。

名

「落第したといふことは自分への一つの鞭《むち》になるのだから、自分に鞭をあてられたと思わなければいけない。それにへこたれてしまふようなだらしのない男では駄目だ。鞭に応えて、鞭をはね返すだけの実力を自分で養へ」[2]

名

「選択は自由に任せる。ただ意気地なく悲観していては駄目だ」[2]

また、光太郎は弟にこんな文章についてのアドバイスをしたこともあった。

名

「誤字や宛字《あてじ》を決して書くな。少しでもおかしいと思ったら、必ず字引をひいて、正確な字を書かなければいけない。字引をひくことを荷厄介にするな」

光太郎は美術学校在学中から、文学への関心も高く、与謝野鉄幹が創刊した『明星』にも寄稿するほどだった。活字へのこだわりは詩人としての素養を感じさせる。

しかし、弟が『明星』に掲載された光太郎の歌に触れ、自分でも歌を作り始めると、光太郎はいきなり怒り出した。弟を叱りつけるこんな手紙を出している。

迷

「歌など作るのはけしからん。若い勉強ざかりに、そんなことをしている暇がどこにあるのだ。うただかぬただかわからないものをひねくり廻している暇があったら語学をやれ」[2]

自分だって文学に傾倒していたのに……と思ってしまうが、自身への後悔から出たアドバイスだったようだ。

迷

「自分はそんなことで時間を潰したことを、今悔んでいるくらいだ。歌などはやめてしまへ」[2]

弟のことを思うがゆえ……ではあるものの、同じことをするのをここまで強い調子で止めなくてもよいだろう。

気難しいところがあった光太郎は、ニューヨーク、ロンドン、パリ、イタリアから帰国後、日本でなかなか彫刻家として芽が出なかった。

自暴自棄になり、酒に溺《おぼ》れた光太郎。父が従三位勲二等という位をもらうと、辛辣《しんらつ》にこう批判した。

迷

「経歴がそうさせただけのもので、くだらないことだ」[2]

父に仕事のおこぼれをもらって、なんとか生計を立てておきながら、こんな言い草もないものである。

だが、知人を通じて智恵子と出会い、光太郎の人生は一変する。智恵子がお見合いすると聞くと、光太郎は雑誌に「N女史に」という詩を発表。ロマンティックな呼びかけをした。

名

「いやなんです　あなたがいつてしまふのが」[1]

智恵子は見合いを断り、二人はともに暮らす。光太郎は芸術活動に専念することとなった。

だが、入籍前から智恵子は精神病を患っており、やがて入院する。光太郎が7年にわたって献身的に看病したが、智恵子は他界。光太郎は最愛の妻を失った。

死から3年後、光太郎は二人の愛を綴った詩集『智恵子抄』を発表し、『道程』と並ぶ代表作を残している。

No. 75

Auguste Rodin

オーギュスト・ロダン

1840年～1917年。フランスのパリ生まれ。彫刻家を目指して美術学校を受験するも、3回失敗して断念。建築装飾の仕事をしながら、作品作りに励んだ。「青銅時代」が評判となり、その後『地獄の門』『考える人』『カレーの市民』などを制作。「近代彫刻の父」と称された。

自分の才能や素質に絶望してから、人生が始まることがある。少なくとも、ロダンの場合はそうだった。

パリに生まれたロダンは内向的な性格で、物思いにふけりながら、絵を描き続けた。本人もこう振り返る。

「思い出せる限りの昔、非常に幼い頃から、すでに私は絵を描いていた」[1]

母がよく買い物をした飲食品屋では、挿絵入りのページや版画で作った紙袋に商品を包んでくれた、そのことが、ロダンが絵に興味を持ったきっかけだった。

図書館に入り浸るうちに、ミケランジェロの作品に触れ、絵の仕事で生計を立てることを決意。反対する父を説得して、装飾芸術学校へと進んだ。

しかし、ロダンは学校で仲間と触れ合うなかで、自分は芸術家の素質に欠けていると思い知らされる。ショックだったに違いない。だが、ロダンにとってその気づきが夢の終わりではなく、始まりとなった。

朝は画家の友人のもとに立ち寄り、絵を描いてから、さらに学校の授業で昔の巨匠の作品を模写。午後もデッサンの練習を重ねた。「自分に才能がない」と気づかされた男には、ひたすら練習するしか道はなかった。

そんなとき、ロダンは彫刻と出会う。たまたまドアを開けた教室が塑像室で、そこで粘土をこねる方法を学ぶ。ロダンは、かつてない手ごたえを感じていた。

名

「私は腕、頭、脚の各部をつくった。それから像全体にとりかかった。私は一挙にすべてを理解した」[1]

自分の能力を発揮できる場所をついに見つけて、ロダンは有頂天になった。教師から激励を受け、父の知人にいたプロの彫刻家からも称賛を受けた。

自信を深めたロダンは国立高等美術学校の入学試験に挑戦する。人生が動き出す。そう信じたことだろう。

［1］エレーヌ・ピネ著、高階秀爾監修、遠藤ゆかり訳『ロダン　神の手を持つ男』「知の再発見」双書

だが、試験は不合格。それも3回受けて、3回とも失敗するという悲惨な結果に終わった。ロダンが学んだ手法は18世紀頃のものだったため、伝統を重んじる校風とマッチしなかったようだ。

父が仕事から引退したこともあり、ロダンは学業を断念。公園や広場などの公共建築物を手がける装飾業者のもとを渡り歩くことになった。

昼間は生活のために働かなければならないので、自分の作品を作るのは夜だった。初めて自分のアトリエを持ったが、あちこちから風が吹き込み、ひどく寒かった。

迷

「ああ、最初のアトリエのことを、私は決して忘れないだろう」[1]

ほかの彫刻家のもとで作品を作ることで、生活を安定させたロダン。自分以外の署名を入れながら、作品を作り続けた。そこでは、一つの粘土像からバリエーションを制作する方法や、アトリエの運営方法などを学んだ。

だが、芸術家として本質的な創作活動にはつながらなかったようだ。ロダンはのちにこう振り返っている。

迷

「当時私がつくったものは、ひとつも私の興味を引かない」[1]

ロダンはサロンに出品するために、自分の作品作りに没頭し始める。決まりきったポーズを嫌い、モデルにあれこれと注文をつけた。そうして作り上げた『青銅時代』を、詩人のリルケはこう評している。

「『青銅時代』は体に対する彼の全面的な支配力の証明である」[1]

ロダン自身は自分の才能をどう見ていたのか。こんなふうに自分を分析し、自然の洞察に重きを置いた。

名

「私は創造しません。ただ見るのです。作る事の出来るのは見るが故です」[2]

名

「自然はつねに完全です。決して間違いはない。間違いはわれわれの立脚点、視点の方にある」[2]

だが、『青銅時代』はあまりに完璧すぎて、あらぬ中

〔2〕ロダン著、高村光太郎訳『ロダンの言葉抄』岩波文庫

傷を受ける。「生身の人間の型をとった作品だ」と噂を立てられたのだ。ロダンはモデルの写真などを審査員に提出。結果的にロダンの主張が認められている。

相変わらず生活は厳しかったが、ロダンは傑作を作り続けることで、徐々に名声を獲得していく。

イタリアの詩人ダンテの『神曲』をもとにした大作『地獄の門』では、高さ6メートル以上で、200以上の像を組み込もうとしている。もう二度と「人間の型をとった」などと言われないように、巨大な作品を手がけようと考えたのだ。

ロダンは口数が少なく、内向的な性格だったが、現実に立ちはだかる理不尽な壁に立ち向かう強さを一貫して持っていた。不遇な時代に鍛えられたのだろう。

だが、『地獄の門』はあまりにも巨大すぎた。20年を費やしても、完成には至らなかった。現実離れした理想を描いて叶わないところにも、ロダンらしさを感じる。

名

「彫刻を掘りあてるために私は全力をつくし、できる限りのことをした」[2]

『地獄の門』は完成しなかったものの、そのために作られた像は、独立した作品として注目を集める。代表作『考える人』もその一つだ。

だが、ロダンの経済状況がすぐによくなったわけではなかった。上流階級のサロンへと顔を出すようになっても、ロダンの洋服の襟やカフスは紙製で粗末なもので、アイデアが浮かぶと、そこにメモしていたという。

迷

「私は50歳まで貧乏がもたらすありとあらゆる苦労を味わった」[1]

そんな苦節の日々にも、やがて終止符が打たれる。『考える人』は大きな反響を呼び、50人の下彫工を抱えながら、大量の注文をさばいた。168点を出品した回顧展は各国で大成功を収め、ロダンは世界的な名声を得ることとなった。

名

「よく仕事ができましたか？」[3]

不遇に負けずに彫刻に身を捧げたロダン。誰に対しても挨拶代わりにしたという問いかけで、本稿を締めよう。

[3] リルケ著、高安国世訳『ロダン』岩波文庫

No. **76**

Kumagusu Minakata

南方熊楠

1867年～1941年。和歌山県生まれ。大学予備校を卒業後、アメリカに留学して独学で細菌の研究などを行った。その後、イギリスに渡り、大英博物館で図書目録編纂係として働く。帰国後も菌類の採集・調査に専心。昭和天皇に、粘菌標本を進献したことでも話題に。

同調圧力が強く「右にならえ」の国民性が色濃くなればなるほど、規格外の偉人が生まれにくくなる。

そんななか、南方熊楠は日本を代表する天才の一人といってもいいだろう。博覧強記の博物学者は、少年時代から驚異的な記憶力で周囲を驚かせた。

本に飢えていた熊楠は、8歳頃から古本屋や書物を持つ家を訪ねては本から文章を書き写し、それを繰り返し読んでいた。

百科辞典『和漢三才図会』（105巻）も5年かけてすべて書き写して、読破。さらに『本草《ほんぞう》綱目』『大和本草』など和漢の一流の博物書を読んで、15歳頃までに写し終えてしまった。

研究活動に入ってからも、過去に調べたことのある文献ならば、すぐに該当ページを開いて「このページにあると思ったら、やっぱりあった」[1]と喜んだ。熊楠が「歩くエンサイクロペディア（百科事典）」とも称された所以《ゆえん》である。

世の中に「記憶術」なるもののノウハウはさまざまあるが、熊楠は全く逆の苦労をしていた。間違えて覚えてしまったときに、どうやって忘れるかに心を砕いていたのだ。

自身で編み出した「忘れるコツ」を娘にこう披露したこともある。

迷

「忘れるためには奥歯をギュッと噛《か》み締めてひとつひとつ消すんだ」[1]

だが、少年時代の熊楠は、そんな抜群の頭脳を持ちながらも、学校での勉強にはまるで身が入らなかった。数学のテストにいたっては、白紙で提出したこともある。熊楠は誰よりも勉強が好きだったが、学校でよい成績をとることには関心がなかったのだ。

［1］神坂次郎・南方文枝「対談・父 南方熊楠の素顔」『南方熊楠（新文芸読本）』河出書房新社

迷

「一番になったところで天下が取れるでなし、われはただ落第せず無事卒業して見すべし」［2］

学校では落第しない程度の勉強にとどめた熊楠にとっては、学校を離れてからが、本当の意味での学習時間となった。自分の思うままに、野山を走り回り、考古遺物や植物、貝類などの標本の採集をしたり、読書や写本をしたりするのに夢中になった。ついたあだ名は「天狗（てんぎゃん）」である。

熊楠は生涯を通じて、自由であることをいつでも最優先した。イギリスに滞在していたときのことだ。大英博物館に出入りして6年が経つ頃に「正規の職員にならないか」と打診を受けたときも、熊楠はこう断っている。

名

「人となれば自在ならず、自在なれば人とならず」［3］

人並みに就職したならば、自由な研究は難しくなるし、自由に研究をするならば、人並みに就職するのは難しくなる——。熊楠は縛られることを何よりも嫌い、無官であることを最期まで貫き通している。

そんな熊楠は研究のスタイルも自由奔放。書斎は自分が座るところ以外、本や顕微鏡で埋め尽くされていた。粘菌研究の妨げになるため、家族が庭を掃除することすらも禁じたという。

睡眠時間は4時間で、研究に熱が入り、身体が火照ると衣服は全部脱いだ。家では裸で過ごし、来客があってもそのまま平然と対応して、家族を困らせている。

読書や書き物を始めると、家族には「めしも言うてくるな」とあらかじめ伝えておいて、書斎から一切出てこなくなることもしばしばあった。

部屋で研究に没頭してから書斎から出てくると、熊楠は、こう口走った。

迷

「お前たち、わし今朝からめし食ったか」［4］

熱中すると周囲のことがまるで見えなくなった熊楠。だが、一方で、文章を書くときには、冷静に読者のことを考えていた。日本語で書く場合には大衆向けに書き、

［2］飯倉照平著「南方熊楠小伝」『南方熊楠（新文芸読本）』河出書房新社
［3］『新潮日本文学アルバム　南方熊楠』新潮社
［4］谷川健一・南方文枝「対談・父 南方熊楠を語る」『南方熊楠（新文芸読本）』河出書房新社

英語で書く場合には学会向けに書くようにしていたのだ。
熊楠が日本の学会をまるで相手にしていなかったことがわかる。

名

「小生の書くものはいずれも（ちと大層だが）世界の学者を相手にする心懸けに出で、日本の凡衆啓発また娯楽用にかくにあらざれば、誰も読まぬも知れず」[6]

熊楠は、日本の研究者が「外来」という言葉を安易に使うことにも疑問を呈していた。熊楠は「似ている」「違う」と判断することに慎重で、「他国と交通を全く持たない国はない」として、「日本固有」「外来」ともに言い切れないのではないかというスタンスをとったのだ。[5]

名

「日本にあるほどのことはヨーロッパにあり、ヨーロッパにあるほどのことは日本にもある」[6]

熊楠は日本の学会に背を向けつつ、しばしば他国の識者も圧倒した。

国立ロンドン大学総長のディキンズに総長室へ招かれたときのことである。熊楠はディキンズから自身の労作『英訳　竹取物語』を見せられたので、その場で原稿を熱心に読み始めた。そこまではよかったが、誤訳の箇所を容赦なく指摘し始めたのである。

労作に賛辞が送られるものと思っていたディキンズは激怒して、大声でどなった。

「日本ごとき未開国からきた野蛮人は、外国の長老に礼を尽くすことも知らぬのか！」

それでも熊楠はひるまずに、非礼を詫《わ》びるどころか、逆に相手を叱りつけている。

名

「相手が高名な学者じゃからちゅうて、間違っちょるもんを正しいと心にもない世辞を並べたてるような未開人はイギリスにはいても日本にはおらん！」[7]

そして、こう続けたのだ。

[5] 仁科悟朗著『南方熊楠の生涯』新人物往来社
[6] 鶴見和子著『南方熊楠―地球志向の比較学―』講談社学術文庫
[7] 神坂次郎著『縛られた巨人―南方熊楠の生涯』新潮文庫

名

「まちがい誤りを正すほどの気概もない卑屈な奴など生きておっても何の益もない！」[7]

二人はケンカ別れするものの、のちに冷静になったディキンズは、熊楠の言い分はもっともだと反省。自分の非礼を熊楠に詫びて、その後、友情を深めている。

どんな相手でも物おじしない熊楠。天皇が和歌山県の田辺に来たときには、粘菌に関する御前講義を行ったこともあった。さすがの熊楠もこのときばかりは緊張していたようだ。

だが、講義が終わったときに、「熊楠らしさ」を発揮する。熊楠は百十点余りの粘菌の標本を天皇にプレゼントとして手渡したのだが、そのときの箱がキャラメル箱だったのだ。

このことが、天皇もよほど印象的だったようで、のちに熊楠をこう振り返った。

「南方にはおもしろいところがあったよ。田辺にいったとき、めずらしい標本が献上された。普通は献上というと桐の箱かなんか、りっぱな箱に入れて来るんだが、南方はキャラメルのボール箱に入れてきてね……。それでいいじゃないか」[7]

菌類の収集に命を燃やした熊楠は両目、両脚、左手が病んでもなお、震える右手で粘菌の写生を続けた。葉書にこう記した。

名

「本日珍しき菌を入手、先刻より図記せんとすれど手不自由筆を運び得ず候」[3]

この19日後に熊楠は74歳で死去。前日には、目を閉じたまま、次のような言葉を残して、豪快奔放な人生に終止符を打った。

名

「天井一面に美しい紫の花が咲いている」[4]

No. 77

Coco Chanel

ココ・シャネル

1883年～1971年。フランスのオーベルニュ地方生まれ。12歳で母を亡くして、孤児院で幼少期を過ごす。パリの中心地カンボン通りに、帽子店をオープンさせて話題になると、リゾート地での新店でも成功。ファッションデザイナーとして、盤石な地位を築いた。

時代に足跡を残すべく、経営者が自伝を出版したがるのは古今東西同じで、ココ・シャネルもそうだった。

シャネルは自分の伝記を書いてもらおうとさまざまな作家にオファーしているが、なかなか実現しなかった。フランスの小説家、ミシェル・デオンは半年にわたってシャネルに密着。聞き書きしたことを原稿にまとめて、シャネルに送ると、こんな返事が返ってきたという。

迷 「私らしく私を書いた言葉が一言もない。私はこれを発表したくない」[1]

シャネルは自身の幼少期を知られるのを嫌い、インタビューでは虚偽の過去を述べるのが常だった。この自伝を作るにあたってのインタビューもまた、嘘にまみれたものだったが、それがいざ活字になって出版されるとなると、抵抗が出てきたようだ。原稿をボツにされたデオンは、シャネルの胸中をこう察している。

「彼女は神話を語ったが、彼女が築いた虚偽の人生は、結局、印刷して残しておきたい人生ではなかった」[1]

シャネルは12歳のときに母が病死。父に連れられて、姉妹とともに孤児院に預けられた。シャネルは周囲にこう言いふらしていたという。

迷 「お父さんが、そのうちに大きな家を買ってくれるの」[2]

だが、父は孤児院に預けに来た日を最後に、二度とシャネルの前に現れることはなかった。

つらい孤児院時代について、シャネルは「親戚に預けられた」と偽ることが多かったが、次のように述べた感覚だけは、本当のことだったのだろう。

[1] 山口昌子著『シャネルの真実』人文書院
[2] マルセル・ヘードリッヒ著、山中啓子訳『ココ・シャネルの秘密』早川書房

名

「私はなんにでも、ノンといった。それは、ひたすら愛されたいという、激しい生命の欲求からほとばしりでる結果だったのである」[3]

シャネルが最初に「ノン」と言ったのが、孤児院の制服である。シャネルはこっそりスカートの丈を詰め、襟元のタイは大きな蝶結びに、そして靴下を伸ばして履いていた。その工夫があまりにさり気ないものであるため、修道女たちも気づかずに「シャネルが着ると制服がなぜかオシャレに見える」と不思議がっていたという。

そんなシャネルがデザイナーとなり、ファッション業界で起こした革命は、枚挙にいとまがない。また、そのどの改革も、女性のライフスタイルへの変革につながっていた点も特筆すべきだろう。

名

「私はジャージーを発明して、女の体を自由にした」[4]

それまで、女性の身体はコルセットで窮屈に締め付けられていた。そうするのが当たり前だとされていたからである。だが、シャネルはそんな常識にも「ノン」を突き付けた。ジャージー素材を流行させることで、女性も機能性を重視した服を身にまとうようになった。

シャネルは色においても、新たなトレンドを定着させている。それまで喪服にしか用いられることのなかった黒をシンボルカラーに選び、ブームを仕掛けたのだ。シャネルには一つの確信があった。

名

「黒はすべての色に勝つ」[4]

では、シンプルな黒にマッチする装飾は何だろうか。シャネルは、金持ちだけがまとうことができる高価な宝石に対して、こんな痛烈な言葉を浴びせた。

名

「首のまわりに小切手をぶらさげるのも同じだ」[4]

シャネルはイミテーション・ジュエリーを発明し、またしても定着させた。あえて偽物を用いる。それこそが洗練されていると、常識をひっくり返したのだ。シャネ

[3] 実川元子著『ファッションデザイナー　ココ・シャネル』理論社
[4] 山田登世子著『シャネル──最強ブランドの秘密』朝日新書

ルが貫いた美学は、この一言に集約されている。

名

「かけがえのない人間であるためには、人と違っていなければならない」[2]

仕事が生き甲斐だったシャネルは生涯独身を貫いた。第2代ウェストミンスター公爵ヒュー・グローブナーとは10年の交際を得てプロポーズされたが、シャネルは「ノン」を突き付けた。その理由をこう語っている。

名

「公爵夫人はたくさんいるけれど、ココ・シャネルは私一人しかいないから」[5]

働くことが何より好きだったシャネル。稼いだ収入で、芸術家たちに金銭的援助を行うこともあった。

名

「お金を持っていれば、自分が愛している人々を、何かいうべきものを持っている人々を助けることができる」[6]

もちろん、当然のようにただ働きさせられるのは御免だった。王室からのデザインのオファーについては断っている。

迷

「まったく、王女や公爵夫人たちときたら絶対にお金を払わないんだから。なぜ私が無償で何かあげないといけないの？　私には、誰も何もくれなかったわ」[5]

完璧主義だったシャネルは、従業員の針子たちにも厳しかった。フランスでは労働時間が制限されているにもかかわらず、シャネルはしばしば徹夜を強いたり、「顔も見たくない」という理由で従業員を突然、解雇したりすることもあった。

自身も夜遅くまで働いたシャネルは、経営者の言葉としては、問題視されるようなことも言っている。

迷

「みんな働きたくないの？　恥ずかしいことだわ。働くのは、あなたたちのためなのよ」[1]

[5] レイラ・イルチ著、WWDスタッフ訳『公爵のプロポーズを拒絶？　あなたが知らないココ・シャネルの真実9選』「WWD JAPAN.com」2017年8月20日公開
[6] 山口路子著『ココ・シャネルの言葉「嫌いなこと」に忠実に生きる』だいわ文庫

フランスも世界恐慌のあおりを受けて不景気になると、労働者たちはストライキを決行。シャネルも針子たちから抗議を受けるが、有給休暇の取得、労働時間の短縮、労働契約の締結などをすべて拒否し、代わりに３００人を解雇するという暴挙に出ている。

結局、労働者側と妥協の道を選ぶものの、第二次世界大戦の勃発によって、シャネルは56歳で、ファッション業界から引退した。

「私には一つの時代が終わるという感慨があったわ。服をつくるようなときは二度とこないと思った」

しかし、シャネルは15年の空白期間を経て、71歳でカムバックを果たす。ツイード素材の「シャネルスーツ」がアメリカで大評判となり、再びモード界の女王の座に返り咲いたのだ。

80歳になってもなお背筋をピンと伸ばし、颯爽《さっそう》と街を歩いたシャネル。だが、その胸中には寂寥《せきりょう》感が漂っていた。こんなことを漏らしている。

迷

「有名になるとはこんなものよ、孤独になることだわ」[2]

孤独を感じれば感じるほど、シャネルは仕事に没頭していく。一つひとつ、慎重、かつ丁寧に作品を仕上げていくのが、シャネルのやり方だ。

名

「仕事は念を入れてやる。これは病気のようなもので、どうすることもできない」[2]

ある日、「明日は店に出ているわ」と話した夜に、突然体調が悪化。注射をして横たわると、不安そうな小間使いにこう言い残し、87歳でこの世を去った。

名

「ほらね、こうやって人は死んでいくのよ」[2]

シャネルの命日となったこの日は、彼女が嫌いな日曜日だった。理由はもちろん休日だからだ。

「ほらね」の後には「少しでも働かないでいると」というフレーズが隠されていたのかもしれない。

No. **78**

Akira Kurosawa

黒澤明

1910年〜1998年。東京都生まれ。PCL映画製作所（現・東宝）に入社後、『姿三四郎』で監督デビュー。『羅生門』で日本映画初のヴェネチア国際映画祭金獅子賞とアカデミー賞名誉賞を獲得。その後も国際映画祭の受賞作品を数々監督し「世界のクロサワ」と称された。

自分の天職を見極めることは難しい。「世界のクロサワ」と称される映画界の巨匠・黒澤明ですらも、当初は映画業界に身を投じることに葛藤があった。

もともと黒澤は画家志望だったが、美術学校の受験に失敗。雑誌に挿絵を描くアルバイトをして生計を立てながら、8年余りの月日がむなしく過ぎた。

そんなとき、PCL映画製作所で監督助手を募集していることを新聞広告でたまたま知り、試験を受けたところ合格。しかし、見学した撮影所で女優がドーランを塗りたくるのが薄気味悪く、どうにも気が進まなかったようだ。働くべきか迷う若き黒澤の背中を押したのは、父のこんな言葉だった。

「いやならいつでも辞めればいい。しかし、何事も経験だ。1カ月でも1週間でもいいから、行ってみたらどうだ」[1]

26歳で映画界に飛び込んだ黒澤は、入社早々、助監督としてサポートに就いた。だが、監督と相性が合わずに、すぐさま辞める決心を固めている。

迷

「父は、何事も経験だ、と云ったが、その仕事の経験のすべては、二度と経験したくない経験ばかりだったからだ」[1]

さすがに判断が早すぎると周囲に止められ、退社をとどまった黒澤。山本嘉次郎監督に就くと、考えが変わる。下っ端の意見にも耳を傾ける気さくな人柄に魅了され「山さんが、今、やっている仕事、それこそ、私が本当にやりたい仕事だったのだ」[1]とまで思うようになった。

黒澤といえば、映画作りで独特のこだわりを持っていたことで有名だ。「寒さを表現するには夏に撮影したほうがよい」という持論のもと『生きる』では夏の真っ最中に冬のシーンを撮影。店先に看板ののぼりを立て扇風

［1］黒澤明著『蝦蟇の油―自伝のようなもの』岩波現代文庫

機で風を吹かせたほか、小道具に水を撒《ま》き、凍てついた様を演出した。『七人の侍』での砂煙を立てるシーンでは「廃材を燃やした木灰が一番よい」と、大道具係に朝から一日中、撮影所内の廃材を燃やさせたという。

また、山塞《さんさい》の焼き討ちシーンでは、ハリボテの柱ではなく、本物そっくりに本丸太で組み上げて、それを焼き討ちさせた。消防車も手配し、ロング、全景、中景、近景、接写、さらに対象物ごとにカメラを配置。だが、それだけ準備をしても、黒澤は少しの妥協もしない。芝居と火の出るタイミングが合わないと、容赦なくカット。ついには「帰る！」と言い放ち、旅館に戻ることもあったという。撮影が滞ると宿泊先の女将にもあたった。

迷

「あの小便小僧の像は醜悪で、見るに耐えない。すぐとってしまえ！」［2］

そんな黒澤についた異名は「天皇」。小道具係は職場の黒犬に「クロサワ」と名づけて、「こら、クロサワ！」と怒鳴って、ストレスを発散させていたくらいだ。

もちろん、黒澤自身も自分の気性の激しさは自覚しており、だからこそ、よい映画が撮れるとした。

名

「俺は中庸ではないところがあるから、どうしても表現に出る。中庸っていうのは、凡庸という意味もある。凡庸じゃつまらないよね」［2］

すべてのこだわりは映画を少しでも良くしたいという一心から。とはいえ、黒澤は厳しさだけを見せたわけではない。演出については、役者にこんな励ましの言葉をかけたこともある。

名

「芝居なんて、そんなに急に、上手くなるもんじゃないんだ。薄い紙を重ねていくと、分厚くなるだろう。一枚一枚は薄くても、毎日、重ねていく。気がつくと、それだけ、分厚くなってる。芝居もそれと同じでね」［3］

また「黒澤映画には主役はいないのではないか？」と取材で聞かれたときの答えにも、黒澤の思いやり深い人柄がにじみ出ている。

［2］堀川弘通著『評伝　黒澤明』ちくま文庫
［3］『黒澤明—生誕100年総特集（KAWADE夢ムック　文藝別冊）』河出書房新社

名

「どんな人間だってある角度から見れば、そいつは主人公なんでね、すべての人間が」[3]

しかし、どれだけ演出にこだわっても、辛辣《しんらつ》な評価を受けることがもちろんある。『羅生門』『白痴』は公開当時には不評だった。鬱々《うつうつ》とした黒澤は鯛釣りばかりした。「釣り糸を垂らしているときに、何を考えているのですか」と弟子に尋ねられると、黒澤はこう答えている。

迷

「何も考えない。だからいいのだ」[2]

連日釣りばかりするため、釣り仲間から「多摩川鯉釣りの会」の会長にされてしまったが、まさにその釣りの最中に、『羅生門』がヴェネチア映画祭でグランプリを受賞したというニュースが飛び込んできた。ヴェネチア映画祭に出品することすら知らなかった黒澤だが、これを契機に、世界でも名を知られるようになる。その後、『影武者』でもカンヌ国際映画祭のグランプリを受賞した。海外で評価された途端に、クロサワ作品に対する日本での評価が一転する。黒澤は「日本人は、何故日本という存在に自信を持たないのだろう」と嘆いた。

名

「歌麿や北斎や写楽も、逆輸入されて、はじめて尊重されるようになったが、この識見の無さはどういうわけだろう。悲しい国民性というほかはない」[1]

後世の映画に多大な影響を与えた黒澤。その長年の貢献を賞して、１９９０年に米アカデミー賞・特別名誉賞が贈られた。

スティーブン・スピルバーグとジョージ・ルーカスの二人からオスカー像を手渡された黒澤。授賞式でスピーチとして残したのがこの言葉である。

名

「ぼくはまだ映画はよくわからない」[3]

どれだけ追求しても追求しきれない、映画の世界。ワンシーン、ワンシーンにギリギリまでこだわった黒澤だからこそ、輝きを放つ名言といえよう。

[4] ステュアート・ガルブレイス4世著、櫻井英里子訳『黒澤明と三船敏郎』亜紀書房

No. **79**

Charles Bukowski

チャールズ・ブコウスキー

1920年～1994年。ドイツのアンダーナッハ生まれ。3歳でアメリカに移住し、24歳で初めて小説を発表する。郵便局に勤務しながら創作し、雑誌に投稿し続けた。50歳から専業作家に。著作に『町でいちばんの美女』『詩人と女たち』『くそったれ！少年時代』『パルプ』など。

50歳でデビューという遅咲きの作家である。

チャールズ・ブコウスキーは、幼い頃から父親の虐待を受け、その影響で顔から全身にかけて悪性ニキビを発症。写真を撮られるのを嫌がり、青春を謳歌《おうか》する同級生を傍目《はため》に、孤独な学生時代を過ごした。

大学を中退した後、アメリカ各地を放浪。肉体労働で日銭を稼ぎ、酒浸りの日々を送る。鬱々《うつうつ》した思いをぶつけるかのように、ブコウスキーは、滞在先の安ホテルで散文詩をひたすら書き続けた。

やがて郵便局で職を得るが、書くことはやめずに、詩や短編を何百編と執筆。雑誌に何度も投稿したが、不採用が続く。それでも諦めることなく、己をこう鼓舞している。

名

「小さな種火を残し、その火を絶やさないで。種火さえあればまた燃え上がるから」[1]

やがて投稿の多さから「小雑誌の王」として注目される。

50歳で専業作家として、独立を果たした。労働者のための文学としてもてはやされ、朗読会を開けば600～700人が詰めかけるほどの人気を博した。

有名になった途端に、これまで相手にもされなかった女性たちから、次々と言い寄られている。

ブコウスキーはこれまでの欠如を埋めるかのように、片っ端から女性たちに手をつけた。インタビューで、愛について語ったのがこの言葉である。

迷

「愛は地獄からの犬だ。それなりの苦しみがある」[1]

ブコウスキーの作品は世界中で翻訳され、今でも版を重ねている。小さな火種は、何十年とくすぶり続け、大きな火柱となって燃え上がった。

[1] ヴィクター・リヴィングストン脚本、ジョン・ダラガン監督『ブコウスキー：オールドパンク』コロムビアミュージックエンタテインメント

No. **80**

Shinsaku Takasugi

高杉晋作

1839年～1867年。幕末の長州藩士。藩校明倫館、松下村塾で学ぶ。藩主命令を受けて馬関防備にあたり奇兵隊を結成。四国艦隊の下関砲撃後、事後処理で活躍した。第二次長州征伐が始まると、対幕軍の総指揮官を務める。馬関口海軍参謀となるが、肺結核で病死。

「識見気魄《きはく》他人及ぶなく、人の駕馭《がぎょ》を受けざる高等の人物なり」[1]

意味は「物事を正しく見分ける力と力強く立ち向かってゆく精神力、いずれも他人に及ぶものはなく、人の言いなりにならない人物」。

幕末で存在感を発揮した長州藩士の高杉晋作は、師匠の吉田松陰から、そう評された。まるで自分の死後に、晋作が大活躍することを予見していたかのようである。

1864（元治元）年12月15日、幕府による第一次長州征伐が迫ってくると、晋作は幕府に恭順しようとする長州藩内の「俗論派」の打倒を決意。下関の功山寺で挙兵してクーデターを起こす。その前夜に、晋作はこんな都々逸を詠んだ。

名 「真があるなら今月《こんげつ》今宵《こよい》、あけて正月、だれも来る」[2]

晋作の呼びかけに応じて集まったのは、たったの84人。200人余りの俗論派に立ち向かうには、不利な状況だったが、晋作の熱意が領民に届くと、勢力は拡大していく。自身が創設した「奇兵隊」を率いて、俗論派に勝利。長州藩を倒幕へと舵《かじ》を切らせることに成功した。

「鼻輪を通さない離れ牛」[1]

同じく松陰の門下生である吉田稔麿《としまろ》は、晋作の暴れぶりをそう評価した。だが、晋作は決して豪放磊落《らいらく》な人物ではなかった。

晋作の父、高杉小忠太《こちゅうた》は、藩主のそばで殿中の諸事を統轄する奥番頭を務めた。父だけではない。高杉の一族は、藩主側近の中級官僚を代々輩出。晋作はエリート一家で、過保護に育てられることになる。

とりわけ祖父の又兵衛がうるさく口を出し、晋作の行動に制限をかけた。松陰が塾長を務める松下村塾に通うことには、特に反対したようである。

［1］古川薫著『松下村塾』講談社学術文庫

それでも晋作は夜中に家を飛び出して、こっそりと松陰塾に通った。ライバルの久坂玄瑞《くさかげんずい》が藩の許可を得て、江戸の遊学を果たすと、表向きこそエールを送りながらも、内心は焦っていた。他の塾生も江戸へと旅立つなか、松陰にこう頼み込んでいる。

「僕の遊学についての話し合いの件、よろしくお頼み申し上げます」〔2〕

だが、念願が叶って江戸の遊学を果たすと、理想と現実のギャップで苦しんだ。攘夷論が人気の塾に入るも、2カ月で退塾。気を取り直して、江戸幕府直轄の教学機関である昌平坂学問所に入塾するが、水が合わなかったようで、師匠に「心中の乱れ糸の如し、筆も取られね」〔2〕〔3〕と泣き言を言った。現代語訳すれば、こんな嘆きとなる。

迷

「心が糸の如く乱れている、何をしたらいいのか分からない、学問の方向も分からなくなってしまった」〔4〕

そんな試行錯誤を重ねるなかで、師の松陰が捕まった。過激な活動がその原因だったが、松陰は諦めない。獄中から門下生に向けて、倒幕の旗揚げを呼び掛けている。

だが、晋作はそれに応えなかった。

松陰の失望も大きかったようだが、晋作は父を引き合いに出しながら、行動をともにすることを断っている。

迷

「僕、一つの愚父を持ちおり候。日夜、僕を呼びつけ俗論を申し聞かせ候。僕も俗論とは相考え候えども、父の事ゆえ、いかんとも致し方ござなく候」〔4〕

迷

「父の戒言にそむき候えば不孝になり候ゆえ、そむく心にはなりかね申し候」〔4〕

晋作が江戸に遊学する前に、祖父は亡くなっているが、今度は父の存在が晋作に重くのしかかった。

松陰が井伊直弼《なおすけ》による「安政の大獄」によって処刑されると、晋作は慟哭《どうこく》して悲しみに暮れた。だが、師匠の仇である井伊直弼が「桜田門外の変」で暗殺されると、まずは父を安心させるために、こんな手紙を出している。

〔2〕一坂太郎著『高杉晋作の手紙』講談社学術文庫
〔3〕一坂太郎編、田村哲夫校訂『高杉晋作史料 全3巻』マツノ書店
〔4〕一坂太郎著『高杉晋作』文春新書

迷

「寅次郎（松蔭）のために身を失うような事は致さず候」[4]

「寅次郎」とは松陰のこと。暗殺を実行した水戸浪士らを桂小五郎が称《たた》えて同志を募るなど、尊攘派が勢いづくなか、晋作は行動を控えていた。

よほど、父が気になったのだろう。23歳のときに藩主から上海行きを打診されたときも、父にしっかりと相談して許可を得たうえで、大任を引き受けている。そのときには、こんな手紙を書いた。

迷

「私の性は鈍で才は疎であるのに、はからずもこんな大命を受けてしまいました。しかも私には男兄弟がいません。いま海外に遠遊したら、父上のもとで孝養をなす者がなくなります」[4]

離れ牛どころか、家族のしがらみで縛られていた晋作。だが海外体験を通して、今の日本への危機感を募らせると、そう言ってもいられなくなった。藩命によって再び江戸へ遊学。父には、はっきりこう書いた。

名

「国の一大事なので脱藩を決行するために、もはや孝行はできない」[2][3]

数カ月後、晋作は同志とともに、横浜金沢へピクニックに出てきた外国公使の暗殺を計画。藩に発覚して未遂に終わるが、今度は江戸品川御殿山で建設中のイギリス公使館を焼き討ちするという事件を起こしている。開国してはならないと、晋作なりに必死に訴えようとしていた。

その翌年に、晋作は奇兵隊を結成。倒幕運動を本格化させた。だが、肺結核により、27歳で病死。時代の大転換を見届けられず、さぞ無念だったことだろう。

晋作が最期に詠んだとされる次の歌はあまりにも有名である。

名

「おもしろきこともなき世をおもしろく」[5]

自分らしく生きることの困難を実感している晋作ならではの名言といえるだろう。

［5］奈良本辰也著『高杉晋作—維新前夜の群像』中公新書

No. 81

Karl Marx

カール・マルクス

1818年～1883年。ドイツのトリーア生まれ。ライン新聞の編集者を経てパリへ。『共産党宣言』を発表した後に、ロンドンに亡命。第一インターナショナルの中心として活動する。著書『資本論』で資本主義を定義したマルクス主義の創始者。

その人自身が発した言葉よりも、その人に向けられた言葉のほうが、その人のことをより表すことがある。

カール・マルクスの母はボン大学に入学したばかりの息子にこんな手紙を書いた。

「興奮しすぎないこと、ワインもコーヒーも飲みすぎないこと、刺激のあるものは口にしないこと、たくさんの胡椒やほかのスパイスも。煙草は吸わないこと、夜ふかしをせず、早起きをすること。風邪をひかないように気をつけて。よくなるまではダンスもしないように」〔1〕

しかし、マルクスは母の心配をよそに、仲間たちと夜通し飲んでは大騒ぎし、度が過ぎると警察に留置された。あるときは決闘を申し込まれて、ピストルまで飛び出す騒ぎに。これには父も呆《あき》れて「決闘というのは哲学とそんなに深くからみ合ったものなのか？」〔1〕と失望した。

更生させるべく、ベルリン大学へと転校させるが、マルクスは講義に出席すらせず、昼間は読書をし、文章を書いてタバコを吸い、夜になれば飲んで騒ぐという毎日を過ごす。マルクスは、ことごとく両親の期待に背いた。

そんな破天荒ぶりは、ライン新聞で働くようになると、紙面上で発揮される。政府だけではなく、その反対勢力も舌鋒《ぜっぽう》鋭く批判をして、読者の注目を集めた。マルクスの文章は「心臓に狙いを定めてひと突きにするために使用される短剣」とも称され、その過剰さから「窓を壊すのに大砲を使う男」と識者からも恐れられた。

その魅力に惹きつけられたのが、フリードリヒ・エンゲルスである。エンゲルスはマルクスと実際に会う前から、その噂を聞いて、次のような詩を書いた。

「乱暴なまでの性急さについていけるのは誰？　トリーアの浅黒い若者、言わずと知れた怪物」〔1〕

やがて二人は心を通わして同志となる。怪物についていけるのは、エンゲルスしかいなかったようだ。

マルクスといえば、大著『資本論』で世界に大きな影響を与えたことで知られている。『資本論』で書かれた警句は、今の時代でもなお輝きを放つ。

〔1〕フランシス・ウィーン著、田口俊樹訳『カール・マルクスの生涯』朝日新聞社

名

「資本がまるで吸血鬼のように元気になるのは、生きた労働を吸い取るときだけであり、多く吸えば吸うほどますます元気になる」[2]

だが、マルクス自身の資本の管理はめちゃくちゃで、40歳を目前にした頃、エンゲルスにこう泣きついた。

迷

「どうしたらいいのか皆目分からない。実際、状況は5年前よりさらに絶望的だ。どん底はもう経験済みだと思っていたが、とんでもなかった」[1]

すぐに散財してしまうマルクスは、学生時代から潤沢な仕送りがあったにもかかわらず、使い果たしては借金ばかりしていた。大人になってからも、浪費癖は直らず、困窮してエンゲルスに借金の懇願をするのだった。

マルクスは親戚から遺産が転がり込んできても、借金の清算もせずに、大きな家を買って転居。当然、すぐに生活に行き詰まって鉛筆すらも買えなくなり、エンゲルスにこんな手紙を書くのである。

迷

「腐りきった借金取りから、三度目の、そして最後の通告を受けてしまった。もし月曜までに払えないなら、月曜日の午後に質屋に寄越すと言う。そんな状態なので、もし可能なら、数ポンド送ってもらうわけには……」[1]

こんなことが続いてもエンゲルスはマルクスを見捨てなかった。それどころか、マルクスが女中に手を出して隠し子を作ると、自分の養子にして面倒まで見ている。

なぜ、そこまでマルクスのために献身するのか。エンゲルスがマルクスについて語ったこの言葉に、その理由が集約されている。

「どうして天才に対して嫉妬などできる？　天賦の才というのはきわめて特殊なものだ」[1]

エンゲルスが何より気がかりだったのが、貧困や人生のトラブルで、マルクスの『資本論』の執筆が妨げられること。延期を繰り返しながらも、『資本論』第1巻が世に出されたのは、マルクスが49歳、エンゲルスが47歳のときだった。

普段からこれだけ世話になりながら、エンゲルスにろくに感謝を示さなかったマルクスだったが、このときばかりは手紙でこう書いている。

名

「きみがいなければ、私はこれを完成させることはできなかった」[1]

偉人はその強烈な人間性がゆえに、周囲との軋轢《あつれき》を生みやすい。だからこそ、支援者となる「もう一人の偉人」がキーを握る。マルクスにとってのエンゲルスはその典型例である。

『資本論』は、まさに二人の努力の結晶だったが、発刊当初ほとんど話題にならなかった。エンゲルスが各紙に書評を書いて、大著の存在をどうにかして知らしめようとしたが、無駄に終わっている。

マルクスは64歳で病死。葬儀には、たったの13人しか集まらなかった。誰もがマルクスのことは、このまま歴史から忘れ去られると思っていたに違いない。墓地でこう語った、エンゲルス一人を除いては。

「彼の名とその業績は何年もの風雪に耐えて残るだろう」[1]

エンゲルスは、遺稿をもとに『資本論』の第2巻と第3巻を編集。マルクスに代わって世に送り出した。マルクスの才が世界を変えることを確信していたのだろう。

『資本論』では、完成までの困難な道のりを表すような言葉も綴られている。

名

「学問をするのに簡単な道などない。だからただ学問の厳しい山を登るのをいとわないものだけが、輝かしい絶頂を極める希望を持つのだ」[2]

エンゲルスを残して、志半ばで他界したマルクス。それでも人生に悔いはなかったようだ。最期の言葉は、こんなマルクスらしいものだったと伝えられている。

名

「出てけ、失せろ。最期の言葉なんてものは、生きているうちに言いたいことを全部言わなかったバカ者どもが口にするものだ」[3]

[2] 的場昭弘著『とっさのマルクス―あなたを守る名言集』幻冬舎
[3] レイ・ロビンソン編、畔上司訳『雑学　世界の有名人、最期の言葉』ソニー・マガジンズ

No. **82**

Winston Churchill

ウィンストン・チャーチル

1874年〜1965年。イングランドのオックスフォードシャー州生まれ。陸軍士官学校卒業、保守党下院議員へ。内務大臣や大蔵大臣、海軍大臣などを歴任し、首相に就任。第二次世界大戦中のイギリスを勝利に導いた。作家としても活躍し、ノーベル文学賞を受賞した。

第二次世界大戦時に、イギリスの首相として自国を勝利に導いたウィンストン・チャーチル。ナチスドイツとの戦いにおいて、演説でこう言い切った。

名

「我々は、断じて降伏しない」［1］

緊急時に一国を率いるリーダーにふさわしい、力強いフレーズである。

チャーチルにしてみれば、人生において最も苦しかった少年の頃を思い返せば、どんな困難でも乗り越えられる自信があったのではないだろうか。

チャーチルは暗黒時代を苦々しくこう振り返る。

迷

「少年時代と成年までの中間にある学校時代が、私の歩んできた足跡に憂鬱《ゆううつ》な汚点を残したのである。その汚点のどれをとっても、けっして忘れることのできない、砂を噛《か》むような苦い経験の連続だった」［2］

迷

「やることなすことすべてが無意味としか思えず、味気ない徒労の日々だった。創造のよろこびはまったくない。不快、束縛、退屈、無意味の年月だった」［1］

チャーチルは7歳のときにエリート校、セント・ジェームス校へ入学。そこでの寄宿舎生活は、確かに過酷なものだった。

月に一度か二度開かれる全校生徒の集会では、規律違反者が別室に連れて行かれて、血だるまになるまで棍棒《こんぼう》で叩きのめされたという。このような「棍棒地獄」は当

［1］サイモン・マイヤー、ジェレミー・コウルディ著、池村千秋訳『スピーチの天才100人 達人に学ぶ人を動かす話し方』CCCメディアハウス
［2］ゲルハルト・プラウゼ著、丸山匠訳、加藤慶二訳『天才の通信簿』講談社

時のイギリスの教育機関では珍しくはなかった。

チャーチルはその部屋から聞こえてくる悲鳴に震えながら、床にうずくまっていたという。

迷

「私は、この学校が心の底から嫌いだった。2年以上も不安におびえながらすごしたのだ。勉強の成果など、あるはずはなかった」[2]

こう振り返るチャーチルは、特にラテン語を苦手としていた。さらに深刻なのは、体育である。

迷

「体操にいたっては、まったく絶望的だった。はやく休暇になって、この憎むべき奴隷社会から両親のもとへいつ帰れるか、それこそ毎日毎時間、指折り数えている日々だった」[2]

チャーチルは肉体的にも精神的にもまいってしまい、一時は言語障害に陥ってしまうほどだったという。その後、何度か転校を繰り返すが、チャーチルの学生生活は停滞を余儀なくされた。

チャーチルの父は政治家で、息子にはイギリスを支配するような政治家になってほしいと願っていたが、低迷する成績を見て、半ば諦めたようだ。

ある日、おもちゃの兵隊遊びに興じるチャーチルを見て、父が「軍人になりたいか」と聞くと、チャーチルはこう答えた。

「はい、軍人になりたいです」

このやりとりをきっかけに、チャーチルは陸軍士官学校へと進む。校風がよほど自分に合ったのか、士官学校では、厳しい訓練すらも楽しめたようだ。

だが、任官する直前に父が他界。いつしかチャーチルは父の跡を継がねばという気持ちになっていた。たくましく成長したチャーチルは、母への手紙でこう書いた。

名

「私は、この世で何らかのことを成し遂げるという運命を信じているのです」[3]

この決意表明のとおりに、チャーチルは一国の首相にまで上り詰めたのである。

[3] 冨田浩司著『危機の指導者チャーチル』新潮選書

チャーチルといえば、巧みな比喩で冷戦を予見した名演説「鉄のカーテン」を行うなど、スピーチの名手として知られている。国民を鼓舞するために、チャーチルが演説でとりわけ重視したのは、「言葉のリズム」である。

演説のテンポをよくするため、チャーチルは、いくつかテクニックを用いた。同じ言葉で始まる短いセンテンスを繰り返す「アナフォラ（首句反復）」と呼ばれる技法や、接続語なしにセンテンスを連ねる「アシンデトン（連辞省略）」と呼ばれる技法がそれにあたる。

有名なのは、1940年6月4日の下院演説だ。チャーチルは、ドイツ軍に包囲されていたイギリス軍が撤退に成功したことを報告。その後、「戦争は撤退によって勝利するものではない」と楽観を戒めて、こう言った。

名 「我々は、海岸で戦う。敵の上陸地点で戦う。野戦や市街で戦う。丘陵で戦う」[1]

「我々は戦う」というフレーズを何度も繰り返し、冒頭に挙げた「我々は、断じて降伏しない」で締めくくった。国民を大いに鼓舞したことは言うまでもない。

だが、チャーチルが演説を得意とした背景には、ある苦い経験があった。

下院議員となって間もない頃、チャーチルは議会で発言中に突然、言葉を失ってしまった。着席を余儀なくされたチャーチルは、大きなショックを受ける。

その日以来、演説は必ず原稿を用意して、入念に準備することを心がけた。戦争中、多忙になると、秘書に口述筆記をさせてまで、演説の原稿を作り上げた。

そして原稿を徹底的に暗記して、何度もリハーサルを行うのが常だったという。

あるとき、チャーチルが入浴中にぶつぶつ言っているので、新人の召使いが「私に何かお話しになりましたか」と聞くと、こんな返答があった。

迷 「今、僕は下院の議場で話しているのだ」[3]

「スピーチの天才」とも評されるチャーチルだが、それは地道な努力に裏打ちされたものだった。執筆活動も精力的に行った結果、チャーチルは1953年にノーベル文学賞を受賞している。

No. 83

Shikō Munakata

棟方志功

1903年〜1975年。青森県生まれ。小学校卒業後、裁判所の給仕などを行うが、画家を志して上京。昭和初めから木版画を手がける。ブラジルのサンパウロ・ビエンナーレ国際美術展で「釈迦十大弟子」が版画部門最高賞を受賞。「世界のムナカタ」と称された。

鬼でも生まれたのか——。

棟方志功は生まれたときの泣き声があまりにも大きかったために、近所ではそんなふうに言われたらしい。

しかし、あながち間違いでもなかったのかもしれない。

鬼は鬼でも「板画の鬼」である。

名

「板画のことになると、鬼にもなり、蛇にもなり、仏にもなり、神にもなってもらいたいのです。わたくしの板画にそういうものを表現してもらいたいのです」[1]

「板画」とは聞きなれない言葉だが、志功は、木版の特徴を生かした自身の作品のことを、版画ではなく「板画」と呼んだ。

その思いは、この言葉の「なってもらいたい」「表現してもらいたい」という言い回しに凝縮されている。板の命を大切にする作品作りに志功は命を懸けた。こんな独特な表現もしている。

名

「自分でするのではなく、してもらいたいのです。ですから、わたくしがした仕事ではなく、板画がした仕事になってもらいたいのです」[1]

志功は、もともとは画家志望だった。小学6年生のときに、「おもだか」という花を見つけたことが、きっかけだったという。

名

「この美しさはオレのものだ。この美しさを表現出来る人になろう」[2]

だが、決して、図工の成績がよかったわけではない。

［1］棟方志功著『板極道』中公文庫
［2］棟方志功著『棟方志功—わだばゴッホになる』日本図書センター

「魚の絵を描きなさい」と先生に言われると、魚の頭だけを巨大に描くような子どもだった。先生からは叱られて「C」の評価をつけられたが、志功は意に介さなかった。

友人に夢を聞かれると、志功はこう答えていたという。

迷

「世界一！」[2]

教師や友人からしてみれば、まさに迷言そのものだったに違いない。だが、志功は大真面目だった。むしろ、目標はよりユニークなものになった。洋画家の小野忠明と知り合うと、志功は、1枚の絵に心を奪われる。

それはゴッホの「ひまわり」である。一目見て、衝撃を受けた志功。あまりの感動ぶりに、小野は「ひまわり」の原色版を志功に渡している。

それから、志功はこう広言するようになった。

迷

「わだばゴッホになる！」[1]

私はゴッホになる――。いきなりそう言い出したのだから、周囲はさぞ面食らったことだろう。

それでも志功は「ゴッホになる」という目標にひた走るべく、21歳で上京。「帝展に入選するまで青森に帰らない」という誓いまで立てて自分を追い込んだ。

しかし、初挑戦の結果は落選。それでも諦めることなく、志功はただひたすらに描いたのである。

名

「ただ無性に描きました。朝も昼も夜も、夜中に目がさめると手を動かしていました。知らず知らずに、宙に浮いた手が円を描き、三角を描いているのでした」[1]

連日の努力が報われ、5回目の挑戦でついに入選を果たし、独自の「板画」の世界へと没頭していく。

生涯で1万点以上の板画を残した志功。現代美術の国際美術展覧会「ヴェネチア・ビエンナーレ」に出品し、日本人として版画部門で初の国際版画大賞を受賞した。

わだばゴッホになる――。

かつての「迷言」を笑う者はもういない。むしろ早くから世界を見据えた孤高の天才の「名言」として、語り継がれることとなった。

No. **84**

Vincent van Gogh

フィンセント・ファン・ゴッホ

1853年～1890年。オランダ南部のズンデルト生まれ。美術商を辞職した後、職を転々とし、伝道師として尽力するも解任され、画家としての活動を始める。評価される前に、37歳で自ら命を絶った。代表作には「ひまわり」「星月夜」など。

フィンセント・ファン・ゴッホは「孤高の画家」というイメージが強い。作品が評価される前に自殺したことも、そんな印象につながっているのだろう。

だが、ゴッホは結果的に「孤高」となっただけで、むしろ人とつながろうとしていた。

16歳のときに叔父に紹介してもらった画商の仕事もきっちりとこなして、1日に1000枚売ることもあった。写真複製部門の責任者を任せられるほど、画商として結果を残していたのだ。

だが、ゴッホはどうも人との距離感を間違えやすいようだ。仕事ぶりが評価されてイギリスに転勤すると、ロンドンの下宿先でゴッホは恋に落ちている。相手は女主人の娘ウジェニー・ロワイエである。

ゴッホは告白するどころか、散歩に誘うこともできなかった。にもかかわらず、ゴッホは、彼女もまた自分のことが好きなのだと思い込むようになる。

そんな恋の勘違いはよくあることだ。だが、ゴッホはいきなりこう言って、相手を戸惑わせている。

迷

「そろそろ結婚する時期じゃないだろうか」[1]

全くそんな時期ではないことは、言うまでもない。驚いた相手から「婚約者がいるから」と断られたにもかかわらず、猛アタックを続けて、玉砕している。

それから7年の歳月が過ぎても、恋愛面では成長しなかったようだ。28歳のときにも同様の失敗をしている。年上の従姉《いとこ》で、未亡人のケー・フォスに恋をして、告白。強く拒絶されるが、ゴッホは諦めない。ケーに避けられて会えなくなると、実家に突撃訪問。女中が止めるのも聞かずに、どんどん家の中に入っていった。

驚愕《きょうがく》する両親を前にして、ゴッホはテーブルの上にあったロウソクの火に手のひらをかざして、こう懇願した。

[1] デイヴィッド・スウィートマン著、野中邦子訳『ゴッホ100年目の真実』文藝春秋

迷 「私が我慢できた時間だけでいいからケーに会わせて欲しい」[1]

両親の警戒レベルは最高潮に達したことだろう。追い返されたゴッホは、寂しさを埋めるかのように、子連れでアルコール依存症のシーンと同棲生活を送るのであった。

そんなゴッホの思い込みの激しさは、社会生活を送ることをしばしば困難にした。順調だった画商の仕事は、失恋によって意欲をなくして辞職。いくつかの職を転々としたがうまくいかなかった。

それでも絵を描くことだけはやめずに続けた。35歳のときに、友人で画家のベルナールへの手紙では、兼業画家の苦しみをこう綴った。

迷 「今日もまた仕事で、つらい一日だった」[2]

そんなゴッホを支えたのが、弟のテオだ。

ときには一緒に暮らし、離れていてもいつも手紙のやりとりをしながら、テオはエキセントリックな兄を慕い、また、励まし続けた。テオは画商であり、ゴッホの作品の秀逸さを早くから評価していたのである。

テオは自分の生活が苦しいときでも兄ゴッホに経済的な援助を行った。ゴッホがシーンと暮らしていたときは、シーンの子どもだけではなく、転がり込んできたシーンの母親の生活までテオが面倒を見ている。

これだけ弟にサポートしてもらいながら、ゴッホはこう胸を張った。

迷 「画家の生活こそ『男の中の男』のすることだ」[1]

そしてテオにも画家になることを勧めているのだから、のんきなものである。

ゴッホなりに引け目があったのか、テオに「援助を打ち切ってくれ」と申し出たときがあった。だが、その代わりに、テオに自分の作品を定期的に買い上げさせる約束をとりつけている。結局は同じことである。

人とのつながりを求めるが、孤立しがちなゴッホにとって、テオは特別な存在だったに違いない。

しかし、ゴッホは画家とのつながりを求めた。「芸術

〔2〕ヴァン・ゴッホ著、石谷伊之助訳『ゴッホの手紙 上 ベルナール宛』岩波文庫

家の共同体を作ろう」。呼びかけに応じたのが、画家のゴーギャンだった。二人の共同生活がスタートする。

だが、やはりゴッホは人とうまくやることができなかった。それどころか、奇行を繰り返し、ゴーギャンを怖がらせた。ゴッホは、いきなりゴーギャンの頭に中身の入ったままのコップを投げつけたり、ナイフで襲いかったりと、常軌を逸した行動に出ている。

極めつきは、カミソリで自分の耳を切り取り、封筒に入れ、女性に渡してこう言った。

迷

「これを大事に預かっておいてくれ」[1]

情緒不安定なゴッホにとって、唯一、心が安らげるのが、絵を描いているときだった。友人への手紙に、こんなことを書き綴っている。

名

「いったん手をつけると、夢中でやっています。朝の四時に起きることも、珍しくありません」[3]

いつも褒めてくれた弟のテオが、自分の絵を見て「これは何？ 草ですか、石炭ですか」と尋ねたことがあった。自分が描いた絵が何かわかってもらえなければ、がっかりしそうなものだが、ゴッホはこう言った。

迷

「それがなんだかわからないのか。それを聞くと、ぼくは嬉しいよ」[3]

意外な喜びの裏には、ゴッホのこんな思いがあった。

名

「自然を描きます。あまり細部を書きこまないようにしています。夢のような性質が失われることのないように」[3]

「耳切り事件」ののち、ゴッホは精神科病院へ入院。『包帯を巻いた自画像』を描いている。

ゴッホは37歳のときに、自分の腹にピストルを撃って自殺。弟テオは兄の死をきっかけに衰弱し、兄のあとを追うように、33歳で死去している。

オーヴェルの小麦畑では、ゴッホの墓に並んで、弟テオの墓が建てられた。二人は今でもなお寄り添っている。

［3］ブルースター・ギースリン編、若林千鶴子訳『三十八人の天才たち その創造過程』新樹社

No. **85**

Takuboku Ishikawa

石川啄木

1886年～1912年。岩手県生まれ。盛岡中学を自主退学して上京、与謝野鉄幹・晶子夫妻を訪ねる。帰郷して第一詩集『あこがれ』を刊行。代用教員、新聞記者などを経て、歌集『一握の砂』を発表した。26歳の若さで肺結核により死去。

「はたらけどはたらけど猶《なほ》わが生活《くらし》楽にならざり」

石川啄木は歌集『一握の砂』で、庶民の暮らしの貧しさを歌い、多くの共感を呼んだ。

明治末期、日露戦争に勝利するも、日本はロシアから賠償金が取れずに、莫大《ばくだい》な戦費が国民の負担となった。それから5年後、この歌集が発刊された1910年には、韓国の併合が決定する。さらに膨張していく軍備費に、国民の生活は貧しくなる一方だった。

だが、啄木の場合、生活の貧しさは必ずしも社会情勢のせいだけとは言い切れないかもしれない。23歳の啄木は、新聞社に勤めていたが、勤務態度がとにかく怠慢で、まず朝に起きられなかった。いつまでも布団でもぞもぞとしては、こう葛藤したのである。

迷

「社に行こうか、行くまいかという、たった一つの問題をもてあました。行こうか？　行きたくない。行くまいか？　いや、いや、それでは悪い」［1］

もちろん、会社に行きたくない日くらいはあるだろう。だが、啄木はこの時点で、すでに5日も仮病で欠勤していた。通常の神経ならば、久々の出社にバツが悪くもなるが、啄木は平気な顔で出社し、のんびり働いている。

迷

「無論何の事もなかった。そして、ここに来ていさえすれば、つまらぬ考えごとをしなくてもいいようで、何だか安心だ」［1］

啄木は遅くまで読書にふけったために、朝起きられないことが多かったようだ。とはいえ、歌人として研究に精を出していたわけではない。好色本を読み、わざわざ深夜過ぎても書き写していたのである。

［1］石川啄木著『啄木・ローマ字日記』岩波文庫

迷

「何という馬鹿なことだろう！　予は昨夜、貸本屋から借りた徳川時代の好色本『花の朧夜《おぼろよ》』を三時ごろまで帳面に写した――。ああ、予は！　予はその激しき楽しみを求むる心を制しかねた！」[1]

啄木が「心を制しかねた」のは、このときばかりではない。与謝野鉄幹が設立した東京新詩社で、啄木が短歌の添削を担当していたときのことだ。

啄木は全国から集まって来る短歌に赤字を入れて修正し、返事を出すということを繰り返していたが、そのなかで24歳の独身女性、平山良子に目をつける。妻帯者にもかかわらず、啄木は手紙で浮かれたやりとりをした。

迷

「写真を下さるということで、首を長くして待っています」[2]

なぜ短歌の指導を受けるのに顔写真が必要なのかは理解できないが、2週間後に届いた写真に写っていた女性は、美女そのもの。啄木は「私はあなたをこの上なく美しい人だと思います」と返事を出している。

その後は、恋文のようなやりとりが始まるが、なかなか会いたがらないことを不審に思った啄木が、仲間に調べさせたところ、「平山良子」と名乗る者は、男性で「平山良太郎」であることが発覚。写真は祇園でナンバーワンの芸者で、本人とは全く無関係だったこともわかった。良太郎は、啄木から丁寧な指導を受けたいばかりに嘘をついて、女性に成りすましていたのだ。

啄木はショックを受けたのか、その後、ぱったりと文通をやめている。自業自得である。

作品のイメージとは異なり、かなり奔放だった啄木。金銭感覚にも乏しく、勤務先からは給料を前借りして、それでも足りなくなると、親友からも金を借りたりしていた。妻子とは離れて暮らしていたが、仕送りもろくにせずに、遊興費に費やしていたというから、ろくでなし以外の何者でもない。

そんな啄木を支えた、妻の節子の苦労は想像に余るが、節子は啄木だけではなく、同居していた啄木の母にもいびられていた。しかも、啄木は妻が頭痛や胸痛を訴えても、聞き流すばかり。我慢の限界が来たのだろう。ある

［2］石川啄木著『石川啄木全集　第7巻』筑摩書房

日、節子は娘を連れて家出を決行する。置き手紙には、次のようにあった。
「私は私の愛を犠牲にして身を退《ひ》くから、どうか御母様の孝養を全うして下さるように」[3]
啄木は慌てふためいて、友人にこう泣きついている。

迷

「あれ無しには私はとても生きられない」[3]

散々蔑ろにして、いざいなくなると、こんなことを言い出すのだから始末が悪い。それでも家出をした節子は、まもなくして啄木のもとへ戻って来たという。

啄木がこれほど取り乱すのは、自分の才能を誰よりも信じてくれたのが、節子だったからである。

二人が出会ったのは12歳のときで、15歳の頃から交際をスタートさせた。父に激しく反対されても、交際を押し切ったのは、節子のほうだった。

啄木は結婚後、ほかの女性に心惹かれたこともあると、正直に日記に書きながらも、それは「人の欲望が単一でないだけ」[3]として、妻への思いをこう書いている。

名

「節子はまことに善良な女だ。世界のどこにあんな善良な、やさしい、そしてしっかりした女があるか？　予は妻として節子よりよき女を持ち得るとは、どうしても考えることができぬ」[3]

そんな節子が見出した啄木の才能は、少しずつ世に認められていき、「朝日歌壇」の選者にも起用される。また、啄木は「大逆事件」によって言論弾圧が増していくことを危惧し、文芸評論の形を取りながら、力強いメッセージを発したこともあった。

名

「時代に没頭していては時代を批評する事ができない。私の文学に求める所は批評である」[3]

26歳の若さで肺結核によって死去した啄木。第三子を妊娠中の節子に、こんな言葉を遺してこの世を去った。

「お前には気の毒だった。早くお産して丈夫になり京子を育ててくれ」[3]

［3］澤地久枝著『石川節子　愛の永遠を信じたく候』講談社文庫

No. 86

Marilyn Monroe

マリリン・モンロー

1926年～1962年。アメリカのロサンゼルス生まれ。アクターズ・スタジオで研鑽を積んで、ハリウッド女優として活躍。主演作『紳士は金髪がお好き』『バス停留所』『お熱いのがお好き』『荒馬と女』などで、世界的に有名になった。薬物を過剰摂取して36歳で死亡。

たった一言で人々の心をわしづかみにする。それが、時代のシンボルとなる人物の特徴ともいえるだろう。

「アメリカの恋人」「ハリウッドの女神」とも呼ばれた、女優、マリリン・モンロー。まだ規制が厳しい時代に、スカートが風で巻き上げられるシーンや、お尻を突き出して歩くモンローウォークなどで、マリリンは多くの男性の目を釘付けにした。人気絶頂のなか、記者と交わされた、あるやりとりが大きな話題となった。

「ベッドでは何を着ていますか？」

記者からのそんな下世話な質問へのマリリンの切り返しは、予想外のものだった。

名

「シャネルの五番よ」[1]

あえて「全裸」と言わずに、こう洒落た言い回しをしたことは、もはや伝説と化している。

セクシーで、天真爛漫な金髪美人——。

スクリーンでは、そんなイメージで人気が出たマリリンだったが、自分の幼少期については、こんな似つかわしくない表現で振り返っている。

迷

「生きていくために闘っていたというのが最初の記憶ね」[1]

華やかな世界での活躍を知っていると、イメージしにくいが、マリリンは非嫡出子として生まれ、里親の元や孤児院を行き来するというつらい幼少期を過ごした。その過酷さは「できたら話したくない」とこぼすほどだった。

16歳のときに航空機整備士ジム・ドアティーと結婚。ジムが海軍に徴兵されると、マリリンは航空機部品工場に就職した。だが、どうも刺激に欠けていたようだ。

「仕事はとても退屈で、うんざりするような毎日だっ

[1] クリストファー・シルヴェスター編、新庄哲夫訳『スターリンからジョン・レノンまで インタヴューズ2』文藝春秋

た」[1]

しかし、人生の転機はいつでも突然訪れる。工場の取材があり、19歳のマリリンが報道部の撮影に応じたところ、写真が陸軍の機関誌に掲載される。それが写真家の目に留まり、マリリンはモデル活動を始めることになった。『嵐の園』で映画に初出演するなど、徐々に活躍の幅を広げたマリリン。その一方で、高校を卒業していなかったため、夜間の学校に通い始めた。

「撮影所の仕事が6時半までだったから、遅刻しないようにするのは大変だった」[1]

できるだけ時間に余裕をもって、仕事にあたる。そのほうが、結果的にはより多くのことをこなせるというのが、マリリンの考えだった。

名

「完璧を手にするまでには時間がかかるのよ」[1]

丁寧な仕事ぶりが認められ、『紳士は金髪がお好き』『百万長者と結婚する方法』の主演に抜擢《ばってき》されたマリリン。その演技力で国内外から大きな反響を得た。

私生活では、28歳のときに元ニューヨーク・ヤンキースの野球選手ジョー・ディマジオと二度目の結婚。さらに、30歳で劇作家アーサー・ミラーと三度目の結婚を果たすが、徐々に精神状態は不安定となった。

迷

「優れた女優、本物の女優になりたいわ。幸福にもなりたいけど、でも幸福な人っているかしら。幸福になろうとすることは優れた女優になるのと同じくらいむつかしいことね」[1]

うつ病に苦しんだマリリンは、睡眠薬の大量服用により、36歳という若さで死亡。自宅のベッドで受話器を握りしめたままの最期となった。自殺とされているが、他殺説も根強い。真相はいまだ藪《やぶ》の中である。

死の2日前、マリリンは雑誌『LIFE』の取材を受けている。そこでは、自ら人生を切り開き、陰での努力を惜しまなかったマリリンらしい言葉が語られていた。

名

「有名でなくなったらどうするかって？　どうにか生きていくわ！」[2]

[2] ノンフィクションW「マリリン・モンロー　最後のインタビュー～初公開の肉声から浮かび上がる素顔～」WOWOW

No. **87**

Abraham Lincoln

エイブラハム・リンカーン

1809年~1865年。アメリカのケンタッキー州生まれ。弁護士として活躍後、イリノイ州の下院議員に初当選し、政界へ。第16代アメリカ合衆国大統領に就任。1863年には奴隷解放宣言を行い、「奴隷解放の父」と称される。南北戦争で自ら指揮を執り、勝利へと導いた。

「丸太小屋からホワイトハウスへ――」

これが、エイブラハム・リンカーンが大統領選挙に出馬したときのキャッチコピーである。リンカーンはケンタッキー州の貧しい農家の出身で、丸太小屋で生まれた。

幼少期から父の仕事を手伝っていたリンカーン。仕事を早々と終わらせて、山の上で本を読んでいると、雇い主から「何を読んでいるのか」と尋ねられた。

リンカーンはこう答えている。

迷

「読んでいるんじゃない、勉強しているんです」〔1〕

わざわざ訂正するところが、生意気盛りの少年といった印象を持つが、リンカーンは確かに勉強をしていた。読んでいたのは法学の本だった。

リンカーンは苦学の末に弁護士になったが、お金もうけはあまり上手ではなかったようだ。たとえ裁判で勝てそうでも、依頼人のほうが悪いと思えば、弁護を引き受けなかった。それどころか、法廷の途中で新事実がわかり、依頼人に非があれば、裁判を欠席することもあった。

ある依頼人には、次のような忠告をしている。

名

「私はあなたの訴訟を勝たせることができる。600ドル儲けさせてあげられる。また正直な一家族をみじめにすることもできる。しかしあなたの事件は引き受けないし、料金も受けとらない」〔1〕

リンカーンは信頼できる弁護士として、地方で名を馳せた。この正義感を思えば、法律家から政治家に転身したのもうなずける。

その後、リンカーンは25歳でイリノイ州議会議員に当

〔1〕ロード・チャーンウッド著、斎藤数衛訳『リンカーン伝』東京創元社

選。立候補時の演説がいかにも軽快で、親しみやすい人柄をよく表している。

名

「私の政策は、老婦人のダンスのように短くて、やさしいものです。私は国立銀行を支持します。私は内国改良制度と高関税を支持します。これが私の政見であり、信条です。もし当選すれば、私は感謝いたします。当選しなくとも、感謝の気持ちにかわりありません」[1]

ここからリンカーンが大統領の座まで上り詰めるにあたっては、二人の女性がキーパーソンとなった。

一人は妻のメアリーである。上流階級のお嬢様だったメアリーは、こう広言していた。

「アメリカ大統領になる男と結婚する」

この「迷言」には周囲も嘲笑するばかりだったが、メアリーは本気だった。大統領になるなど誰も考えなかったリンカーンと結婚するのだから、さすがである。

しかし、二人の仲は良いとはいえず、結婚前からケンカばかり。田舎育ちのリンカーンのマナーや立ち振る舞いが洗練されていなかったことが、諍《いさか》いの原因になったらしい。大統領夫人の座を狙うメアリーからすれば、将来を見据えての苦言だったが、リンカーンはすっかり嫌気がさして、いつも別れを考えていた。

それでも別れを決断できないまま、結婚式を迎えたリンカーン。よほど気が進まなかったのだろう。信じがたいことだが、当日にすっぽかすという暴挙に出ている。

どうも結婚そのものにも、乗り気ではなかったらしい。結婚した友人に、こう問い詰めたこともあった。

迷

「現在の結婚生活を、理性の判断だけでなく、感情の上でも幸せだと思っているのか？」[1]

そんなリンカーンが覚悟を決めてメアリーと結婚したのは、それから約2年後のことだった。

結婚式に出かけるときに知人に「どこに行くの？」と聞かれて、次のように答えた。

迷「地獄だよ」[2]

地獄に行く覚悟があれば、どんな目標も叶えられそうだが、そう甘くはない。１８６０年、リンカーンはいよいよ大統領選挙を目前に迎えたが、民主党上院議員のスティーブン・ダグラス相手に苦戦していた。

そんなときだ。少女グレイス・ヘデールからの一通の手紙が届く。そこには大統領への意外な要望が書かれてあった。

「あなたのような面長の人は髭を生やしたほうがずっとよいハズです。女性は髭を生やした男性が好きですから、きっと奥さんがたはご主人にあなたに投票するように頼むハズです」

確かに対立候補のダグラスは恰幅《かっぷく》が良く、一緒に並ぶと、リンカーンのほうが面長で頼りなさ気に見える。リンカーンも苦戦を強いられて追い込まれていたのだろう。律儀にもグレイスに返事の手紙を書いた。

「私はこれまで髭をはやしたことがありません。私が髭をはやしたらバカなことを始めた、気取っていると思われませんかね？」[3]

このときリンカーンは52歳。大幅なイメチェンには、抵抗があったようだ。こんな持論さえ持っていた。

迷「40歳を過ぎたら、人間は自分の顔に責任を持たねばならぬ」[2]

「迷言」としたことでおわかりだろう。数日後、リンカーンの顎には、立派な髭がたくわえられていた。

イメージ作戦が功を奏したのか、手紙をもらった翌月の11月6日の大統領選で、リンカーンは勝利。第16代アメリカ合衆国大統領の座を射止めた。

リンカーンといえば、１８６３年に奴隷解放宣言を出したことで知られている。大統領になる前は、こんな表現で黒人と白人で内輪もめをせずに、一致団結するよう呼びかけた。

名「内輪もめしている家は倒れる」[1]

演説の名手でユーモアにあふれたリンカーン。信念をしなやかに貫いて、南北に分断されたアメリカをまとめるべく、リーダーシップを発揮した。

［2］木原武一著『大人のための偉人伝』新潮選書
［3］山口智司著『名言の正体』学研新書

No. **88**

Hideki Yukawa

湯川秀樹

１９０７年～１９８１年。東京府生まれ。京都帝国大学理学部物理学科卒業。「素粒子の相互作用について」を発表し、中間子の存在を予言。１９４９年にノーベル物理学賞を受賞。日本人初の受賞となった。コロンビア大客員教授、京大基礎物理学研究所所長などを歴任。

天才的なひらめきというものは、往々にして理解されないものである。日本人で初めてノーベル賞を受賞した湯川秀樹は１９３４年、27歳のときに「素粒子の相互作用について」という演題で「中間子理論」を学会に発表。しかし、それは物理学の常識から逸脱していたため、ほとんど相手にされなかったという。

そもそもの着想は、湯川のこんな疑問から生まれた。

「原子核の中で、どうして陽子と中性子がバラバラにならずにいられるのか」

その答えを求めて日々思考するが、難題だけにそう簡単に答えは出ない。大阪帝国大学理学部に講師として籍を置いていたが、一向に結果を出さない湯川は、物理学教室の教授から、こう叱責《しっせき》を受けたという。

「君は大学を卒業して5年もたっているのに、論文を1本も書いていないじゃないか。こんなことではダメだ。さっさと論文をまとめなさい」[1]

だが、湯川にとってこの時期はただ苦しいだけの時期ではなかったと、のちに振り返っている。

名

「苦しいということそれ自体が、同時に楽しいことでもあった時期である。重い荷を背負った旅人が、上り坂にさしかかったようなものであった」[2]

仮説を立てては、打ち消すことの繰り返し。陽子と中性子がバラバラにならないのは、両者を結びつけるものがあるはず。だが、それが何かがどうしてもわからない。

ちょっとした発想も忘れることがないようにと、湯川は枕元にノートを置くようにしていた。すると、ある晩こうひらめいたという。

「陽子と中性子は、何か別の粒子をキャッチボールしているのではないか？」

湯川はこの粒子を「中間子」と名づけて、学会での発

[1]「科学系ノーベル賞日本人受賞者９人の偉業【湯川 秀樹】」
国立科学博物館（https://www.kahaku.go.jp/exhibitions/tour/nobel/yukawa/p1.html）
[2] 湯川秀樹著『旅人 ある物理学者の回想』角川ソフィア文庫

表までこぎつけた。国内の学会では黙殺されたが、論文発表から13年後、イギリスの学者によって、正しさが証明され、ノーベル物理学賞受賞という快挙を遂げた。

学者としてどれだけ重鎮になっても、湯川は駆け出しの若手の研究発表にも顔を出した。そして、発表者に必ず何かしらの質問をしたという。[3]

それも発表者が戸惑うほど、ごく簡単な質問が多かったというから、まるで子どものように、素朴な疑問を常に抱いていたのだろう。湯川は自らのことをこう語った。

名

「メルヘンといいますか、子供の世界というんですか、そういうところへ戻りたいという気持ちがいつもあるんです」[4]

湯川は、教える立場としても、かなり変わっていた。

ある講義で、学生が湯川に、黒板に書いている数式について質問をした。どうも数式が一部、間違えているらしい。湯川ならすぐに答えてくれると、誰もが期待した。

だが、湯川は「ちょっと待っとき」と言い、教室を出て行ってしまった。本でも持ってくるのかと思いきや数学者の岡潔を教室に連れてきて、学生から受けた質問を岡にぶつけたのである。

岡が「湯川せんせ、ここが違いますわ。こうやなくて、こうでしょ」と言うと、湯川はしばらく考えてから、「ああ、そうか。なるほどなあ」と感心して、教室の学生たちにこう呼びかけた。

迷

「みんなも分かったか？　授業つづけるで。あ、岡君、ありがとうな」[5]

こういうことがたびたびあったという。湯川にとっては、思いついたことをすぐ質問することも、わからないことを誰かに聞くことも、恥ずかしいことではなかった。努力はたゆまず、進むのは一歩ずつ。

湯川が座右の銘としたこの言葉に、そんな地道な姿勢がよく現れている。

名

「一日、生きることは、一歩、進むことでありたい」[6]

[3] 森毅著『人生20年説―人は一生に4回生まれ変わる』イースト・プレス
[4] 湯川秀樹著『人間の発見　湯川秀樹対談集Ⅲ』講談社文庫
[5] 真山知幸著『ざんねんな偉人伝』学研
[6] 湯川秀樹著『外的世界と内的世界』岩波書店

No. **89**

Ernest Hemingway

アーネスト・ヘミングウェイ

1899年～1961年。アメリカのイリノイ州生まれ。第一次世界大戦に従軍した後、パリで創作活動に励んだ。スペイン内戦、第二次世界大戦にも従軍。『老人と海』でピューリッツァ賞とノーベル文学賞を受賞した。代表作に『誰がために鐘は鳴る』『武器よさらば』など。

ヘミングウェイにとっては、己の人生を全力で生きることが、すなわち「書くこと」だった。

仕事でも趣味でも行動力旺盛で、危険な目に遭うことも多かったが、そのたびに不死鳥のごとく復活している。戦地でも従軍記者として積極的に前線へ。負傷しながらも生還を果たして伝説となった。

この言葉は、まさにヘミングウェイの人生哲学といってもいいだろう。

名

「勇気とは、窮しても品位を失わないことだ」[1]

パーティの帰りにひどい自動車事故に遭い、57針を縫う大怪我をしたこともあったが、退院して1週間で復活。その後、両膝が不自由にもかかわらず、ノルマンディー上陸作戦に参加を希望。特派員として輸送船に乗り込んだというから、まさに鉄人である。

セスナ機を自ら操ったヘミングウェイは、2回にわたって、飛行機事故も起こした。瀕死《ひんし》の重傷を負ったが、やはり復活。『老人と海』でノーベル文学賞を受賞したのは、墜落事故の翌年のことだった。

趣味の釣りや両親の不仲、自身の恋愛と、人生まるごと小説の題材にしたヘミングウェイ。こんな豪快な言葉にも説得力がある。

名

「心の底からやりたいと思わないなら、やめておけ」[2]

恋多き男だったヘミングウェイは、私生活も奔放だった。22歳のときに、8歳年上のピアニストと結婚するものの、たった4年後には、友人で作家のスコット・フィッツジェラルドに、こんな呆《あき》れた手紙を書いている。

［1］山口智司著『天才100の言葉』彩図社
［2］マーディ・グロース著、渡部昇一訳『たった1つの言葉が人生を大きく変える』日本文芸社

迷

「ぼくにとって天国とは、最前列にぼくのために指定席が2つある大闘牛場、ぼく専用の鱒《ます》釣りの川、町に二軒の家があるところだ。その一軒には妻と子どもたちが住み、一夫一妻制をとっていて、ぼくは妻子を心から愛している。もう一軒の9階建ての家には各階に一人ずつ、ぼくの美しい愛人がいる」[3]

ヘミングウェイは生涯で3度の離婚と、4度の結婚を経験した。さもありなんといったところだろう。

そんな強靭《きょうじん》な肉体を持ち、仕事もプライベートも謳歌《おうか》したヘミングウェイだったが、晩年は事故の後遺症による躁鬱《そううつ》病に苦しみ、奇抜な言動をとり始める。

外食しているときのことだ。ヘミングウェイは、突然、こんな突拍子もないことを言い出した。

迷

「誰かにつけられている」[4]

視力も弱り、読書を10分しただけで、数時間も休まなければならなくなったヘミングウェイ。電話でこんな弱音をもらすようになった。

迷

「どうにも仕上がらん。できんのだ」[4]

さらに書けない苦しさをこう吐露している。

迷

「一日中、仕事机に向かい、一日中ここに立ったまま、がんばって、ほんの、ほんのちょっと1行かそこらを書き足すだけ、いやもっとかもわからん、が、とにかくできんのだ……」[4]

そして1961年のよく晴れた日の朝、ヘミングウェイの部屋で銃声が鳴り響く。不死身と言われた男、ヘミングウェイ。自らの手で、波乱に満ちた人生に終止符を打った。

[3] E. Hemingway “Ernest Hemingway Selected Letters 1917-1961” Scribner Classics
[4] 佐伯彰一著『書いた、恋した、生きた　ヘミングウェイ伝』研究社選書

No. 90 広岡浅子

Asako Hirooka

1849年～1919年。京都府生まれ。三井高益の四女。17歳で大坂の富豪、加島屋の広岡信五郎と結婚。明治維新を機に経営困難に陥ると、鉱山経営に乗り出した。その後、加島銀行の設立、大同生命の創業に携わるなど実業界で活躍。日本女子大学の創立にも尽力した。

旧来の「男らしさ」「女らしさ」という価値観が再考されている。明治期において、その呪縛を振りほどこうとしたのが、実業家の広岡浅子である。浅子は、三井家6代当主の三井高益の庶子として生まれた。

明治期は女性蔑視が公然と行われていた。浅子も幼少期から、将来の夫のためにと、三味線、お琴、裁縫、茶の湯と厳しい花嫁修業をさせられている。

浅子は本を読むのが好きだった。だが、「読書は一切禁止」と言い渡されてしまう。

それが浅子にとっては耐えがたい苦痛だった。こんな心情を吐露している。

迷

「女子といえども人間である」[1]

迷

「学べば必ず習得せらるる頭脳があるのであるから、どうかして学びたいものだ」[1]

「迷言」としているのは、もちろん、こんな言葉が出てくること自体があってはならないことだからだ。

17歳のときに、大坂の豪商・加島屋を営む広岡家に嫁ぐと浅子の人生は急展開し始める。

8歳年上、夫の広岡信五郎は、浅子が好きなように読書をさせてくれた。それは何も信五郎が進歩的な考えを持っていたからではない。信五郎は家業に全く関心がなく、三味線や茶の湯などもっぱら趣味に明け暮れていた。自分が好きなように過ごしているので、妻にも自由を許したにすぎない。

浅子は、本を自由に読めるようになったのはうれしかったものの、夫の怠慢ぶりに、戸惑いを隠せなかった。

［1］広岡浅子著『人を恐れず天を仰いで―復刊『一週一信』』新教出版社

迷

「嫁してみれば、富豪の常として、主人は少しも自家の業務には関興せず、万事、支配人任せで、自らは日毎、謡曲・茶の湯等の遊興に耽《ふけ》っているという有様であります」［1］

信五郎だけではない。歩ける距離でも輿《こし》に乗り、外出の際には振袖で着飾る。豪商として当然の暮らしぶりなのかもしれないが、浅子にとっては目に余る浪費以外の何物でもなかった。幼少期を過ごした三井家が厳格だっただけに、浅子は危機感を募らせて一念発起する。

名

「かくては永久に家業が繁昌するかどうかは疑わしい。一朝事あれば、一家の運命を双肩にになって自ら起たねばならぬ」［1］

頼れるのは自分しかいない。浅子は夜な夜な読書をして、突破口を見出そうと一人で奮闘することになった。

名

「簿記法・算術・その他、商売上に関する書籍を、眠りの時間を割いて、夜毎に独学し、一心にこれが熟達を計りました」［1］

加島屋を私が再建させる――。

独学して情報収集した結果、浅子は鉱山解放令が布告されたことに目をつける。翌年からは鉄道の敷設工事もスタートするという。蒸気機関車の燃料として、多くの石炭が必要となるはずだ。

そう考えた浅子は、石炭事業に乗り出すことを決意。自ら金策に走り回り、さらに持参金を資金に使ってまで、費用をかき集めて、炭鉱を買収する。

そして、周囲が止めるのも聞かず、浅子は着物から動きやすい洋装へと着替えて、真っ黒になって働く炭鉱夫たちと同じ空間で、一緒に汗を流した。屈強な男たちを相手にも怯《ひる》まないために、懐にピストルを忍ばせていたというから、相当な覚悟である。

なにしろ危険を伴う地底での作業だ。これまで浅子のやることに理解を示してきた家族たちからも、今回ばかりは猛反対された。それでも浅子は、経営する以上は現場に入っていく必要があると考えていた。浅子は炭鉱夫とともに寝泊まりして、自ら坑道の先頭に立って、採掘することすらあったという。

そんな身を削った努力が実り、炭鉱は借区83万坪、炭鉱員２００人の規模まで拡大する。産出量も１８９７（明治30）年には、前年比から約5倍増となる１万７４２トンまで急増。収益は順調に伸びていった。浅子が始めた新事業は、加島屋を営む広岡家にとって、大成功に終わったといっていいだろう。

だが、最初からうまくいったわけではない。当初は、採掘量が少なく、採算も取れずにいた。経営が苦しかった期間は、10年にも及んだ。

そんなときも浅子は、次の言葉を座右の銘にして、決して諦めることはなかった。

名

「九転び十起き」[1]

その後も浅子は新事業に積極的に乗り出し、加島銀行を設立。さらに大同生命を創業させて、多角経営を実現させている。

ちなみに、大同生命の社名は「小異を捨てて大同につく」から来ている。社風の異なる朝日生命、護国生命、北海生命の3つが合併して設立されたからだが、その企業合併を思いついたのも、浅子だった。

経営の一線から退いたのちは、その情熱を教育へと向ける。成瀬仁蔵の教育論『女子教育』を読み、浅子は深く感銘を受けた。『女子教育』では「女子を人として教育すること」「女子を婦人として教育すること」「女子を国民として教育すること」の三方面から女子高等教育の方針が述べられていた。

名

「これこそ私が少女時代から寸時も念頭を離れなかった、我が国女子を哀れな境遇から救わんとの熱望を果たさるべき光明であるかのように覚えました」[2]

浅子は、日本で初めての女性のための高等教育機関、日本女子大学の創立に尽力。69年の生涯を駆け抜けた。

[2]『歴史読本』編集部編『広岡浅子 新時代を拓いた夢と情熱』新人物文庫
[3] 長尾剛著『広岡浅子 気高き生涯 明治日本を動かした女性実業家』PHP文庫
[4]『広岡浅子 激動の時代を駆け抜けた「女傑」の生涯（三才ムック vol.835）』三才ブックス
[5] 岩井善弘著、齊藤聡著『先人たちに学ぶマネジメント』ミネルヴァ書房

No. **91**

Yasunari Kawabata

川端康成

1899年～1972年。大阪生まれ。幼少期に次々と肉親を亡くし15歳で孤児となる。東京帝国大学卒業後、横光利一らと雑誌「文芸時代」を創刊。新感覚派の代表作家へ。日本人として初のノーベル文学賞を受賞。代表作に『伊豆の踊子』『雪国』など。日本ペンクラブ会長。

日本で初めてノーベル文学賞を受賞した川端康成。その業績に似つかわしくない異名を持っていた。それは「借金の天才」。川端の散財ぶりは、雑誌で特集を組まれるほどよく知られていた。

大阪に生まれた川端は、2歳のときに父、3歳のときに母、7歳のときに祖母、10歳のときに別れて暮らしていた姉、15歳のときに祖父と、立て続けに家族を亡くして、孤児となった。

不幸な境遇は後の川端作品に色濃く影響を与えており、例えば『十六歳の日記』[1]では、学校に通いながら祖父の看病をする日々が刻々と綴られている。

そんな川端が頼ったのが当時、若手の文学者たちのバックアップをしていた作家の菊池寛である。菊池がのちに『文藝春秋』を創刊したのも若手に書く場を与えて生活させるためだったが、このときも大学生の川端から「結婚することになった」と相談を受けると、随分と世話を焼いている。

菊池は、川端のために住まいを借りて家賃を肩代わりし、さらに生活費を毎月50円、現在の価値で約2万5000円ばかりを渡すと約束した。川端が「菊池氏の思いがけない好意ほど、私を驚かせた好意はなかった」[2]と喜んだのも当然だろう。

結局、川端の結婚は破断になるが、それ以来、川端は菊池から援助を受け、さらに借金までするようになる。

「菊池氏の好意に甘えることを覚えた私は、遂に身にしみた慣わしとなるまで、だらしなく無心を続けて、その後の数年間は菊池氏に養われたも同然だった」[2]

他人から金を借りるときに、どう切り出すかは人それぞれだが、川端の場合は「ひたすら無言で、そばに佇む」という不気味な戦法を得意とした。

菊池も負けずに黙っていること1時間、川端がようやく「20円いるんです」と切り出した。現在だと約1万円である。菊池が「いつ?」と尋ねると、川端は答えた。

[1] 川端康成著「十六歳の日記」『作家の自伝15　川端康成』日本図書センター
[2] 川端康成著「文学的自叙伝」『作家の自伝15　川端康成』日本図書センター

迷「今」[3]

あまりにも急だが、菊池はこのときも金を貸し、川端は無言で受け取ったというから、これではまるで借金取りである。それでも思わず貸してしまう迫力が川端にはあった。あのギョロリとした目で見つめられると、恐ろしくて逃げ出したくなるらしい。

こんな伝説が残っている。ある夜、ふいに目が覚めた川端は、枕元で自分を見下ろす泥棒と目が合ってしまう。１分以上、お互いに黙っていると、泥棒は「駄目ですか」と言って、その場から一目散に逃げ出したという。[4]

またあるときは、川端のもとを訪ねた女性編集者が懸命に仕事の依頼をするのだが、川端は一切口をきかず、ギョロリと彼女を見つめるだけ。何も反応がないので、女性編集者が耐えきれずに泣き出してしまった。

川端は不思議そうな顔をして、ようやく口を開いた。

迷「あの、どうかしましたか」[3]

言葉少なに借金を繰り返すスタイルは、大作家となっても変わらなかった。たとえ手持ちがなくても、欲しい美術品があれば「これ届けてください」と購入を即決。代金を求められると、きっぱりとこう言った。

迷「ないものはない。いずれ払います」[3]

そんな具合に集めた美術品のコレクションは、一級品だけで約２００点。国宝指定の池大雅・与謝蕪村の『十便十宜図』、浦上玉堂の『凍雲篩雪図《とううんしせつず》』をはじめ、岸田劉生の『麗子喜笑図』、ロダンの『女の手』、小林古径の『千羽鶴』装丁原画などがあり、なかでも『十便十宜図』は、現在の時価で３０００万円を下らないともいう。

こうも派手に使っては、どれだけ稼いでも足りないわけだが、美術品を自分のそばに置くことが、数々の名作を生み出す原動力となっていた。

名「夜通しの仕事の机にも小さい美術品をおいて自分を支えた。支えると思ったのに過ぎないのかもしれない」[5]

［3］山口智司著『トンデモ偉人伝　作家編』彩図社
［4］大久保喬樹著『川端康成：美しい日本の私』ミネルヴァ書房
［5］川端康成著「天授の子」『作家の自伝15　川端康成』日本図書センター
［6］日本経済新聞 2007年4月4日

名

「古いものほど新しい力があった。私は時を超えた美を感じる一方時代の宿命を感じた」[5]

美術品や骨董品から時代を超えた力をもらいながら、夜ごと机に向かった川端。それでも書くことができずに、睡眠薬に頼ったこともあった。

京都を舞台にした『古都』の執筆中は特にひどかったようで、書き上げてまもなくして禁断症状で入院している。『古都』が映画化されて、主演の岩下志麻が川端のもとを訪ねたときのことだ。緊張して何も話せない岩下に、川端が珍しく気を使って話題を振った。

迷

「あの作品は睡眠薬を飲んで書いたから、私にも訳わからないんですよ」[6]

69歳で川端は、文学部門で日本人として初となるノーベル文学賞を受賞。受賞後に、銀座の洋品店に立ち寄ると、店員にあるコートを勧められる。

それは黒のコートで裏地が赤。イギリスの王室風のものだった。川端は、赤の色にはやや戸惑ったものの、サイズもぴったりで気に入ったという。

しかし、いつも欲しいものはすぐに手に入れる川端が、このときばかりは買うのをやめている。「ノオベル文学賞で頭がおかしくなったと見られるのをおそれた」[7]のだという。

だが、買わなかったことを川端は「賞にこだわって、裏の赤いコオトひとつよう買えなかった」[7]とひどく後悔し、作家のあり方についてこのように書いている。

名

「勿論、作家は無頼、浮浪の徒であるべきだ。栄誉や地位は障害である」[7]

ノーベル賞は死ぬ前年にもらいたかった——。幾度となくそう言った川端は、ノーベル賞を受賞して4年後、「散歩に出る」と言って家を出たのち、逗子のマンションの仕事部屋で謎のガス自殺を遂げた。

遺書の代わりに、借金とこよなく愛した数々の美術品を残した川端。その72年間の生き様は、まさに無頼・浮浪の徒であった。

[7] 川端康成著「夕日野」『作家の自伝15　川端康成』日本図書センター

No. **92** Jean-Jacques Rousseau

ジャン・ジャック・ルソー

1712年～1778年。スイスのジュネーブ生まれ。16歳でジュネーブを離れ、家庭教師を務める。ディジョンのアカデミーへの懸賞論文に『学問芸術論』が入選。1762年に『社会契約論』を発表し、大きな評判を呼ぶ。ほかに教育論の『エミール』や『告白』など。

文明が人間を堕落させている――。

思想家のジャン・ジャック・ルソーが1762年に世に問うた『社会契約論』は大きな反響を呼んだ。ルソーの著作活動が与えた社会的インパクトは、本書に登場するほかの偉人たちにも及んでいる。

ロシアの文豪トルストイは青年時代に『社会契約論』を読みふけったし、また、フランスの皇帝ナポレオンもルソーの著作に大きな感銘を受けている。

哲学者のカントに至っては『エミール』に夢中になるあまり、鉄の意志で習慣として続けられていた散歩の時間を忘れるほどだった。

ちなみに、ルソーといえば「自然に帰れ」のフレーズがよく知られているが、著作には出てこない。言葉が一人歩きするほど、ルソーの影響力は大きかった。

時代を超えて人々の心をとらえたルソーだが、幼少期は過酷だった。母は分娩と同時に死亡し、父は10歳のときに傷害事件を起こして逃亡。

ルソーは叔父の家に預けられるが、さらにたらい回しにされ、牧師のもとで2年にわたり寄宿生活を送った。そのときに牧師の妹に折檻《せっかん》され、ルソーは深く傷ついている。つらい幼少時代がルソーの感受性を強くした。

名

「私は考える前に感じた。これは人間性に共通することである。私は、それを他の人よりも強く感じた」[1]

学校にも通えず、ルソーは13歳のときに、彫刻職人のもとへ奉公に出された。だが、親方から暴力を振るわれることに怒りを感じ、盗みを働くようになる。

迷

「渇望と無気力は、かならず人をこのような結果にする」[1]

[1] 中里良二著『人と思想　ルソー』清水書院

迷

「どうにもこの仕事が我慢できなくなり、私は嘘をついたり、怠惰をきめこんだり、盗みを働いたりして、非行に走ったのだ。こういうことはもともと私の嫌うところの悪徳だったのに」[2]

親方のもとからは逃亡したが、嘘や盗みはその後も繰り返された。過去の罪について、ルソーは『告白』でありのままを綴っている。

家庭教師に音楽教師、楽譜の筆写、外交官の書記、銅版工とさまざまな職業を転々としたルソー。時には物乞いをして、なんとか生活することもあった。そうした不安定な生活のなか、評論などを書いて懸賞などに送るうちに、ルソーの著述活動が認められていく。

不遇な幼少時代を過ごしたルソーが、教育論について筆を執ったのは、自然なことかもしれない。世界に影響を与えた『社会契約論』を刊行すると、続いてルソーは問題作『エミール』を世に放つ。

『エミール』の冒頭は次のようなものだ。

名

「すべては、創造主の手を離れるときは善であり、すべては人間の手の中で悪くなる」[1]

ルソーが教育で重視したのは、子どもの自由性と活動性である。大原則としては「時間を稼がないで、時間を失うこと」こそが重要だとした。

子どもには伸び伸びと子どもらしい時間を過ごさせるべきだとし、ルソーは早期教育にも反対だった。放任主義こそが、その子どもがもつ個性を花開かせるのだと、ルソーは考えていた。

名

「何もしないことから始めることによって、あなたは、教育の驚嘆にすべきことをしたことになる」[1]

子どもが習い事で毎日を追われているような、現代社会への警句としてもとらえられるが、ルソー自身がそういう子どもらしい時間を過ごせなかったという経験が色濃く影響しているのだろう。

〔2〕ゲルハルト・プラウゼ著、丸山匠訳、加藤慶二訳『天才の通信簿』講談社文庫

『エミール』は発売後、大反響を呼んだが、そのことで自分の身を危うくしている。体制を批判する内容を広めたとして、本は発禁処分となり、ルソーは逮捕状を出されてしまう。追われる身となったルソーは、各地を転々としながら、イギリスへと脱出している。

それくらい大きな影響を与えたルソーの教育論だが、自身は、宿の女中テレーズを愛人として10年間で5人の子を産ませたうえに、いずれも孤児院に送っている。

自身が実践できなかったからこそ、教育論を打ち出したのかもしれないが、あまりにひどい仕打ちに、『エミール』の名文もどこか空しく響いてしまう。

迷

「父親の義務を果たすことのできないものは、父親になる権利をもたない」[1]

晩年はフランスに帰国するも、精神状態が悪化して、執筆どころではなかった。

城の門番が死んだときには、自分に毒殺の嫌疑がかかることを恐れて、わざわざ解剖を要求。友人が大病にかかったときも、自分が疑われるのを恐れた。

被害妄想はひどくなるばかりだったが、よい変化もあった。長く愛人だったテレーズとの結婚である。ルソーは次第に「迫害はもうすべてなしつくされた」[1]と考えるようになり、テレーズと穏やかな時間を過ごした。

しかし、テレーズが病気になると、看病に追われ、また自身も高齢のために、執筆活動を中断。晩年は貧困に苦しめられながら、66歳でその生涯を閉じた。

死について、ルソーは、こんなふうに語っていた。

名

「人間は生来、王様でも、高位高官の身分のものでもない。朝臣でも、金持ちでもない。すべての人は人生の悲惨・苦痛・害悪・貧乏、そしてあらゆる種類の苦しみを免れることはできない。最後には、すべての人は死ななければならない。ここに人間の真実がある」[1]

晩年は「自分は一体、何者であるか」という探求を続けていたルソー。後世に思想的影響を与え、フランス革命の英雄として、崇《あが》められることになるのだった。

No. 93

Osamu Tezuka

手塚治虫

1928年～1989年。大阪府豊中市生まれ。大阪大学医学専門部卒業。医学博士。『マアチャンの日記帳』でデビュー。『鉄腕アトム』『ジャングル大帝』『リボンの騎士』が大ヒットとなり、アニメーションでも、大きな業績を残す。『火の鳥』『ブラック・ジャック』など多数。

年下の言葉遣いが耳につきだすと、なんだか急に老けたような心持ちになるが、やたらと「神」を連呼する風潮には、げんなりしている。

アイドルの優れたファンサービスを「神対応」などと呼びだしたのが始まりなのか、小学生の子どもたちまで「神だ、神だ」と騒がしい。「神は死んだ」と言ったのはニーチェだが、随分と神も安くなったものである。

それに比べたら、手塚治虫は「マンガの神様」と呼ばれるのに、ふさわしい偉業を遺している。代表作を挙げるのが難しいほど、多くの傑作を生み出した。神様と呼びたくなるのもよくわかる。

だが、手塚もやはり神様ではなく、人間だった。いやむしろ、手塚ほど人間臭い人物も珍しいかもしれない。

手塚が医師免許を持っていたことはよく知られている。戦時中、深刻な医師不足を受けて設置された大阪帝国大学附属医学専門部に通い、医学博士号も取得した。

手塚が医師ではなく、漫画家の道を選んだのは、デビュー作『マアチャンの日記帳』で手ごたえをつかんだからだった。

名

「この連載が、二、三か月続いたために、僕は、はっきりとマンガ家になる決心をした」[1]

母からの「自分の好きな道を歩みなさい」[1]という言葉も後押しとなり、手塚はマンガ道を邁進《まいしん》する。

手塚はデビュー時に16歳だったが、19歳と年齢を詐称した。年上にサバを読んだ理由は諸説あるが、見くびられないためだったともいわれている。

『鉄腕アトム』『リボンの騎士』『ロック冒険記』と話題作を次々と出した手塚。戦前に『漫画少年』の名編集長として知られた加藤謙一は、何度か連載依頼の手紙を出したが、こう断られていた。

［1］竹内オサム著『手塚治虫：アーチストになるな』ミネルヴァ日本評伝選

「私はまだ東京の有力な雑誌に描くがらではないので」

それでも諦めずにやりとりしてると、ふいに手塚は加藤の前に現れた。風呂敷に包んだ下絵の段階の原稿を、加藤に差し出してこう言ったという。

迷

「こんなものでよろしいか」[1]

「迷言」としたのは、「こんなもの」どころか、世紀の傑作ともいわれる『ジャングル大帝』の原稿だったからだ。思わず「神」とも呼びたくなるが、裏で血のにじむような努力があったことは言うまでもない。

睡眠時間の長さよりもリズムを重視した手塚は、眠っても2、3時間程度で、そのわずかな睡眠さえとらない日も多かった。限界がきて仮眠をとるときは、アシスタントにこう頼んでいたという。

迷

「30分も眠るとつらくなるから、10分で起こしてください」[2]

そこまで身を削って書いても、いつの時代も読者の心は移ろいやすい。リアルな劇画がブームになると、「手塚はもう古い」という声が、手塚の耳まで聞こえてきた。

迷

「マンネリだ、マンネリだと読者の手紙が殺到し、なにを描いても評判が悪く、しかも助手は劇画に熱中する」[1]

迷

「十年前はわれわれこそは新分野と力んでいた私自身が、現在四苦八苦して漫画本来の姿を求めて暗中模索しているとは何という矛盾だろう」[1]

手塚は苦悩しながら、劇画のテイストを取り入れて、流行に遅れまいとした。

焦りからか、ほかの漫画家を批判したこともある。石ノ森章太郎が実験的な作品『ジュン』を連載していたときのことだ。手塚はファンとの手紙のやりとりのなかで、『ジュン』のことをこう批判した。

迷

「あんなものはマンガじゃない」[3]

この言葉をファンが本人に伝えてしまい、手塚を尊敬

〔2〕日刊スポーツ新聞社特別取材班『この道　500人の証言』日刊スポーツ出版社
〔3〕『林先生の痛快！生きざま大辞典』（TBS、2014年12月9日放送）

する石ノ森は大きなショックを受けた。手塚が謝罪するという騒ぎにまで発展している。

　手塚が苦悩したのは作品上のことだけではない。「アトム・ブーム」の低迷を受けて、手塚が創設したアニメーション専門のプロダクション「虫プロ」が倒産してしまう。手塚は自身の教訓として、講演会でこう話した。

迷 「人は信じよ　しかし人は信じるな」[1]

　字面では何を言っているのか、よくわからないが、前者の「人」は広い人類のことを指している。人類に絶望する必要はないが、一人ひとりのことは信じてはいけない、というのが、手塚の教訓だった。

　それだけ人間不信が大きかったということだろう。アニメのヒットで版権トラブルも起きていたが、手塚は純粋にマンガに打ち込みたかったに違いない。

　幼い頃から漫画のことばかり考えていた手塚には、描きたいことが山ほどあった。

名 「僕は描きたいんです。描くことならいくらでもある」[4]

　手塚は胃がんに侵されて、60歳で他界。死の直前まで命を削り、漫画を書き続けた。この言葉が妻の聞いた、手塚の最期の言葉となる。

名 「隣へ行って仕事をする。仕事をさせてくれ」[1]

　超越した仕事ぶりを「神」と呼ぶのは褒めているようで、その域に達するための、血のにじむような努力から、目を逸らすことになってはいないだろうか。

　年齢を詐称してまで漫画家としての成功を夢見て、大ヒットを飛ばしても時代遅れとのそしりに悩み、同業者にもみっともないほど嫉妬の炎を燃やす――。

　そんな「ザ・人間」の手塚治虫だからこそ、時代を超越した名作の数々を生み出すことができたのである。

[4] 手塚治虫著、松谷孝征著『手塚治虫　壁を超える言葉』かんき出版

No. **94**

Umeko Tsuda

津田梅子

1864年～1929年。江戸生まれ。6歳のときに、岩倉具視遣外使節に同行して渡米。帰国後は英語の教師となるが、再び渡米。再帰国後は華族女学校教授、のち女子高等師範学校教授を兼任。女子英学塾（後の津田塾大学）を創立。女子高等教育に尽力した。

カルチャーショックとはこのことだろう。

1882（明治15）年、津田梅子は11年のアメリカ留学を経て、日本へ帰国する。

梅子を乗せたアラビック号がサンフランシスコを出港。横浜港に入る前に、梅子は船室で手紙をしたためた。

「目を閉じて、ああこんな日がほんとうにやってくるなんて、こんなことが今までにあったかしらと、明日のことを想像しています」[1]

これだけ興奮するのも無理はない。梅子はこのとき、17歳。岩倉使節団の留学生として渡米したのは、わずか6歳のときのことである。日本語に不安を持ちながらも、梅子は期待に胸を膨らませた。

名

「明日、私の人生の新しいページがめくられます。どうか素晴らしいものでありますように！」[1]

だが、それだけ楽しみにしていた日本での生活は、想像以上にアメリカと違っていたらしい。1カ月後、梅子は日記で、こんな心情を吐露している。

迷

「余りの落差なので、私は新しい人生にまだなじめず、落ち着きません。時には自分はほんとうに日本にいるのかしら、これがあんなにも恋い慕っていた私の生まれた国とその国の人びとなのだ、と独り、自分に語りかけることがあります」[1]

室内で靴を脱ぐ習慣や、着衣が複雑な着物など日本の文化を目の当たりにして、梅子は戸惑い、時には苛立《いらだ》ちを感じていた。なかでも最もカルチャーギャップを感じたのが、女性の扱いである。

[1] 大庭みな子著『津田梅子』朝日文庫

「女性は男性より遥かに人生の辛い部分を背負っています。気の毒な、可哀そうな女性！　あなた方の地位を引き上げてあげたい！」[1]

女性を啓蒙《けいもう》したい——。そう強い思いに駆られても、機会を見出せずに、梅子はこんなことまで言っている。

迷

「私が死ぬことで日本の娘たちの地位を高めることができるのなら、喜んでそうするでしょう」[2]

たとえ身分が高くても、封建的なしがらみに縛られる女性の姿を見ては、梅子は女性のための教育環境を整えなければならないと考えた。

名

「人は無知を見て初めて知識の力の大きさを実感する」[2]

梅子は教師として華族女学校に就職した。教師として活動するうちに、教育機関の設立を夢見るようになる。

さらに二度目のアメリカ留学を行い、女子教育について研究。帰国後しばらくして、当時、勤務していた華族女学校と女子師範学校に辞職届を出した。

長年の夢を叶えるための大きな決断だった。もう後戻りはできないことを、独特な表現で綴っている。

名

「私はいまや自由なのです。いわば船をすべて燃やしてしまいました」[2]

そして1990（明治33）年、ついに夢を実現させる。先駆的な私立女子高等教育機関として「女子英学塾」を創設。小規模だったが、梅子はこう胸を張った。

名

「私たちの始まりはまことに小さなものでした。しかしほんとうに強い人間は自分の子供時代を恥じることはありませんし、規模そのものは価値の基準には全くなりません」[2]

この小さな始まりが、現在の津田塾大学の礎となる。

女性の高等教育に生涯をかけた梅子。女性の自立のために自分の人生を捧げた。

［2］古木宜志子著『人と思想　津田梅子』清水書院

No. **95**

ニール・アームストロング

Neil Armstrong

1930年～2012年。アメリカのオハイオ州生まれ。高校卒業後、海軍に入隊してジェット戦闘機のパイロットとして活躍。航空専攻工学士の資格を取得後、宇宙飛行士に選抜される。1969年、宇宙船アポロ11号に船長として搭乗。人類初の月面着陸に成功した。

名言が誕生するには、シチュエーションが重要となる。人類で初めて月面に到着したとき、ニール・アームストロングはこう言った。

名

「これは一人の人間にとっては小さな一歩だが、人類にとっては偉大な一歩である」[1]

この状況において、これ以上の言葉を考えるのは難しい。名言中の名言である。誠実な性格で知られているニールのことだ。入念に準備していたのかもしれない。

いつも穏やかだったニールについて、仲間の飛行士はこんなふうに語っている。

「おとなしくてもひっこみ思案ではない。自信があるが自慢はしない。熱心に耳を傾ける男」[2]

また高校の科学教師クライツはこう評した。

「ニールは、自分の頭の中にあることを誰かに知ってもらおうとはしない子でした。答えを引き出すためには問いかけなくてはならないのですが、書くというかたちではうまく自己表現していましたね」[2]

そんな実直なニールは、決してサービス精神旺盛なタイプではなかった。月面着陸後、さまざまな質問をぶつけられるが、相手が望むような答えは意図的に避けていた。

とりわけ多かったのが、次のような質問である。

「宇宙飛行中に死を恐れたことがあったか？」

「宇宙に出たことで信仰心や世界観は変わったか？」

こういう漠然とした質問にはあいまいな回答をするにとどめて、宇宙での操縦術や技術、科学に関する質問に絞って答えるのが、ニールのやり方だった。

「月面に立ったときに神を身近に感じたかどうか？」

そんな質問に、こんなふうに答えたこともあった。

[1] ジェイムズ・R・ハンセン著、日暮雅通訳、水谷淳訳
『ファーストマン：ニール・アームストロングの人生（下）』ソフトバンククリエイティブ
[2] ジェイムズ・R・ハンセン著、日暮雅通訳、水谷淳訳
『ファーストマン：ニール・アームストロングの人生（上）』ソフトバンククリエイティブ

迷

「人間、とにかくうまい葉巻が吸いたいなあと思うだけのときだってあるのさ」[2]

実際うんざりするようなことばかりが降りかかってきた。家の近所に住んでいたアマチュア天文学者は、ガレージの屋上にある天体観測所で、16歳のニールと時間をともにしたとして、数々の取材に応じている。ニールが月面に着陸した瞬間の感動も、ドラマチックに語った。「信じられない、あの頃ずっとニールと二人で、あそこまで昇っていったらどんな感じなんだろうと話し合っていたことを思うと」

マスコミは感動秘話として喜んだが、ニールからすれば戸惑いしかなかったようだ。

迷

「あの人の吹聴したことは、みんな間違っているように思える」[2]

迷

「どんなに思い返してみても、私が彼の観測所に行ったのは一回きりだ。望遠鏡を覗いて月や宇宙について内輪話をしたということなどなかった」[2]

先に登場したニールが尊敬する科学教師クライツでさえも同様に「話を盛る」傾向があった。クライツ曰く、青年時代のニールは、満月を指さしてこう言ったという。

「いつの日か、あそこにいる人間に会ってみたいですね」

これが事実ならば、若き日の名言としたいところだが、ニールはこう一蹴する。

迷

「作り話だね。あのころの私の志望は飛行機関係一辺倒だった。宇宙飛行など、非現実的な野望だったはずだ」[2]

相手が誰であろうと、自分にまつわる誇張された逸話を、きちんと否定するのが何ともニールらしい。ニールはテストパイロットとしての豊富な経験を買われて、宇宙飛行士に選抜された。この指摘は的を射ている。

このように、マスコミにとっては誌面に使えないという点で「迷言」とされるような回答を、ニールは繰り返さざるを得なかった。マスコミの意図をくみとって「名言」らしきものを答えるほうがよほど楽だっただろう。だが、真っすぐなニールには、それができなかった。だからこそ、多くの仲間の宇宙飛行士から信頼され、チームで偉業を成し遂げることができたのだろう。

実際にインタビューを受けても、しばしば裏切られた。

迷

「単独インタビューのあとで、その記者が嘘をつくという嫌な経験が何度かあった。一度間違った報道をされたら、それを正す有効な方法はあまりない」[1]

大西洋横断単独無着陸飛行に初めて成功したチャールズ・リンドバーグが亡くなると、ニールのもとには「リンドバーグの偉業と月着陸を比較して、どう思うか」という質問が多く寄せられるようになる。ニールは差し障りのない答えをしていたが、この言葉だけは真実だった。

名

「彼の苦悩は十分理解できる」[1]

ニールは「マスコミ嫌い」と報じられ、サインに応じなかったことで批判されることもあったが、そうならざるを得ないだけの理由があったといえるだろう。

もともと面白みのないマジメ人間というわけでもない。環境問題への強い関心から、全米資源回収センターの理事を引き受けたときは、こうおどけている。

名

「ああして月を歩いたのはゴミを集めるためだったんだ」[1]

あれだけ嫌な目に遭い、裏切られても、ニールは人類の力を信じて止まなかった。環境問題について、こんなふうに希望を語っている。

名

「月へ到達するだけの技術を持った人間がいるのなら、私たちの環境問題を解決できる人間も必ずいるはずだ」[1]

No. **96**
Tetsuya Fujita

藤田哲也

1920年～1998年。福岡県生まれ。明治専門学校を卒業後、助教授に就任。33歳で渡米し、シカゴ大学で気象現象について研究を重ねた。竜巻の規模を6段階で示す「藤田スケール」を考案。また航空機事故の原因となる強い下降気流（マイクロバースト）を発見した。

他国では有名だが、日本では知られていない人物がいる。気象学者の藤田哲也のことだ。

33歳で渡米した藤田は、竜巻の強さを6段階で表す「藤田スケール」（Fスケール）を考案。膨大なデータを集積して台風を分析して「Mr.トルネード」「気象学のシャーロック・ホームズ」とも称された。

なぜ、それほど竜巻に魅せられたのか。その理由をこう語った。

名

「すべての嵐が同じではないんです。人間と一緒です」[1]

『Mr.トルネード　藤田哲也　航空事故を激減させた男』を著した佐々木健一は、藤田が地元シカゴのテレビ局のインタビューを受けたときの映像を発見している。

「台風が来たときにどうするか」

当然、すぐに逃げるべき状況だが、藤田はこう答えて、リポーターを驚かせている。

迷

「カメラを手にとって、屋根にのぼります」[1]

そんな旺盛な好奇心と、自分の研究が必ず役に立つという信念が、藤田を現場へと何度も向かわせた。「藤田スケール」を作るにあたり、藤田は被害状況を入念に分析。パターンを見出すことに成功している。

名

「一番重要なことは、嵐から人を守ることです」[1]

なぜ、藤田の研究がアメリカで認められたのか。それは、藤田が気象学の常識について無知で、かつ、「笑われること」を恐れなかったからだ。

［1］佐々木健一著『Mr.トルネード　藤田哲也　航空事故を激減させた男』文春文庫

藤田は20代半ばの頃、気圧の調査をするために、福岡県の脊振山《せふりさん》に通った。突風時の気圧の変化に着目していると、ある日、「雷雲には、下降気流も存在する」ことを発見。実は、このことは気象庁の人間には周知の事実で、あえて論文にすることもなかった。

だが、当時の藤田は物理学の助教授で気象学が専門ではない。大発見だと喜び、英語で論文を書き上げた。さらに、その論文をシカゴ大学のホーレス・バイヤース教授に送りつける。バイヤースがまさに自分と同じ雷雲の研究をして論文を書いていることを知ったからだ。

実は、バイヤースはただの研究者ではなく、アメリカ気象学での権威だったが、藤田はそのことも知らなかった。ただ自分と同じ研究をしていることがうれしくて、何ら気負うことなく、論文をいきなり送付したのだった。

知らないがゆえの行動力は、しばしば幸運を呼び込む。論文を読んだバイヤースに見出され、藤田はシカゴ大学へと招聘《しょうへい》。33歳にして、アメリカで研究生活を送ることになった。[2]

だが、問題が一つあり、藤田の英語は、日本語なまりがひどかった。現地では「フジタ語」と呼ばれ、何年経っても英語が上達しなかったという。

それでも本人は気にすることなく、積極的に英語でコミュニケーションをとり続けた。自分の考えをきちんと言葉にすることを大事にした藤田が、講義で学生に常々言っていたのが、この言葉である。

名

「恥ずかしがらずに、言いたいことを言いなさい」[1]

藤田の独創的な発想が生かされたのは、竜巻の研究だけではない。航空機事故の原因となるマイクロバーストを発見し、飛行機事故を激減させている。日本で知名度が低いと驚くアメリカ人も多いようだ。

群れることなく、たった一人で自分の道を歩いた藤田。その人生をこう振り返った。

名

「とにかく私の人生は面白い。安定とは無縁だった」[1]

[2] 藤田哲也著『ドクター・トルネード　藤田哲也　世界にその名を残す「ある気象学者の一生」』藤田記念館建設準備委員会事務局

No. 97

Lev Tolstoy

レフ・トルストイ

1828年〜1910年。ロシアの貴族の家に生まれる。大学を中退し、『幼年時代』で文壇デビュー。クリミア戦争に従軍後、学校を設立し、教育法を研究。『戦争と平和』『アンナ・カレーニナ』『イワンのばか』など、世界的な名作を数多く残す。ロシア文学を代表する文豪。

世界的な文豪として知られるレフ・トルストイは「文学」以外に、人生の目的が2つあった。

一つが「農業」である。カザン大学を成績不良で退学すると、トルストイは都市から離れて、故郷へ帰還。亡くなった父から相続した広大な土地で、農場経営に乗り出した。

産業社会と都市化が人間性を破壊したと考えていたトルストイ。西欧化によって、貴族が農地を捨てたことを批判し、農業をこう崇拝した。

名

「農業こそ万人にふさわしい、最大の独立性と幸福とを与える唯一の職業なのである」[1]

だが、思い入れだけで、農業の知識もなければ、経営の経験もなかったため、あえなく失敗している。

そして、もう一つ、トルストイが重きを置いたのが「家庭をつくること」である。

家庭生活にこそ人間の原点がある――。そう考えていたトルストイは、30歳を目の前にして、いまだ独身であることに焦っていた。こればかりは相手があってのことで、自分の意思と行動力だけでは、いかんともしがたい。

そんなとき、友人の紹介で、近隣の地主の娘ワレーリア・アルセーニワエと出会うと、トルストイは前のめりになる。足しげく相手のところへ通った挙句に、結婚の対象だと一方的に決め込んだ。

恋愛に勘違いはつきものだが、トルストイが厄介なのは、結婚相手としてワレーリアを「教育」しなければならないと考えたことだ。ワレーリアが戴冠式を見にモスクワへ出かけて、浮かれた手紙をトルストイに書くと、

[1] レフ・トルストイ著、北御門二郎訳『文読む月日　下』ちくま文庫

返事でこんなふうにたしなめた。

迷

「人間ではなく、上流社会を愛するのは恥ずべきことです」〔2〕

言っていることは正しいが、ラブレターとしては異質である。

将来の妻として教育しなければという思いは、相手の反応が鈍ければ鈍いほど、高まっていく。トルストイのラブレターは日増しに説教臭くなっていった。

迷

「寝る前に〈きょうわたしはだれかのためによいことをした、自分自身もせめてほんの少しはよくなった〉と言えるように生きることが大切です」〔2〕

大変良い心がけだが、他人に強要することではない。交際にはなんとかこぎつけたが、半年で限界を迎えた。トルストイのほうから、こんな偉そうな通告をしている。

迷

「われわれは人生観が違うので、あなたが私に追いつくか、私が後もどりをするか、二つに一つしかない」〔2〕

結局、トルストイは34歳のときに、医師の次女で18歳のソフィアと出会って結婚。ほぼ交際期間もなく、すぐに結婚を申し込み、挙式している。

トルストイの偏屈さが露わになる前に、畳み込んだのが功を奏したようだが、このソフィアこそが、「世界三大悪妻」の一人、とされている女性である（ほかの二人は、ソクラテスの妻クサンティッペ、モーツァルトの妻コンスタンツェ）。

しかし、トルストイの名作長編『戦争と平和』や『アンナ・カレーニナ』は、結婚後15年の間に書かれたもの。夫が文豪として名を残す大きな仕事を果たすべく、ソフィアは多大なサポートをした。

特に7年を費やした『戦争と平和』では、トルストイが推敲《すいこう》に推敲を重ねたために、ソフィアは7回以上も清書し直している。トルストイの悪筆を解読できるのは、彼女だけだったことからも、ソフィアが悪妻のそしりを受ける筋合いはないだろう。

〔2〕藤沼貴著『トルストイの生涯』レグルス文庫

トルストイ自身も叔母にこんな手紙を書いている。

名

「僕は三十四の歳まで生きてきて、これほど人を愛し、これほど幸せになれるとは思ってもみませんでした」[3]

なぜ、ソフィアが悪妻とされているのか。

それは、トルストイが82歳にして妻とケンカして家出をし、その1カ月後、小さな停車場アスターポヴォの駅長の宿舎で息を引き取ったからだ。だが、家出の原因はトルストイのほうにあった。

世界的な名声と巨額な印税を手に入れたトルストイ。順風満帆そのものだったが、次第に罪悪感に駆られた。

迷

「ぜいたく三昧にぶらぶら暮らすなど、もう続けていけない。子供たちの教育のことだって、僕が有害だと判断した環境で受けさすわけにはいかない。もう家や領地の所有者でいることはできない」[4]

トルストイは私有財産制を否定し、すべての財産を放棄して、農民のように暮らそうとした。果たして、これを受け入れられる妻が、世界でどれくらいいるだろうか。13人もの子どもを抱えたソフィアには無理だった。

「私にはできない。わからないんですもの。どんな妄想だか知らないけど、そんなもののために幸福そのものの今の生活を台なしにしなきゃならないなんて、どうしてなのか理解できないわ」[4]

話し合いの結果、トルストイが死んだものとして財産を家族で分配。小説の著作権は妻に渡った。トルストイは農民のように野良仕事に出始めるが、最後まで妻から理解されることはなかった。

ある日、些細《ささい》なことでケンカすると、トルストイは末娘のアレクサンドラと侍医に付き添われて家出を決行。行き先もはっきりしないまま、立ち寄った小さな駅舎で、寒さと疲労で肺炎を患って、命を落とすことになる。

絶対的な平和主義者で、戦争を否定したトルストイ。人間愛に満ちていたが、近しい家族にとっての幸せとは、食い違いがあった。

[3] ふみ子・デイヴィス著『トルストイ家の箱舟』群像社
[4] 山口智司著『トンデモ偉人伝　作家編』彩図社

No. **98**

Toshimichi Ōkubo

大久保利通

1830年～1878年。薩摩藩の下級藩士。島津久光の側近として重用される。西郷隆盛らとともに、武力による幕府打倒のクーデターを起こし、明治政府では参議、大蔵卿を務め、版籍奉還や廃藩置県を推進。近代国家の礎を作った。

大久保利通は、明治新政府の中心人物として活躍した。3歳年上の盟友、西郷隆盛とは郷里が同じで、幼馴染みである。そんな共通点がありながら、西郷が人間味あふれる男として描かれるのとは対照的に、大久保は「冷酷なリアリスト」という印象を持たれやすい。

実際に大久保は恐れられていた。明治維新後、大久保が内務卿に就いてから、内務卿室はどの時間も静まり返るようになった。また、大久保が地方官会議に赴くと、会場の私語がピタリと止んだという伝説も残っている。

そんな大久保に一言物申してやろうと、酒を飲んだ勢いで乗り込んだ猛将もいたが、こう凄《すご》まれてしまう。

迷

「なんじゃっちい」[1]

だが、無礼な相手にはそう一喝することはあっても、きちんと話に来た部下に対しては、むしろ大久保は誠意のある対応をしていた。

薩摩藩士の高崎五六は、大久保から元老院議官、東京府知事などを任じられた人物だが、大久保と2、3時間にわたって議論を行ったことがあった。ただし、議論といっても大久保はただ黙っているだけ。高崎が話し尽くすと、大久保がようやく口を開いた。

「それだけですか」

高崎が「そうです」と答えると、大久保はこう言った。

名

「貴方の意見には佳《よ》いところもあるが、また佳くないところもある。よく考えましょう」[1]

激しい議論になると思っていた高崎は拍子抜けしたという。一刀両断のイメージが強い大久保だが、相談ごとや意見をもらったときに、意外にもすぐに否定すること

[1] 佐々木克監修『大久保利通』講談社学術文庫

はなく、「よく考えよう」というのが常だった。

また大久保は幕末期、薩摩藩で銃の改良を行うにあたっても、旧砲術の師範家たちの気持ちを大切にした。

「師範家連を追い詰めすぎてはならぬ。彼らの反抗を引き起こし、混乱するだろう」[2]

そう言って、旧砲術の師範家たちの力も随所で借りながら、明治陸軍の正式銃を作り上げている。

人間関係の機微にそれだけ気を配ったのは、大久保にこんな思いがあったからだ。

名

「組織を支えるのは人心であり、人心を納得させるのは当事者の公正な態度である」[2]

大久保は寡黙がゆえに、恐れられて誤解されることも多かったようだ。不平等条約の改正を目指して、岩倉使節団として各国を訪問したときもそうだった。

ほかのみなが珍しい外国の風景を見て騒ぐなか、大久保は黙ってタバコを吸うばかり。何も怒っていたわけではない。ただ、欧米との国力の差に打ちひしがれていたのだ。

その衝撃は、政界からの引退を思わせる、こんな言葉が口に出るほど大きかった。

迷

「私のような年をとった者はこれから先のことはとても駄目じゃ。もう時勢に応じられんから引くつもりじゃ」[3]

だが、大久保はすぐに気持ちを持ち直す。自分には自分の役割がある。「過ぎたるは及ばざるがごとし」を信念とした大久保は、大改革が必要な今だからこそ、慎重にそれを進めなければならないと考えた。

名

「なにぶんにも、天下の一大変革のあった跡というのは、これを整理し、守成していくのは難しい。かかる場合には、やらなければならぬことはたくさんあるが、しかし、やり過ぎるのはよろしくない」[4]

いつも頭の中には、理想的な国家のビジョンがあった

[2] 毛利敏彦著『大久保利通』中公新書
[3] 瀧井一博編『文明史のなかの明治憲法　この国のかたちと西洋体験』講談社選書メチエ
[4] 加来耕三著『不敗の宰相大久保利通』講談社＋α文庫

のだろう。無駄口を叩かず、沈思黙考しながら、改革を一つずつ着実に実行していく様は、まるですべてを見通しているかのようだった。

だが、そんな大久保も予想しなかったのが盟友、西郷隆盛の反乱である。

周囲はその可能性を十分に考えて警戒していた。にもかかわらず、大久保はこう言うばかりで、頑として信じなかったと、側近たちが証言している。

迷 「あの男はそんな男じゃない」[1]

リアリストも形無しだが、それだけ信じたくなかったのだろう。西郷が乱に加わっていることが確定すると、大久保は「そうであったか」と漏らし、人前では滅多に見せない涙を見せたという。[1]

そして、西南戦争に敗れた西郷が城山で自刃してから約8カ月後の1878(明治7)年5月14日のこと。大久保がいつものように馬車で出勤していると、赤坂紀尾井坂で、石川県の士族、島田一良らに襲撃された。

大久保は、全身に16カ所もの傷を負う。その大半が頭部に集中していたため、そのまま死去。47年の生涯を終えた。「紀尾井坂の変」と呼ばれる暗殺事件である。凶行を受ける前、馬車の中で、大久保は亡き西郷からの手紙を読み返していたという。

大久保を襲った島田らが携えた斬奸《ざんかん》状には、大久保による専制政治への批判が綴られていたほかに、国費の無駄遣いも挙げられていた。

だが、それは誤解だった。それどころか、大久保は人知れず、国家の公共事業に私財を惜しみなく投じていた。そのため、死後は財産ではなく、8000円もの借財を残しているくらいである。

最期まで誤解され続けた大久保。

あるとき、まるで暗殺されることを予期するかのように、波瀾《はらん》万丈の人生を振り返り、こんなふうに語った。

名 「私は実に、よい時代に遭遇した。死後の面目はこれに過ぎたるものはない。私一個においては、一点の思い残すこともない」[4]

No.

99

Hans Christian
Andersen

ハンス・クリスチャン・アンデルセン

1805年～1875年。デンマークのフェーン島生まれ。学校を中退後、単身コペンハーゲンへ。バレエ学校などを経て、小説『即興詩人』を発刊後は童話作家として活躍。『みにくいアヒルの子』『裸の王様』『マッチ売りの少女』など「アンデルセン童話」を数多く残した。

仲間外れにされた不格好なアヒルが、やがて美しい白鳥になる――。童話『みにくいアヒルの子』は、作者アンデルセン自身がモデルとされている。

アンデルセンは、デンマークのオーデンセで生まれた。オーデンセは、フェーン島のほぼ中央に位置する街で、現在はアンデルセン博物館が観光スポットにもなっている。

父のハンスは貧しい靴職人だった。あまり仕事熱心ではなく、暇さえあれば、アンデルセンを森へ連れて行った。本が好きで、アンデルセンにも読み聞かせをしたり、人形劇を作ったりもしている。[1]

そんな父の影響もあったのだろう。アンデルセンは一日中ひとりで人形遊びや芝居ごっこをするのが好きだった。妄想癖が激しく、7歳のときに両親に劇場へと連れていかれると、さらにその傾向が強くなる。ある日、同級生の少女にこんなことを言った。

迷

「ぼくがえらくなったら、ぼくのお城の乳しぼりにしてやるよ」[2]

少女からは「あんたなんかただの貧乏な男の子じゃないの」と痛烈に言い返されて、呆《あき》れられてしまう。

学校にも行かなくなり、独りぼっちだったアンデルセン。それでも疎外感にとらわれたり、自己肯定感が損なわれたりすることはなかった。一人っ子だったこともあり、両親から人一倍愛情を注がれて育ったからだ。

自分は他人とは何か違う特別なものがあるはずだ――。そう根拠なき自信を持ったアンデルセンは、この貧しい環境から抜け出すために、自分の才能をどう生かすべきかを考えた。

病弱だった父はアンデルセンが11歳のときに亡くなってしまう。父は自身が貧しい家に育ち、学校に通えず、靴職人になるしかなかったことを何度も悔いていた。そのため、息子のアンデルセンには、いつもこう言い聞か

[1] 安達忠夫著『人と思想　アンデルセン』清水書院
[2] ハンス・クリスチャン・アンデルセン著、大畑末吉訳『アンデルセン自伝―わが生涯の物語―』岩波文庫

せていたという。

「気のすすまない道を無理に選んではいけない。ほんとうに自分がなりたいと思うものになることだよ」[2]

その言葉は、アンデルセンが生きるうえでの指標になったといっていいだろう。

アンデルセンは14歳のときに、たった一人で、コペンハーゲンに行くことを決意。母をこう説得している。

迷

「僕は、都に出て有名な人になりたいんです。たくさんの苦しい目にあうでしょうが、それを乗り越えれば、きっと夢は叶うはずです」[3]

「有名な人になりたい」と臆面もなく言えるところがアンデルセンのすごいところである。周囲からは「職人の道を進むように」と忠告され、母もまたそれを望んだが、アンデルセンは意に介さずにこう言った。

迷

「それこそ、かえって大きな罪ではないでしょうか！」[3]

母も最終的には理解し、アンデルセンは一人で旅立つことになった。お金はわずか1週間暮らせるだけしか持っていなかったという。

コペンハーゲンに着くと、アンデルセンは、役者になろうとして、有名な女優の自宅をいきなり訪ねるが、当然追い払われてしまう。劇場の支配人のところに行っても、「お前が舞台に立ったら滑稽なだけ」と、相手にされない。

しかし、バカにされることには慣れているアンデルセンは、この程度で心が折れることはない。偶然出会った世話好きな大人たちに助けられながら、作曲家や詩人など芸術家たちのもとを訪ね歩いては、自分の身の上を話して「仕事が欲しい」と訴えた。

歌を褒められて、バレエ学校で歌の指導を受けたこともあったが、声変わりで自慢のソプラノボイスを失ってしまい断念。それでも、アンデルセンは方向転換をして、すぐさま行動を起こす。

「俳優になるか、詩人になるかだ！」[2]

アンデルセンの、やや非常識なほどの行動力は、そのほとんどが無駄に終わったかに見えた。演技も歌も認められないまま、試行錯誤は3年も続いた。

[3] 山室静著『アンデルセンの生涯』現代教養文庫

だが、アンデルセンの芝居の脚本が王立劇場の目に留まると、奨学金でラテン語の学校に通い始めた。その後は大学に進学し、著述業で生計を立て始める。

やがて、自費出版した小説が評判となったアンデルセン。童話作家としての道を切り開いていく。

それでもアンデルセンの承認欲求を満たす旅は終わらない。39歳のときには初めてベルリンの地を訪れて、グリム兄弟に会いにいった。『赤ずきん』や『白雪姫』などで有名なグリム童話の作者を、アンデルセンは昔から尊敬していたのだ。

意気揚々とグリム家にやってきたアンデルセンは、グリム兄弟の兄ヤーコプと対面するなり、こう言った。

迷

「紹介状を持たずにまいりました。私の名を全然ご存じないことはないだろう、と思いまして」[4][5]

このときすでにアンデルセンは『即興詩人』や『絵のない絵本』などの童話ですでに名を馳せていた。

しかし、ヤーコプからの返事は予想外のものだった。

「あなたはどなたですか」

焦ったアンデルセンは自分の書いた童話の名を伝えるも「存じあげませんね」と言われてしまう。ヤーコプからは「弟にお会いになりますか」と言われるも、さすがのアンデルセンも気持ちがなえたようで辞退している。

迷

「みじめな思いをするのは兄弟のどちらかひとりのところでたくさんだった」[4][5]

アンデルセンの思い込みの激しさは、恋愛でもいかんなく発揮された。25歳のときに友達の姉に恋をしたときのことだ。彼女にはすでに幼馴染みのフィアンセがいて、それを知っているにもかかわらず、こう信じ込むのだった。

迷

「彼女が私を愛していることを、私は少しも疑わなかった。それは彼女の言うことなすこと、どれを取ってみてもわかった」[6]

あっさりフラれたことは言うまでもない。その後もアンデルセンは何度となく失恋を経験。結婚できないこと

[4] 高橋健二著『グリム兄弟』新潮文庫
[5] Hans Christian Andersen. Das Märchen meines Lebens. Mueller u.K., Hanau

に絶望してこんなことも言っている。

迷

「僕のために成人している若い娘は一人としていないのだ」［6］

おそらく、自分の自伝をラブレター代わりにいつも渡していたのが、災いしたのであろう。

アンデルセンの自伝は全部で3冊もあるが、こんな「らしい」冒頭で始まるものもある。

迷

「私の生涯は一篇の美しい童話である。それほど豊かで幸福なものだった！」［2］

想像力のたくましさは、いつでもアンデルセンを生きづらくする一方で、それこそが創作の源となった。アンデルセンは、童話に自分の人生経験のすべてをつぎ込んだといっていいだろう。

名

「童話は詩の最も広い領域だ。それは古代の血なまぐさい墳墓から、子どもらしい敬虔《けいけん》な伝説の絵本まで広がり、民話から芸術童話までを含んでいる。それは私にとってあらゆる詩の代表者なのだ」［1］

また、多作でありながらも、マンネリにならないように、自戒もしていた。

名

「前に発表したものの反復になりそうな着想が浮かんだり、気分が起きたりすることがよくあったが、そのようなときには、その着想を捨ててしまうか、それとも新しい衣をつけて発表しようとした」［1］

アンデルセンが残した童話は「アンデルセン童話」として世界中の国で翻訳され、今でも多くの人に読み継がれている。

［6］北嶋広敏著『結婚しなかった男たち—世界独身者列伝』太陽企画出版

No. 100

Eiichi Shibusawa

渋沢栄一

1840年～1931年。埼玉生まれ。一橋家に仕えて幕臣となる。パリ万国博覧会幕府使節団の一員として渡欧。明治維新後は、大蔵省官吏を経て第一国立銀行を設立。王子製紙、大阪紡績など各種の会社の立ち上げに参画。実業界の指導的役割を果たした。引退後は社会事業に尽くす。

2024年より、福澤諭吉からバトンタッチされるかたちで新一万円札の顔となるのが、実業家の渋沢栄一だ。日本初の株式組織の銀行として、第一国立銀行を創設したほか、経営を手がけた企業は500社以上にのぼる。「資本主義の父」と称される渋沢は、明治政府の軍備増強や増税路線に反対した。こんな信念があったからだ。

名

「国力の基本は、経済にある」[1]

渋沢の性格がよくわかる逸話を紹介しよう。あるとき、三菱汽船会社社長の岩崎弥太郎から向島の料亭に誘われた。座敷に通されるやいなや、こう切り出される。

「君と僕が堅く手を握り合って事業を経営すれば、日本の実業界を思う通りに動かすことができる。これから二人で大いにやろうではないか」[1]

当時、汽船航海業は三菱にほぼ独占されていた。それでは海運業が発展しないと、渋沢が新会社を設立しようとした矢先のことだった。岩崎からすれば先手を打って、渋沢を仲間に取り込んでしまおうとしたのだ。

だが、渋沢の目的は、会社の設立により経済界全体を潤わせること。「自分たちだけが利益を上げられればよい」という岩崎とは、いわば真逆の考えだった。

名

「自分が事業のために奔走するのは、ただ国家の利益を図るためであり、成立の見込みある事業ならば幾つでも作ることに尽力し、国家経済の発展を助ける」[1]

岩崎と口論の末、渋沢は退席。両者はその後もわだかまりを持つこととなる。性格は温厚だが、相手におもねることなく、自分の考えを実行するのが渋沢だった。

[1] 木村昌人著『渋沢栄一　民間経済外交の創始者』中公新書

名

「人間はいかに円《まる》くとも、どこかに角がなければならぬもので、余り円いとかえって転びやすいことになる」[2]

だが、若い頃は、やや角が尖《とが》りすぎたようだ。父のもとで商売人として大切な経済センスを磨いていた渋沢。読書にも励み、江戸に出て要人とも交流するうちに、過激な攘夷論に染まってしまう。[3]

渋沢は同志たちと、高崎城を乗っ取ることを計画。さらに横浜を焼き討ちにし、外国人を片っ端から斬殺するという、過激な行動に出ようとした。

計画の無謀さを指摘する仲間にこう熱弁した。

迷

「われわれは幕府を倒す捨石になれば本望だ。事の成否はあえて問うところでない。今さら君は何に臆したのだ？」[3]

だが、このときすでにほかの攘夷の計画が次々と失敗していた。このまま決行しても無駄死にする可能性が高いと仲間に説得され、渋沢は計画をあえなく断念。故郷も捨ててしまったため、行くところがなくなってしまう。

このときの窮状について、のちにこう振り返っている。

迷

「しくじれば死ぬまでだと、死ぬことをまるで芝居見物でもするように、一つの楽しみにしていたくらいだったが、この時ばかりは真に弱り果てた」[3]

そんな渋沢に一橋家への任官の道が開ける。攘夷から一転して、幕府を支える立場へ。この変わり身の速さがなければ、明治維新後の活躍はなかっただろう。

一橋家で渋沢が最初に与えられた仕事は、出入り口の番人だった。近くに長屋を借りて、そこで従弟《いとこ》の渋沢喜作とともに暮らすことになる。

一橋家の家臣になったとはいえ、扶持《ふち》と手当てはわずかで、倹約しなければ生活できない。二人は台所に出没したネズミさえ焼いて食べたという。

後年、そのときのネズミの味について、渋沢はよりによって食卓で語った。

［2］渋澤健著『渋沢栄一　100の訓言』日経ビジネス人文庫
［3］渋沢栄一著、守屋淳編『現代語訳　渋沢栄一自伝：「論語と算盤」を道標として』平凡社新書

迷

「脂っこくてなかなかうまかったよ」［4］

貧乏暮らしをしながらも、渋沢は一橋家で任務を着実に遂行して、仕事の幅も広がっていく。ついには財政改革まで担うようになった。そんな出世の経験もあってか、渋沢は息子たちによくこう語っていたという。

名

「夏の夕方、蚊がたかってくるように、用のたかってくる人にならなければいかんよ。役に立つ者には用が跡から跡から追いかけてくる。役に立たん人は用のほうで逃げていってしまう」［4］

目の前の仕事を懸命にこなしていれば、おのずと周囲が引き立ててくれるということだろう。

その後、紆余曲折を経て、渋沢は実業家に転身を果たす。

第一国立銀行を創設し、その株主募集の案内文にこう綴った。

名

「そもそも銀行は大きな川のようなものだ。役に立つことは限りない」［1］

その後、渋沢は実業界において八面六臂《ろっぴ》の活躍を見せる。鉄道、海運、通信、製紙、紡績とあらゆる分野での事業の立ち上げに携わり、どんなときでも商業上の道徳を重んじた。

名

「国家というものは、人民が豊かになれば道徳が欠けて仁義が行われなくてもよい、とは誰もいえないだろうと思う」［3］

利益至上主義ではなく、論語をもとにした「道徳経済合一説」を唱えた渋沢。その視線の先には、いつも国家の繁栄をとらえていた。

名

「およそ目的には、理想が伴わねばならない。その理想を実現するのが、人の務めである」［2］

［4］渋沢秀雄著『父　渋沢栄一』実業之日本社文庫

偉人索引

この索引は、本書収録の偉人を五十音順に配列したものである。

あ

か

さ

た

な

は

偉人職業別索引

この索引は、本書収録の偉人を職業別に配列したものである。

宇宙飛行士

映画監督・俳優

音楽家

画家

学者

活動家

偉人名言迷言索引

この索引は、本書収録の名言迷言を偉人別に配列したものである。

◎私をつくりあげたのは母だった。母は私を理解し、私の性質が向いているほうへと進ませてくれた P020

◎生まれたての頭脳ほどリトル・ピープルにとって住みやすい場所はない。つまり、年が若いほど、自分の脳に宿っているリトル・ピープルの声に素直に耳を傾けることができるのである。大人になってからでは至難の業になるが、それでも何とか1パーセントのひらめきと99パーセントの努力があれば不可能ではない P021

◎13歳で耳が全く不自由になってしまったからこそ、子供には難解な文学作品や化学や物理の技術書までも集中して読めたのだ P022

◎自分は耳が不自由であるからこそ、蓄音機の完成に精魂を傾けた。また、電話機を本当に使えるように改良できたのも、耳が聞こえないからできたことだと自負している P022

◎婚約者を口説く時に普通より相手のそばに近づくことができた。結婚してからは、嫌なことを聞かなくてもすんだ P022

◎自分はまだ67歳でしかない。明日から早速、ゼロからやり直す覚悟だ P023

◎人間は、しょせん自分の好きなことしかやらない。好きなことさえやらせておけば、やめろといってもやめない P023

◎この世で最も素晴らしい発明は幼い子供の素直な心だ P023

迷言

◎火がどんなことをするか見たくて P020

◎自分は発明家だ。金のことなんか頭にない。もし金策に頭を使うようになれば半年で気がおかしくなるか死んでしまう。それでいいのか P021

◎金のことをごちゃごちゃ言うのは脳の足らない資本主義者の戯言だ。いちいち気にすることはない P021

◎ここには規則なんてものはねえんだ！　何かつくりゃあいいんだよ！ P022

◎医者の言うことを鵜呑みにしてはいくら身体があっても足らないよ P022

◎フケは頭を働かせた結果生まれる排泄物である。読書をし頭を使えば使うほどフケの量は増える。よってフケは脳力のバロメーターである P023

No.04 福澤諭吉

名言

◎天は人の上に人を造らず人の下に人を造らず P024

◎されども今、広くこの人間世界を見渡すに、かしこき人あり、おろかなる人あり、貧しきもあり、富めるもあり、貴人もあり、下人もありて、その有様雲と泥との相違あるに似たるは何ぞや。その次第甚だ明らかなり。『実語教』に、人学ばざれば智なし、智なき者は愚人なりとあり。されば賢人と愚人との別は、学ぶと学ばざるとによりてできるものなり P024

◎読書は学問の術なり、学問は事をなすの術なり P025

◎学問の要は活用に在るのみ。活用なき学問は無学に等し P025

◎塾の盛衰に気をもむような馬鹿はせぬと、腹の底に極端の覚悟を定めて、塾を開いたその時から、何時でもこの塾をつぶしてしまうと始終考えているから、少しも怖いものはない P026

◎すべて事の極端を想像して覚悟を定め、まさかの時に狼狽せぬように後悔せぬように P026

迷言

◎おミエーさんはだれに読ませるつもりで著述なんかするのかい P025

◎馬鹿ものめ！　猿に見せるつもりで書け。おれなどはいつも猿に見せるつもりで書いているが、世の中はそれでちょうどいいのだ P025

◎この学校で先生というのは私くらいだが、それもお辞儀などしなくてもいい。会釈くらいで結構だ P026

No.05 ヴォルフガング・アマデウス・モーツァルト

名言

◎ありのままで、ひとりきりで、完全に自分らしくたのしい気分のとき P028

◎自分のためにレクイエムを書いていると言わなかったかい P029

迷言

◎さあ、お休み。花壇の中でバリバリッとウンコしなさい。では、さよなら。ありゃっ、お尻が火のように燃えてきたぞ！　こりゃ何事だ！　きっとウンコちゃんのお出ましだな？　そうだ、そうだ、ウンコちゃんだ P027

◎夜はオナラにこと欠かず天に響けと鳴りわたる。昨日来たのはオナラの王様、あなかぐわしや蜂蜜の匂い P027

◎幸福というものは、想像の中にだけあるものですから P028

◎むちゃくちゃだ。レで弾かなくちゃだめだ！ P028

◎せめて明朝までに2、３００グルデンだけでもお貸しくださるようにお願いします。私の現状はどうしても借金せずにいられないほど困窮しています P029

◎どんな額でも、今の私には助かります P029

No.06 紫式部

名言

◎私はただこの『物語』というものひとつを素材に様々の試行錯誤を繰り返しては、慰み事に寂しさを紛らわしていた P031

迷言

◎あそこまで利巧ぶって漢字を書き散らしていますけれど、その学識の程度も、よく見ればまだまだ足りない点だらけ P030

◎中身が無くなってしまった人の成れの果ては、どうして良いものでございましょう P030

◎私は『一』という字の横棒すら引いておりません P031

◎御前の屏風の上に書いた漢文すら読めない顔をしておりました P031

◎心に思うのは『いったいこれからどうなってしまうのだろう』と、そのことばかり。将来の心細さはどうしようもなかった P031

No.07 チャールズ・チャップリン

名言

◎わたしはあくまでサイレント映画をつづける決心をした。娯楽というものには、あらゆるタイプが存在しうるという確信があったからである P032

◎すぐれたサイレント映画のほうがトーキーよりも芸術であることは疑いないが、ただ音が人物により現実感を与えるという事実だけは認めざるを得ない P032

◎新聞売子、印刷工、おもちゃ職人、ガラス吹き、診療所の受付、等々と、あらゆる職業を転々としたが、俳優になるという最終目標だけは、一度として見失わなかった P033

◎私に必要なのは、チャンスだけです P033

◎彼らのいわゆる編集法というのがよくわかったので、ちょうどうまく登場の瞬間とか退場の瞬間に、すばやくギャグを入れるのである。こうしてさえおけば、カットすることはまず難しい P034

◎どうやってアイデアをつかむか? それには、ほとんど発狂一歩手前というほどの忍耐力がいる。苦痛に耐え、長期間にわたって熱中できる能力を身につけねばならぬ P035

迷言

◎私は、自分の仲間と同じくらいには知識を得たいと願っていた P033

◎全くの重労働であり、くたくたに神経をすりへらしてしまう。一本撮り終わるたびに、疲れきって、丸一日は寝なければならなかった P034

◎富とお近づきにはなったが、その使い方には一向に慣れなかった P034

◎だれでもそうだろうが、私の性生活にも周期があった。あるときは大いに元気かと思うと、あるときはまったく無力だった。だが、いずれにしても、わたしの生活の最大関心事では決してなかった P035

◎人生とは息つく暇もない闘争の代名詞である P035

◎成功はすばらしいが、成功すればするで、人気という移り気な妖精におくれをとるまいとする苦労が生まれる P035

No.08 サルバドール・ダリ

名言

◎混乱が一番、偶然は創造性を生み、秩序は退屈だ P036

◎天才を演じよ、されば天才になる P036

◎私は存在するために、そして自我の全エネルギーを統合するために、絵を描くのだ P039

◎人生の舵をなくした P039

◎天才は決して死なない。人類の進化は我々の手中にある P039

迷言

◎30歳を超えて地下鉄を使う奴は敗者だ P037

◎六歳のとき、私はコックになりたかった。七歳でナポレオンになりたいと願った。それ以来、今日にいたるまで、私の野心はますます大きくなる一方である P037

◎もっとも本物に、すなわち、もっとも輝いて見えるのがいつも偽物なのである P037

◎申し訳ありませんが、私の知性はこの三人の教授たちよりはるかに優れています。従って、諸先生の試験を受けることはご免こうむりたい。この課題についてなら、私はもう知りすぎています P038

◎私の秘密は秘密を秘密にして置くことだった P038

No.09 宮沢賢治

名言

◎日本は人口がふえてますます米がたりなくなります。よい米をたくさんとれるようにして国民生活を安定させたい。それにはどうすればよいか、それを勉強したいので

す P040

◎私は書いたものを売ろうと折角しています。それは不真面目だとか真面目だとか言ってくださるな。愉快な愉快な人生です P041

◎いつまでも中ぶらりんの教師など生温いことをしているわけに行きませんから、多分は来春はやめてもう本統の百姓になります P042

◎雨ニモマケズ　風ニモマケズ P042

迷言

◎私は暗い生活をしています。うすくらがりのなかで遥に青空をのぞみ、飛びたちもがき悲しんでいます P040

◎宮沢、宮沢といってもいくらでもあるではありませんか。一体宮沢なんというのですか。呼ばれたので私はここにきているのです P040

◎いいか、みんな、これからこの雪の上を歩いて行こう。途中、川があろうと田んぼがあろうと、あの山の下の花巻温泉まで歩いて行こう P041

◎ひたすら東をめざそう P041

◎性欲、労働、頭脳の3つは両立しない。だからいずれかを犠牲にしなければならない P042

◎禁欲はけっきょく何にもなりませんでしたよ。その反動がきて私は病気になったのです P042

◎われわれも、いっぺんでも、ああいうものをお昼のお弁当に食べたいものだ P042

No.10 ＝ フランツ・カフカ

名言

◎往きつ戻りつの迷いはあっても、最後の出口はきまっていて、拒まなくてはならない P045

◎おまえだって武器をもっているではないか P045

迷言

◎ほとんど書けず、できたものも、ひ弱なしろもの P043

◎採用されるよりも送り返されるほうが、はるかにうれしい P043

◎わたしは筆まめではありません。もしこの世にタイプライターがなければ、もっとひどいことになったでしょう P044

◎きみが今日受け取った4通の手紙は、わりときちんとしているでしょう P044

◎あなたの言い分によると、こちらからの手紙を金曜の午前に受け取ったとのこと。とすると手紙のことを知りながら、やっと土曜日になって返事を書き、そのなかでもう一度書くといいながら実際は書かず、月曜に二通を約束しながら一通も出さず、日曜の昼間はずっと何も書かず、夜になってやっと書き、それもこちらが電報を打っていなければ、速達の手紙も出していなかったことになる P044

◎キミハビョウキナノカ　カフカ P045

◎ぼくはきみなしにはいられないが、きみとともにも生きられない P045

No.11 ＝ 坂本龍馬

名言

◎日本を今一度洗濯いたし申し候 P046

◎談笑しながら双方から友好を求め合うようでないと、とても大成はできないと考えます P047

◎世の人はわれをなにとも言わばいえ　わがなすことはわれのみぞしる P048

迷言

◎江戸の同志、旗本・大名・その他と心を合わせながら、幕府の悪い役人たちを撃ち殺して、この日本を今一度洗濯しなければならないことを祈願する P046

◎異国人の首を討ち取って土佐に帰国いたします P047

◎私は四十歳になるころまでには土佐の実家には帰らないようにするつもりです P047

◎私龍馬は四十歳になるまでは海軍の修行をしたいのですが、その時には兄上は六十歳にもなってしまうので、坂本家のことをうまく引き継いでいくには、今のうちから然るべききちんとした人を見立てて下さいとの文も出しました P048

No.12 ＝ ガリレオ・ガリレイ

名言

◎月は、平らで、滑らかで、光る表面からなるのではまったくなく、反対に、粗く平坦でない表面からなることがとても明瞭に見られました P049

◎すべての天文学者や哲学者にとりわけ知らしめたいのは、すなわち我々よりも前には誰も知らず観察もしていない、あの四つの惑星を見いだしたことである P049

◎自然という書物は数学の言葉で書かれている P049

◎苦心惨憺たる生涯の残された日々を過ごしつつ、探求心に富む他の人の発見に喜びを見出すことで満足することといたします P050

迷言

◎私の誤りは、虚栄に満ちた野心、純然たる無知および不注意によるものであったのです P050

◎みじめなまでに不調な私の身体の状態を考慮に入れてい

ただくようにお願いいたします P050

No.13 ヨハン・ヴォルフガング・フォン・ゲーテ

名言

◎若い教授たちは、じつはただ自分の勉強のために教えるので……聴講者を犠牲にして自分の教養をえる。老教授はもう長いこと休眠状態にある人が少なくない P051

◎一番よいのは、対象を十か十二くらいの小さな個々の詩にわけて描くことだろうね P053

◎結局、最も偉大な技術とは、自分を限定し、他から隔離するものをいうのだ P053

◎いろいろ研究してみたところで、結局実際に応用したものしか、頭にのこらない P053

◎概して私は、作りあげてしまった作品には、かなり冷淡な方だった。いつまでもそれに執着しないで、すぐに、新しい作品のプランを練った P053

◎私がとっくに清算している何らかの欠点を見つけては、よく私を非難したものだ。こういうお人よしの連中は、一番、無害な敵といえよう。何里も先を行く私のうしろから、矢を射かけてきたのだからね P054

◎年をとったら、若かったときより多くのことをしなければならぬ。人間が最後には自分自身の抄録の編纂者になってしまうとは悲しいことだ P054

迷言

◎昨夜のようなことがもう一晩でもあったら、ぼくはどんな罪を犯したって地獄になんか落ちてやらぬつもりだ。君はさぞかしよく眠ったことだろう。ところが、恋におぼれて嫉妬に狂ったこのぼくは惨憺たるものだった P052

◎君が辛抱しさえすれば、君の憂慮も辛労も夢魔のように消えてしまうのだ P052

◎ぼくの生命、健康、ふくらはぎ、腹等々のためにたっぷり祈ってくれ。ぼくが死んだら、涙ながらに供え物をあげたりなんかして、ぼくの霊をなだめるのだ P052

◎君達は自分のやっていることに臆病すぎるんだ。わしをいたわりすぎるんだ。わしのような患者が目の前にいたら、少々ナポレオンみたいに仕事にかかりたまえ P054

◎自分の年齢で結婚は体に毒か？ P054

No.14 織田信長

名言

◎どこを尋ね廻っても、そなたほどの女房は、また再びあの禿げ鼠には求めがたいので、これから後は、立ち振る舞いに用心し、いかにも上様らしく重々しくて、嫉妬などに陥ってはいけない P055

◎敵の武器など分捕るな。捨てておけ。合戦に勝ちさえすれば、この場に参加した者は家の名誉、末代までの高名であるぞ。ひたすら励め P056

◎まだ近隣諸国を平定しなければならないので、戦いが終わったわけではない P056

◎この木綿の半分を費用に充てて近所に小屋を作り、この者を住まわせて、飢え死にしないように面倒を見てやりなさい P057

◎是非に及ばず P057

迷言

◎鳥無き島のコウモリ P055

◎たくさんの首を斬り、憂さを晴らしたぞ P057

◎府中の町は死骸ばかりとなって、一帯で空く所がない。そのありさまを見せたく思うぞ P057

No.15 マリー・キュリー

名言

◎偉大な発見は、いきなり完全な姿で科学者の頭脳から現れるわけではない。膨大な研究の積み重ねから生まれる果実なのだ P058

◎私たちは人間にでなく物事に関心をもつべきです P059

◎見るもの、学ぶもの、すべてが新しい喜びです。まるで新しい世界の扉が開かれたようです。ようやく自由に科学の世界を知ることを許された気がします P059

◎この賞はラジウムとポロニウムの発見に対して与えられたもので、わたくしの学術上の功績と私生活との間には何の関係もないはずです P061

◎私は、科学をこのうえなく美しいものと考える人間の一人です P061

迷言

◎私は愚かでした。今も愚かだし、この先も一生愚かなままです P058

◎太陽も花も、もう好きにはなれません。見ると胸が痛むから。あなたが世を去った日のような暗い天気の方がまだ心が落ち着きます P060

◎何に対しても心が動きません P060

◎私たちなら何でも手に入れることができるはずです。すばらしい共同研究、揺るぎない友情、生きる勇気、そして愛が生み出すもっとも美しい結晶であるかわいい子どもたちさえ P060

◎泣き叫んだり涙を流したりしても、同情は禁物です。あなたが奥さまといっしょに家にいるとわかっている夜は苦

しい時間を過ごします P061

◎ラジウムを扱うことは危険と無縁ではありません P061

No.16 アンリ・ファーブル

名言

◎わたしの生徒の多くは、いずれもいなかからやってきている。彼らは早晩、いなかへ帰って行くのだ。そして、大地をたがやし、耕作に没頭するのだ。だから、自分の土地がなんでできているか、そして植物はなんで栄養をとっているかを教えてやらなければならない P063

◎そんな肩書なんかまっぴらです。そんなものは私のがらにあいません P064

◎なにかこまることがあっても、けっして他人の力を借りてはいけない P065

◎はたのものから助力をうけたのでは、けっして難問は解けないばかりでなく、困難はまた、ちがったかたちでおまえを苦しめるだけだ P065

◎大切なことはじっと耐えしのぶこと。そして自分で考えること P065

◎これからずっと昆虫たちと向かいあって暮らすつもりなのである。四十年間がむしゃらに闘ってきてやっとこれが手に入ったのである P065

迷言

◎学士の肩書を二つもにぎらせながら、わんぱくながきどもにあいかわらず動詞の変化をやらせるなんて、これはあまりに不合理な話だ！ P062

◎3、4日前の夕方に突然、恐ろしい神経病にかかってしまった。いったいそれがどんなたちのものか、いまだにさっぱりわからない。いまもって本性が取り返せないでいる P063

◎私の頭には、この中学校から一日も早くのがれたい、ほかへいきたいということしかない。この学校では私が大学教授の資格をもっていないものだから、とてもばかにする P064

◎日々のパンにも困ることになりはじめた P064

◎人生は恐ろしい地獄になった P064

No.17 レオナルド・ダ・ヴィンチ

名言

◎平面から立体的に浮かびあがるように人体を描くことが、絵を描くことの第一のコツである P066

◎光と影は線や境界がなく混じり合うように描かなければならない P066

◎最初に科学を学び、次いでその科学から生まれた制作に移れ P067

◎腱や筋肉の性質を知っている画家は、体のある部分を動かすときに、どの腱がその原因になるのか、どの筋肉が膨張して、その腱を引っ張るのか、ということをよく知っているだろう P067

◎手足の位置については柔軟に考え、まずは物語の人物の心理状態にふさわしい動きはどのようなものかに集中する P067

◎万能の画家になる方法を知っていれば、容易に万物を描くことができる。というのは、あらゆる地上動物は似通った四肢を、つまり似通った筋肉と腱と骨を持っており、解剖書で証明するように、それらは長さや太さ以外には異なるところがないからだ P069

◎卓越した才能を持つ者は、働いていないときほど大きな成果をあげることもある。彼らは常に頭の中でアイデアと、それを実現する方法を考えており、それがやがて形を取るのである P070

◎充実した日に幸福な眠りが訪れるように、充実した人生には幸福な死が訪れる P070

迷言

◎どんな絵でも描いてみせます P067

◎毎週土曜日は風呂に行き、裸の男たちを見ること P068

◎豚の肺を膨らませ、幅も長さも伸びるのか、あるいは幅だけが伸びるのか観察すること P068

◎キツツキの舌を描写せよ P068

◎私のような者は、きわめて稀にしかこの世に生まれてこないのだから P068

◎彼は有能な師匠なのだが、実に多くの雑務に追われているので、それを仕上げる暇などないだろう P069

◎教えてくれ、教えてくれ。私に一つでもなしえたことがあるなら……完成したものがあるなら P070

No.18 ミケランジェロ・ブオナローティ

迷言

◎私は彫刻家ミケランジェロではない。……私はミケランジェロ・ブオナローティだ P071

◎芸術は貴族がやるもので、庶民がやるべきものではない P071

◎私が終わったと判断した時が、終る時です P072

◎全く不便な生活の中で、非常に苦しんでいる。昼夜仕事のことしか考えない。このような苦痛を私は今まで耐えてきた。今も耐えている P072

◎私は一文なしの裸身だ。百千の苦しみに悩んでいる……私は貧しさと苦しみの中で生活している……私は貧困と

闘っている P072

◎もう我慢できず死にそうだ。悪運は自分がやりたいことをさせてくれない。苦しくて死にそうだ。自分が悪いのでもないのに、私は詐欺師みたいになってしまった P073

◎男と女の年齢は十ちがっていなければならぬ。お前が選ぶ女が善良なばかりでなく、健康でなければならぬ P073

◎いざとなったら皿を洗ったり掃除したりして恥ずかしがらない女を見つけるのだ。美人かどうかということは、別にお前がフィレンツェ第一の美男というわけではないのだから、不具者か醜女でないかぎり、気にしない方がいい P073

No.19 ＝ 野口英世

名言

◎私は何かをするためにこの世に生まれてきたのだ。それを完成したいと思う。私は宿命を信じている P074

◎ナポレオンは、夜三時間しか眠らなかった。彼になし得られる努力が、自分になし得られぬはずがない P076

◎学問というものは、一種の投機事業だ P076

◎そのためにぼくはすべてを捨てて命がけで研究に打ちこんでいるんだ P076

迷言

◎小生は、名誉のためなら進んで危ない橋も渡る P074

◎人力車夫に使ってはいただけないですか P075

◎兼ねてからのお約束通り、日本からやってまいりました。大学の助手に採用してください P075

◎こんな血のにじむような苦労をして、それでも当たらないなら、鉄道自殺するか P076

No.20 ＝ ディオゲネス

名言

◎あなたが影になるので私に日の当たるようによけてください P078

迷言

◎人びとを支配することだ P077

◎そんなことはどうでもよいことだ。魚だって、どんなふうに置かれていようと、売られていくのだから P077

◎自分の言うことに従ってもらわねばならない P077

◎顔を下にして P078

◎もうしばらくすれば、下にあるものはひっくり返され、上になるだろうから P078

No.21 ＝ フローレンス・ナイチンゲール

名言

◎私が忘れることができないでいる最初の思いつき、そして今も考えていることは、看護の仕事である P079

◎私には知性の満足を求めるところがあるが、彼ならそれを充たしてくれるであろう。また情熱の満足を求める性質もあるが、それも彼は充たしてくれるであろう P081

◎あの何ひとつ、自分自身をさえ支配できないような失望に満ちた未熟の時代、青春――私のそれはついに終わり、二度と戻らないという、その喜びをかみしめています P082

◎すべて思い通りになしとげるのでなければ、何もなさなかったのと同じである P082

◎おしつけられた役目のなかで一番軽い物だった P082

迷言

◎すべてを試みた。外国旅行も、親切な友人も、すべてを。おお、神様！ 私はどうなるのだろう？ P079

◎人生三十一年、好ましいと思われるのは死ばかりである P079

◎年ごとに若さを失っていくこと以外、私が生き続けていても何の得るところはありません P080

◎私には満足を要求する道徳的、行動的な性質がある。その満足はあの人の生活中には得られない。時には私もともかく情熱的な性質を満足させようと考えないでもないが…… P081

No.22 ＝ 豊臣秀吉

名言

◎日本の治、この時にあり P084

迷言

◎上様ならびに殿様、いずれもなんのお障りもなく明智光秀による襲撃から切り抜けなされた P083

◎播州より西のことは知らないが、東においては、津軽・合浦・外浜までも、われらの槍先に堪えられる者はいそうもない P083

◎とても慕わしく思われるので、ただちにそちらへと参りまして、口を吸いたく思いますぞ。また、予が留守の間に、他人にその愛らしい口を吸わせていなさるのかと思い、残念でならぬ P084

◎予がじかに参上してことごとく叩き殺してあげるよ P084

No.23 ＝ マハトマ・ガンジー

名言

◎自己浄化の道は困難で、かつ険しい。完全な純潔を達成するためには、人は思想において、言葉において、行為において、絶対に喜怒哀楽の情から解放されていなくてはならない P086

迷言

◎世界から賞讃されても、わたしの心は動かない。かえって、わたしを苦しませることさえしばしばある P085

◎私は彼女の動静を四六時中監視していなければ気持がおさまらなかった。したがって、彼女は私の許しが出なければ、どこへも出かけられなかった P085

◎私たちの生活が、救いようのない不愉快なものであったと思ってはいけない。というのは、わたしの口やかましさはみな愛情に根ざすものだったからである。わたしは妻を理想の妻に仕上げようと思った P086

◎私たちは、インドの紙巻きたばこを買うために、召使いのへそくりから、銅銭をちょろまかし始めた P086

◎ある人物が善良であるからといって、その子供もそうであるとは限りません P086

No.24 ＝ チャールズ・ダーウィン

名言

◎ヘンズローは僕の指導者だ。彼は非常にすぐれた指導者だ。一日のなかでいちばん楽しいのは、彼と話をしているときだ P088

◎私の第二の人生がこの日に始まるでしょう。この日は今後の人生の誕生日になるでしょう P088

◎私はいま、種の学説の概要を書きおえた。もしも、私の学説が、たとえただ一人の有能な判定者によってでも、認められる日がくる——私はそれを信じている P089

◎あまりに懐疑的であることは、科学の進歩のために有害であると思う P089

◎死ぬことは少しもこわくない P089

迷言

◎僕はこの先生も講義も、どちらも大きらいです P087

◎なんといっても、カブトムシの収集ほど、私がケンブリッジで熱中し、楽しみにしていたことはない P088

◎たっぷり一日分の仕事をしてしまった P089

No.25 ＝ 西行

名言

◎かかる世に　かげも変らず　すむ月を　見る我が身さへ恨めしきかな P091

迷言

◎出家して世の中を捨てたけれども、まだ捨てきれない心持ちがする。都から離れられない私なのだ P090

◎執着が残っているからか、出家してもまだ捨てきれない感覚が残って、この世が厭わしくなる P091

◎これこそ煩悩の絆よ P091

No.26 ＝ フョードル・ドストエフスキー

名言

◎恋の喜びは大きいものですが、その苦しみは、決して恋などせぬほうがいいと思うほど、恐ろしいものです P094

◎兄さん！　ぼくは力も失わなかったし、気落ちもしていません。生活はどこにいっても生活です、生活はわれわれ自身の内にあるのであって、外にあるのではありません P096

◎病気は恥辱とはならない。それどころか、てんかんという病気は、活動の妨げにならないのだ。てんかんをわずらっている人にはたくさんの偉大な人さえいた P096

◎そうなのだ、わたしが病気持ちであるのは、みなさんが健康であるよりも健康であることなのだ P096

◎思い出は苦しみに等しい。たくさんのものを失ったにもかかわらず、わたしはまだ生を熱烈に愛している P096

迷言

◎どうしたらいいんだ、まったく！　もう我慢できないんだよ！　ぼくは行く先々で、みんなの笑いものになるんだから。ぼくは見てしまったんだよ、きみたちがぼくをみてどっと笑い出したのを！ P092

◎ぼくの小説が掲載されない場合は、ぼくはおそらくネヴァ河にとびこむつもりです。だってそれしか手がないでしょう？ P093

◎自分の頭の骨格をみて、こまかく性格分析をしてほしい P093

◎神経がひどく過敏なので、なにか底意のあることばを耳にすると、どうにも自制できなくなるのです P093

◎自分はまだ何ひとつ小説の筋を立てることができないでいる。癇癪が記憶力ばかりか、空想力さえ奪ったのではないかと心配している。淋しい考えばかりが頭に浮かんでくる P093

◎生活のために原稿を書くのは恐ろしいことです！　期限を切られた仕事でも平気でやるようになるのですから P094

◎晩寝るときは、もう悩ましいばかりにお前のことを考え、心の裡でお前を抱きしめ、空想のなかでお前の体じゅうを接吻するのだ P094

◎ああ！　どうしてあなたは結婚しないのですか。なぜ子供をもたないのですか。ぼくは誓いますが、一人の子供は人生の幸福の四分の三を代表します。あとは残りの四分の一で十分です P095

◎頭が痛い、どうなることだろう
歯が痛い、ひどいことになりそうだ
こどもたちの悪い夢を見た、怪我はしなかったか
お金を使った、ホテルの払いに足りないかもしれない
汽車は混むのではないか、乗れないのではないか P095

No.27 ＝ フランシス・ベーコン

名言

◎知は力なり P097

◎人間の知識と力は一致する、というのも、原因を知らなければ、結果を生み出すこともできないからだ P097

◎嫉妬とは常に他人との比較においてであり、比較のないところに嫉妬はない P097

◎何か善いことに傍目もふらず熱中している心は、死の苦痛をそらす P098

迷言

◎自分はもう死の床に就いているが、鶏肉の実験は大変うまくいった P098

◎大胆にはどことなく滑稽なところがある P098

No.28 ＝ 西郷隆盛

名言

◎命もいらず、名もいらず、官位も金もいらぬ人は、仕末に困るもの也。此の仕末に困る人ならでは、艱難を共にして國家の大業は成し得られぬなり P099

迷言

◎昨日は斬姦の一回忌にて、早天より焼酎呑み方にて、終日酔い居り申し候 P100

◎御前には、恐れながら田舎者であられるゆえ P100

◎いかにも醜態を極めている。もはや写真を撮るのはやめてくださらんか。はなはだ気の毒である P100

No.29 ＝ ライト兄弟

名言

◎研究を重ねてきた結果、有人飛行は決して不可能ではなく、実現できるものと確信しています P102

◎鳥から飛行の秘密を学ぶのは、手品師からトリックの秘密を習うことによく似ている P102

◎わずか12秒の飛行です。その飛行もせいぜい上下に揺れて、這うように進むおぼつかないものでした。しかし、とうとう空を飛べたのです P103

◎直接体験しなくてはこの感動はわからない。それは空に舞い上がりたいという多くの人たちが抱いてきた夢の実現なのだ P103

◎静かに舞い上がる鳥は一羽としていない P103

迷言

◎あてにならないチャンスを待つより、多くの人たちにとっては差し出されたチャンスを足がかりにしたほうがむしろふさわしい P101

◎リリエンタールの訃報に接しても、子供のころから受け身だった自分がこれでとくに突き動かされるようなことはなかった P101

◎私は変人などではなく航空学の愛好家で、飛行機械の適切なる製作に関する自説をもつ者です P102

◎これから１０００年、人間は空を飛ぶことなどできない P103

No.30 ＝ 夏目漱石

名言

◎人間と云ふものは考へ直すと妙なもので真面目になって勉強すれば、今迄少しも分らなかったものも瞭然分る様になる P104

◎誰が何と云っても、自分の理想の方がずっと高いから、ちっとも動かない、驚かない P106

◎要するに我々に必要なのは理想である。理想は文に存するものでもない、絵に存するものでもない、理想を有している人間に着いているものである P106

◎変り物として出来得る限りを尽すは余の嬉しき義務である P107

◎小生は今日迄ただの夏目なにがしとして世を渡って参りました。是から先も矢張りただの夏目なにがしで暮したい希望を持って居ります P107

◎もし途中で霧か靄のために懊悩していられる方があるならば、どんな犠牲を払っても、ああ、ここだという掘当てるところまで行ったらよろしかろうと思うのです P107

迷言

◎歯ならびがわるくて器量もよくない。それをかくそうともせず、平気でいるんだよ。そこが大変気にいった P105

◎俺は学者で勉強しなければならないのだから、おまえなんかにかまってはいられない。それは承知していてもらいたい P105

◎おい、探偵君。今日は何時に学校へ行くかね P105

◎おまえあの印税が入っただろうが、どうするつもりなんだ。また困ることがあるだろうから、入った時にちっとは貯金でもしておくといいね P106

No.31 アイザック・ニュートン

名言

◎集中し、ひたすら努力することだ。私は常に、頭にある問題を考え続けている。はじめはゆっくりと夜が明けるような具合に、答えが少しずつ見え始め、やがて明らかな光になるのだ P108

◎世間の人に私がどう見えているのかは知らないが、私は自分がただの少年にすぎなかったように思える――海岸で遊びながら、ほかのものよりすべすべした小石や、きれいな貝殻を探して遊んでいる子どもだ。その向こうで、真実という偉大な海は未知のものとして私の前にずっと横たわっていた P109

◎孤独は天才の学校である P110

迷言

◎スミスの父と母を殺し、その家を焼いてしまうと脅したこと P109

◎誰かが死ねばよいと思ったこと P109

◎私にはいま非常な悩み事があり、この1、2ヶ月というもの十分に寝食もとれず、以前のような精神力もありません P110

◎あなたが、女やその他の手段を使って、私を困らせようとしていると聞いて無性に腹が立ち、誰かが、あなたの病気は治るまいといったとき、死んだ方がいいと答えました P110

No.32 本田宗一郎

名言

◎俺たちは祭りばかりやってきた。お前ら、真面目にやってくれ P111

◎遊ぶときはとことん遊べ。そして、仕事をするときはとことん仕事をしろ P111

◎失敗のない人生なんて面白くないですね。歴史がないようなもんです P112

◎免状なんかどうでもいいですよ。私は免状のために学校へ来ていたのではありません。仕事のために勉強しているのですから。映画の切符なら必ず映画館に入れますが、免状じゃ映画も見られません。映画の入場券より悪いじゃないですか P113

◎がんばってくれた従業員一人ひとりにお礼を言いたい P114

◎いや、いいんだよ、その油まみれの手がいいんだ。俺は油の匂いが大好きなんだよ P114

迷言

◎もしこのとき電線にひっかからずにまっすぐ下の道路に落ちていたら、芸者の命はなかったと思う。そして私は今頃、刑務所生活をしていたかもしれない。もちろん、今の本田技研もありえなかった。きわどいところで助かったのは私の方だともいえる P112

◎軍がいばりくさる時代が終わってよかったなぁ。これからしばらく何もしないよ、お母さん、当分養っとくれ P113

◎紙と鉛筆を持ってこい！ P114

◎ニュートンなんて二百年以上も昔の学者じゃねぇか。そんな古いことを勉強して何になる！ P114

No.33 ルートヴィヒ・ヴァン・ベートーヴェン

名言

◎もっと大きくなったら弾きます P115

◎私は常に自分を、モーツァルトの最大の賛美者の一人と考えており、命ある限りそうであり続けるつもりです P116

◎勇気を出そう。肉体はどんなに弱くともこの精神で勝ってみせよう。いよいよ、25歳だ。一個の男の力の全部が示さるべき年齢に達したのだ P116

◎何よりもまず、ぼくは好調でとても元気だ。自分の芸術が、友人たちや尊敬を私にもたらしてくれる。これ以上、何をのぞむことがあろうか P116

◎できることなら、ぼくは運命を相手に戦い、勝ちたい P117

◎両方ともまったく新しい様式で、それぞれ完全に異なる手法で書きました P117

◎これはあなたのためのものではない、やがて来る時代のためのものです P118

◎あなたは、私を征服してしまったのです P118

◎諸君、喝采を。喜劇は終ったのだ P118

迷言

◎このように運命は扉を叩く P115

◎大バカ者！ P116

◎僕は惨めに生きている。人々の中へ出ることを避けている P117

◎僕の職業が他のものだったらまだしもどうにかいくだろうが、僕の仕事では、これは恐ろしい状況だ P117

◎私は美しい人でなければ愛することができません P118

◎俺はベートーヴェンだ！ P118

No.34 ＝ 与謝野晶子

名言

◎やは肌のあつき血汐にふれも見でさびしからずや道を説く君 P119

◎私は人間の力で人間の苦痛を除きえる確信を得たことが近代人の誇るべき自覚の一つだと思っている。従って私は平生から、避け得らるべき肉体の苦痛を避けずにいるのは無益な辛抱だと考えている P119

◎私はなるべく十四五までは男女両性を殆ど自覚させないで教育したいと思って居ます P120

◎あゝをとうとよ君を泣く　君死にたまふことなかれ P120

◎私は可なりに欲が深い P120

迷言

◎水軍の大尉となりて　わが四郎　み軍に征く　猛く戦へ P120

◎わたしは無口な女で座談が誠に下手である P120

No.35 ＝ パブロ・ピカソ

名言

◎私は子どもらしい絵を描いたことがない P122

◎私ほどデッサンの練習を積んだ者はいないだろう P122

◎私が私の人生においてやってきたすべてのことは現在のためであり、つねに現在であり続けようという希望をもってやってきた。私は探究心ということを考えたことさえない。私は表現すべき何物かを見出したとき、過去も未来も考えずに表現してきた P123

◎いや、あなたたちだ！ P124

◎冗談じゃない、同じことをいつまでもやっていると思わないでくれ。過去にはもはや興味はない P124

◎自分の作品の真似をするくらいなら、他人の作品を真似たほうがましだ。なにしろ、私は新発見が大好きなのだ P124

◎探すのではない、出会うのだ P124

迷言

◎徹底的に喧嘩すべきだ P121

◎それで二人は格闘を始めた。これがわしのいちばんの思い出の一つだ P121

◎お嬢さん、君は魅力的な顔をしているね。君の肖像を描いてみたいな。私はピカソです P122

◎これは人生最悪の時です P122

No.36 ＝ 鴨長明

名言

◎流れゆく河のながれは、絶えることはなくて、しかも、もとの水では決してない P125

◎父が死んで翌年の春、桜の花が今年もまた咲いた。花が散ることを、あれほど惜しんでいたあの父はいったいどこにいってしまったのだろうか P125

◎ただひたすら、静かであることを望みとし、憂えないことを楽しみとする P126

迷言

◎お気の毒に、と通り一遍の言葉で済む悲歎だと他人は思っているのだろう。誰もが知らず顔で過ごしている P126

No.37 ＝ グラハム・ベル

名言

◎もし私が電気について、もっと多くの知識を持ち合わせていたなら、電話の原理など思いつかなかっただろう P127

迷言

◎人が発明で名声を獲得すればするほど、ますます世間は当人を攻撃目標にする P128

◎歳をとるにつれて、自分の中に引きこもり、自分の思考にふける傾向が、強くなってきている気がします P128

◎もうすっかり昔のことで、果たして本当に自分が電話を発明したのだろうか、それとも人の話をどこかで読んだだけではないかとよく思いますよ P128

◎どうして私は電話なんて発明したんだろうね P128

No.38 ＝ 小林一三

名言

◎下足番を命じられたら、日本一の下足番になってみろ。

そうしたら、誰も君を下足番にしておかぬ P129

◎金がないから何もできないという人間は、金があっても何もできない人間である P130

◎百歩先を見る者は狂人扱いを受け、現状のみを見る者は落伍する。十歩先を見る者のみが成功する P130

迷言

◎銀行の仕事は少しも面白くない P129

◎東京における三井銀行時代は、私にとっては耐えがたき憂鬱の時代であった P129

No.39 フリードリヒ・ニーチェ

名言

◎自分の手で書いているのではないという感じがある。なによりはっきり気づくのは、頭のてっぺんから足の先までをつらぬく、身をふるわせる無限のスリルである P131

◎君のお蔭で、僕の生涯の最も美しい夢を見られた P134

◎そうかね P133

迷言

◎でもお母さん、校則にはこう書いてあるんだよ。生徒は下校時に騒いだり走ったりしてはならない、ゆっくり行儀よく家に帰ることって P131

◎これらの詩で描写しているのは、たいてい自然の光景であった。すべからく少年の心というものは、壮大な自然の光景に深く感動し、思わずこみあげる言葉を詩句に移し変えたいと思うものである P132

◎もちろんこの時期の作品はつたないものであり、ほとんどすべての詩が、表現はぎごちなく生硬であったが、しかしながらこの第一の時期の詩の方が、次に述べる第二の時期の作品より私としてははるかに気に入っている P132

◎100フランのほうがよくないか？ P132

◎あなたは私の妻になろうとお思いになりますか？　私はあなたを愛しています。そして、あなたはすでに私のものであるような気がしています P133

◎私が人間だというのは偏見です。私は人間が経験できるすべてのことを、卑小なことから最高のことまで知っています P134

No.40 平塚らいてう

名言

◎元始、女性は実に太陽であつた。真正の人であつた。今、女性は月である P135

◎愛なくして結婚し、自己の生活の保証を得んがために、終世ひとりの男子に下婢として、売春婦として侍しているような妻の数は今日どれほどあるか知れないでしょう P137

迷言

◎山のぼりで先生はまいってしまいましたけれど、わたくしは大丈夫でした。坐禅をしているお蔭です。心配しないで下さい P136

◎自分が別段悪いことをしたという、罪悪感は湧いてきません。ですから、とんでもない親不孝者などとも考えませんでした。親の立場と自分自身の問題とはどこまでも区別して考えていました P136

◎からだはあってもなきが如くで、不思議なほど身軽ですし、疲れというものをまったく感じないのです。一日中どんなに歩きまわっても、夜一時二時まで起きていても平気でした。何もかもたのしく、美しく、うれしさでいっぱいで、過剰精力でいつも張りきってピチピチしていました P136

◎わたくし自身が、文学で身を立てようなどという気がさっぱりないからです P137

No.41 一休宗純

名言

◎乞食も愚僧も、おなじ火と水なれども、きのふは棒をくらひ、今日は御ときを給ふこと、ひとへにこの衣の色が光るゆゑなり P139

迷言

◎死にとうない P139

◎これにて地蔵の首をくくり置け、たちまち病は失すべし P138

◎私を訪ねてくるようなことがあれば、私は魚屋か居酒屋か娼婦の家に入り浸っているので、そこらへんを探してください P139

No.42 チェ・ゲバラ

名言

◎誰もがそうであるように、私も成功を願っていた。有名な医学研究者になることを夢みていた。人類の助けになる何かを発見することを夢想していたのである。しかし、そのころ獲得しようとしたのは、個人的な成功だった。私は、われわれすべてのものと同じく、幼稚な考えにとりつかれていたのだった P140

◎きみたち日本人は、アメリカにこれほど残虐な目にあわされて、腹が立たないのか？ P141

◎初めから、わたしは彼とは結ばれていた。冒険へのロマンティックな共感と、かくも純粋な理想のためなら、外国の海浜で死に遭遇しようとも悔いることはない P142

◎もっとも大切なことは、権力を握るそのことではなく、握ったならば、何をしようとするかを明らかにしておくことだ P142

◎世界のどこかでなにか不正が犯されたならば、いつでも強く感ずるようになりなさい P142

◎理想を実現させるためだよ P142

迷言

◎ぼくは、拳銃をくれさえすれば、出て行くつもりだ P141

◎一発も撃たずに革命をする気かね? きみらは頭がおかしいんじゃないのか! P141

No.43 ＝ フランツ・シューベルト

名言

◎お父さん、ちょっとどこかおかしかったようですよ P143

◎うん、これは詩がいいんだ。そういう場合にはすぐに気が利いた音楽が浮かんでくる。メロディーが流れ出て来て、それは本当に楽しい P144

迷言

◎私のようなつまらない者のこともお覚えいただけますならば、私のこの願いがかなえられますなら、私にとって生涯で最高の出来事となることでしょう P144

◎これは悪くない。誰の作品ですか P144

No.44 ＝ 太宰治

名言

◎結婚は、家庭は、努力であると思ひます。厳粛な、努力であると信じます。浮いた気持は、ございません。貧しくとも、一生大事に努めます P146

◎ウソ字、アテ字は書かぬように。疑問のときには必ず辞書を引いてたしかめること P147

◎読ましてもらう。出したまえ P147

◎小説を書くというのは、日本橋のまんなかで、素っ裸で仰向けに寝るようなものなんだ。自分をいい子に見せようなんて気持は、捨てなくちゃ P148

◎自分のことをきたなく書け、いやらしく書け P148

◎ぼくはね、今までひとの事を書けなかったんですよ。この頃すこうしね、他人を書けるようになったんですよ P148

◎僕も三十八だからね、四十までには、大傑作を一つ書いて置きたいよ P149

◎苦しいことがあったら、三鷹の奥で、下手な作家が、下手な小説を、うんうん苦しんでかいていることを思い出してくれたまえ P149

迷言

◎処世術とは考えられないかなあ P145

◎小鳥を飼い、舞踏を見るのがそんなに立派な生活なのか P146

◎刺す。そうも思った。大悪党だと思った P146

◎私はよい人間です。しつかりして居りますが、いままで運がわるくて、死ぬ一歩手前まで来てしまひました。芥川賞をもらへば、私は人の情に泣くでせう P146

◎かげで舌を出してもよいから、うわべはいい顔を見せてくれ P147

◎卵をやれ P147

◎手の小さい女には、お前も、用心した方がいいぞ P148

◎死ぬ気で恋愛してみないか P149

◎おれもね、なんとか我慢して、もう二十年も生き続ければね、白い髭など貯えて、文豪なんていわれるかも知れんがね、文化勲章ぐらい貰えるかも知れんがね、おれは、もう我慢がならんのだよ。辛棒の限界まで来てしまったんだよ P149

No.45 ＝ 徳川家康

名言

◎儂は長いこと自らの手で文を書かなかったけれども、満足したことを伝えたいので、自筆で申し入れました P150

◎天下は天下の人の天下にして、我一人の天下と思うべからず P151

迷言

◎もし、偽りがあれば、梵天帝釈四大天王、総じて日本国中六十余州の大小の神祇・特に伊豆箱根両所の権現・三嶋大明神・八幡大菩薩・天満大自在天神の罰をこうむるであろう P151

No.46 ＝ ウィリアム・バロウズ

名言

◎わたしの神話には天国も地獄もある。地獄は敵の手に落ちること、ウィルスパワーの手に落ちることであり、天国とはこのパワーから自分を解放すること、あるいは内的自由を達成すること、条件付けからの自由を獲得することだ P153

◎一人で何時間もタイプライターに向かっていられないとダメですな。これができないなら、物書きはおあきらめなさい P153

迷言

◎麻薬を使うのに、はっきりした理由はない。それ以外に何もすることがなくて麻薬をうっているうちに、気がつくと中毒になっているのだ P152

◎麻薬は人生そのものだ P152

◎悪の勢力に憑かれてやった。だからその勢力を明確にするため、自分は書き続けるんだ P153

No.47 ＝ イマヌエル・カント

名言

◎私の故郷は、人間や世間に関する知識を手に入れるにふさわしいところといえよう P156

◎全体は最善である。そしていっさいは全部のために善い P156

◎これでよい P156

迷言

◎すぐ前に座っていた一人の聴講生の上衣のボタンがとれていたため、終始考えがとぎれた。心ならずも眼と考えがこの隙間に引きつけられて、それであんなにぼんやりしてしまったのだ P154

◎ある人の歯が抜けて隙間ができると、いつも隙間ばかり見ているものだ P155

◎きっとビール飲みだったんだろう P156

No.48 ＝ 坂口安吾

名言

◎人間は生き、人間は堕ちる P157

◎戦争に負けたから堕ちるのではないのだ。人間だから堕ちるのであり、生きているから堕ちるだけだ P157

◎人生はつくるものだ、必然の姿などというものはない P158

迷言

◎もとより小学生の私は大将だの大臣だの飛行家になるつもりであったが、いつごろから落伍者に志望を変えたのであったか P157

◎余は偉大なる落伍者となっていつの日か歴史の中によみがえるであろう P158

◎オレも忍術の心得が多少あるが、オレより上手がいるものだね…… P158

◎ライスカレーを百人前とってくれ P158

◎オレはここから飛び降りさえすれば何とかなる P158

No.49 ＝ マルティン・ルター

名言

◎父は汗と労働で私を支えてくれた P159

◎魂を私から奪うことはできない P160

迷言

◎学校とは、世間を欺く名称にすぎず、時・所をかまわず拷問が行なわれる地獄・煉獄にほかならなかった。いくらムチでもって牛馬同然に仕込んでも、すっかりおびえきった生徒たちは、文字通り何ひとつ学ぶことができなかった P160

◎諸君は、私のこういう姿をもう見ることはないでしょう P160

No.50 ＝ ガイウス・ユリウス・カエサル

名言

◎賽は投げられた P161

◎来た、見た、勝った P161

◎トレボニウスを四個軍団とともにベルガエ人の地に駐屯させる。ファビウスには、同数の軍団兵とともに、ハエドゥイ族の領土へ連れて行かせる P162

迷言

◎アレクサンドロスが世界を制覇した年になったのに、自分は何ひとつやっていないではないか P161

No.51 ＝ 樋口一葉

名言

◎ただ利欲に走る浮世の人あさましくいとわしく、これゆえにかく狂へるかと見れば、金銀はほとんどチリのように見える P163

◎落ちぶれて袖に涙がかかる時、人の心の奥を知ることができるというのは本当だ。不足のなかったその昔は、人は誰でも情け深いもの、世の中はいつまでも変わらないものと思っていた P164

◎今日から小説を1日1回ずつ書くことを日課にする。1回書かない日は黒丸をつけると決める P165

◎今夜は何だか胸がさわいで眠れない。それというのも新生涯をむかえて旧生涯を捨てるという大事なことが目の前に横たわっているのだもの P165

◎ようやく名を知られ初めて、めずらしげにもてはやされる。うれしいなどとどうしていえるだろう。これもただ目の前の煙のようなもので、昨日の自分とどんな違いがあるのか P166

迷言

◎9歳くらいになると、自分の一生が、普通に終わってしまうことがなげかわしく、もし自分が竹であれば、一ふしほかの人達よりも抜け出ていたい、毎日そう考えていた P163

◎引き受けることができないのは、頼んだ方が悪いのではない、私の心は川の底が澄んでいるみたいに、いささかのよどみもなく、いささかの私心もなく、曲がった道を行こうとするのではない。曲がっているのは人々の心だ P165

No.52 ヘンリー・フォード

名言

◎世の中には、いつも二通りの人間がいる。つまり開拓する者と、ゆっくり進む者とである P167

◎大変幼い頃から、私はいろんなものに対し、何とかしてもっと良い方法で行えないものかと考えていた P167

◎私は自動車を選んだ。というより、むしろ会社での地位を捨ててしまったのだが、出世なんてどうでもいいことだった P168

◎人間のほうから仕事へ近づいていくのではなく、仕事が人間のところへ運ばれていくようにしなければならない P169

◎みんなは自分たちが何を望んでいるのか、こちらがいうまではたいていわからないものだ P169

◎鳥類は人間にとっての最大の友人だ P169

迷言

◎人間がのろのろと進む馬たちの後ろで、何日も何時間も過ごすというのは、なんと無駄なことか P167

◎みなさんはお好みの色の自動車を、それが黒であるかぎり、選ぶことができる P168

◎慈善は非生産者をつくり出す。金持ちの怠け者と貧乏の怠け者は同じようなものである。両者はともに生産上の重荷である P169

No.53 オスカー・ワイルド

名言

◎でもね、学長。アレン氏は紳士じゃありませんよ P171

◎この世の中で、噂されるよりもさらに悪いものが一つだけある。それは噂されないことだ P171

◎何もありません。私の才能を除いては P171

◎僕の義務は猛烈に楽しむことだ P171

迷言

◎運動だって！　私にとっての唯一の運動は、話すことであり、歩くことではない。話していないと体が疲れてしまう P170

◎私は野外ゲームなんかには全然興味はない。ただ、仮装遊びは別だ。私はフランスのカフェの前で時々、仮装をしたことがある P170

No.54 ヨハン・ゼバスティアン・バッハ

名言

◎然るべき時に然るべき音を弾く。あとは楽器がしてくれる P172

◎私くらい勤勉だったら誰でも成功する P172

迷言

◎小生の現在の地位はおおよそ銀貨７００ターラーほどの収入になります。そして例年よりも葬儀の数が多いときですと、その分だけ臨時収入も増えますが、健康に良い天候の年になりますと、反対にこの種の収入は減少するわけでして、現に昨年などは、例年の葬儀収入を銀貨１００ターラーも下回る有様でした P172

◎一滴こぼしただけでもくやしいのに、無念を晴らすすべがない P173

◎あの子はまたしてもあちこちで借金を重ね、生活態度を少しも改めないのみか、行方までくらまし、しかも今日にいたるまで居所の居の字さえ知らせてこないしまつです P173

◎あいつは自分で作曲するだけの立派な頭をもっているのだ。わしの曲なんか要るものか。あの呪わしい酒のことさえなけりゃ、こんな話は思いもよらぬことだったのに、可哀そうなフリーデマン！ P173

No.55 正岡子規

名言

◎病床六尺、これが我世界である。しかもこの六尺の病床が余には広過ぎるのである P174

◎自分の命（卯の花）が散ってしまうまで、子規として句を作り続ける P175

◎悟りといふ事は如何なる場合にも平気で死ぬる事かと思つて居たのは間違ひで、悟りといふ事は如何なる場合にも平気で生きて居る事であつた P175

迷言

◎松山中学は、中学というものの名ばかりで、教えを受けるに値する先生はいない P174

No.56 フェルディナンド・マゼラン

名言

◎自分は水夫たちと残るから、できるだけ早く助けに来てくれ P176

◎われわれは海峡を探す、それが見つかるまで P178

◎どうかこの大洋がいつも今日のように静かで、慈悲深くありますように。その願いを込めて、私はこれを太平洋と命名する！ P178

迷言

◎海峡はここには存在しないが、この海岸をあと数マイル南下すればかならずそれを発見できるだろう。われわれはそこを通って航海し、冬は大いなる南の海の島で過ごすのだ。そこでは料理の鍋さえ黄金でできており、女たちの美しさはリオ・デ・ジャネイロの女たちをしのぐのだ P177

◎この地の終わりに達するまで、ないしは向こう側の南の海に通ずる通路を発見するまで、航海を続けなければならない P177

◎ひとつだけいっておきたいのは、恥辱と不名誉のうちにスペインに帰るくらいならば、私は死を選ぶ決心をしていることである P177

◎帆桁にとりつけられた牛の革を食べなければならぬとわかっていても、前進して皇帝陛下にお約束したものを発見せねばならぬのだ P178

No.57 ソクラテス

名言

◎答えられないなら、あなたは、それについて知らないんですね P179

◎君たちに従うよりは、むしろ神に従うだろう。すなわち、わたしは息の続くかぎり、またわたしにそれができるかぎり、決して哲学することをやめないだろう P180

◎むずかしいのは死を免れることではない。下劣さを免れることのほうがもっとむずかしいのだ P180

◎もはや去るべきときだ。わたしは死ぬために、諸君は生きながらえるために。だが、われわれのどちらがよりよいことに出会うか、それは神より他には誰にも分からないのだ P180

◎何よりも大切にしなければならないのは、生きることではなくて、よく生きるということなのだ P181

迷言

◎私は死刑になるどころか、迎賓館でごちそうされるべきである P180

◎では君は、わたしが不当に殺されるのよりも、むしろ正当に殺されるのを見たかったのかね P181

◎そうだ、アスクレピオス神にニワトリの供え物をするのを忘れていた。忘れずに供えてくれたまえ P181

No.58 芥川龍之介

名言

◎貰ひたい理由はたった一つあるきりです。さうしてその理由は僕は文ちゃんが好きだと云ふ事です。勿論昔から好きでした。今でも好きです。その外に何も理由はありません P183

◎人生は一箱のマッチに似ている。重大に扱うのはばかばかしい。しかし重大に扱わなければ危険である P183

◎自由は山巓の空気に似ている。どちらも弱い者には堪えることは出来ない P184

◎少なくとも僕の場合は唯ぼんやりとした不安である。何か将来に対するぼんやりとした不安である P184

迷言

◎小説を発表した場合に、もし夏目さんが悪いと云ったら、それがどんな傑作でも悪いと自分でも信じそうな、物騒な気が出した P182

◎我輩も犬である P182

◎おい、オレを紹介してくれよ P183

◎僕は過去の生活の総決算の為に自殺するのである。しかしその中でも大事件だったのは僕が二十九歳の時に秀夫人と罪を犯したことである P184

No.59 ブレーズ・パスカル

名言

◎クレオパトラの鼻。それがもっと短かったなら、大地の全表面は変わっていただろう P185

◎人間はひとくきの葦にすぎない。自然のなかで最も弱いものである。だが、それは考える葦である P186

◎だから、われわれの尊厳のすべては、考えることのなかにある P186

◎私たちは、想像上の自分自身を美しく装い、それを保持することに汲々とし、真の自分をなおざりにする P186

迷言

◎クレオパトラの鼻がもう少し低かったら、歴史は変わっていただろう P185

◎人間生活は、はてしなく続くだまし合いにすぎない。人間は互いにだまし合い、互いにお世辞を言い合っているだけのことである P186

No.60 ＝ 吉田茂

名言

◎何の罪もない俺が牢屋に入れられるのは不合理だ。本来なら貴様らがこの中に入るべきだ P187

◎日本は軍部に負けた。けれど今度は舌一枚で勝ってみせるよ P188

◎世間の反響や部下の苦労は知っていた。でも、敗戦でシュンとしてしまった日本の国民を奮い立たせるために、私が図太くして見せなければならなかった P189

◎負けっぷりは立派にしよう P189

◎見てごらん、いまに立ち直るよ。かならず日本人は立ち直る P189

迷言

◎閣下がライオンのように歩かれるので、ついライオンの檻に入れられたような気がいたしまして P188

◎俺の人気もまんざらでないな。招きもせぬのに、こんなに押し寄せてくれる P188

◎もし日本が正しい数字を出せる国だったら、戦争に負けてなどいませんよ P188

◎はい、強いてあげれば人を食っております P189

No.61 ＝ 孔子

名言

◎習ったことを機会があるごとに復習し身につけていくことは、なんと喜ばしいことだろうか P190

◎学んだだけで考えないのでは、はっきり理解できない。また、考えるだけで学ばなければ、独断に陥る危険がある P190

◎友人が遠方から訪ねてきてくれる。こんなうれしいことはない P191

◎人が認めてくれないことを思い悩むのならば、認められるだけのことをしようとつとめることだ P191

迷言

◎天下は秩序乱れて私の理想に程遠い、もういかだにのって海外にでもいこうか P191

◎お前の勇気は私以上だが、いかだの材料はどうするのだ？ P191

No.62 ＝ 徳川慶喜

名言

◎世界万国が天地の公道に基づいてたがいに交誼を通じる今日、わが国だけが単独で鎖国の旧習を守るべきではない P193

◎自分がこのような意見を立てるのは、すでに幕府をないものと見て、日本全国のためを謀ろうとするからである P194

◎皇国の大権を一にし、天下と共同会議、全国の力を尽くして事に従って、海外万国と並び立つべき大業を期すべきなり P194

◎この大坂城がたとえ焦土になろうとも、断乎死守しようではないか。予がここで死んでも、江戸城の忠義の臣が我が志を継いでくれるだろう P195

迷言

◎陰気な本を読むよりはこの痛さを我慢する方が楽だ P192

◎天下を取ることほど、気骨の折れることはない。天下を取って、仕損じるよりは、天下を取らないほうがよいと思われる P193

◎自分は不肖の息子であり、とても大任に堪えない。こんなに衰えた徳川の天下を回復するなどはとんでもないことだ P193

◎自分さえ居なければ、激論も鎮静するであろう P195

No.63 ＝ マーティン・ルーサー・キング・ジュニア

名言

◎私には夢がある（I Have a Dream） P196

◎私たちは誰しも精神分裂症のような人格を持っています。私たちは二つに引き裂かれていて、それが苦痛をもたらすのです P197

◎私には夢がある。いつの日にか、ジョージアの赤土の丘の上で、かつての奴隷の子孫とかつての奴隷主の子孫が、ともに兄弟愛のテーブルにつくことができるだろう、と P198

◎憎悪にむくいるに憎悪をもってすることは、いたずらに宇宙における悪の存在を強めるにすぎないだろう。憎悪は憎悪をうみ、暴力は暴力をうみ、頑迷はますます大きな頑迷をうみだす P198

◎永い歳月の間さがし求めてきた社会改革のための方法を、ガンジーがこのように強調した愛と非暴力のなかにはじめて発見したのだ P198

◎私にはしなければならない仕事がある。死を恐れてなどいられない。たとえ私が命を失っても、私の死は無駄にはならないはずだ P198

迷言

◎ナポレオンでも敗北することがある。僕もナポレオンだ。ワーテルローの戦いに敗北して君の前にひざまずいている

ところだよ P196

◎ぼくが妻に求めるものは、性格、知性、人格、美の四つだが、あなたはそのすべてをもっている。ぜひまたお会いしたい。いつ会えますか P197

◎僕は別にかまわないさ。この関係を断ち切るつもりはないね P197

No.64 ＝ ローザ・パークス

名言

◎あなたたちは、皆どうして私たちをいじめるのですか P199

◎正しいことをしているのなら、決して恐れてはいけません P200

迷言

◎私は他の誰とも変わらない普通の人間です P200

◎白人用の水は、黒人用の水よりおいしいのだろうか P200

◎指に唾を吐いて、それで頬を濡らし、涙に見せかけたというのです P200

No.65 ＝ ジョアキーノ・ロッシーニ

名言

◎じゃあいいですよ、今晩もう一度オペラを聴いて覚えて、好きなところから書いてみせますから P201

◎これがそうだって！　だけどこれはジェノヴァ産のマカロニじゃないか！ P202

迷言

◎美食と、料理と、トリュフを探す豚の飼育に専念するため P202

◎今すぐそうしたいものですな！ P202

No.66 ＝ グリム兄弟

名言

◎乏しさは勤勉と研究に拍車をかけ、気を散らせないようにし、けだかい誇りを心に注ぎ込む P205

◎私たちは子どもの時から一体だったので、私にとって今はすべての糸が切断されました P205

迷言

◎にいさんが行ってしまった時、ぼくは胸が裂けるかと思った。ぼくは我慢できなかった。ぼくが兄さんをどんなに愛しているか、きっとにいさんにはわからないのだ…… P203

◎ぼくたちは決して離れまい。ぼくたちのひとりをどこかへ連れて行こうとする人があったら、もうひとりがすぐ拒絶するようにしよう。ぼくたちは共同生活になれきっているので、ひとりになっただけで死ぬほど悲しくなるのだ P203

◎私たちは、これらの話をできる限り純粋なかたちで集めることに努めた。話に何ひとつつけ加えたり、粉飾したり変更したりしてはいない。すでにこれほど豊かなストーリーにわれわれがつけ加える必要は、まったくない。これらの話は、作ろうと思って作れるものではない P204

◎朝、食事をしてから五時の夕食までお腹がもたないので、朝食のうち何かひとつを食べずに取りのけておくことにします P204

◎君は、きっと乳母を頼むと思うけど、そういう女の人は昔話や民話を知っているはずだから聞き出してくれ P205

No.67 ＝ 葛飾北斎

名言

◎私の画法が上達したのは、あのときに春好に辱めを受けたお陰だ P206

◎異国の者の無理に屈すれば、日本の恥となる。だから持ち帰ったのだ P207

◎あと10年、いや、せめて5年生かしてくれ！　そうすれば、まことの絵描きになってみせるものを…… P208

◎――九十歳になればさらにその奥義を極めて――百歳でまさに神妙の域を超えるのではないだろうか P208

迷言

◎誰がこんな汚い草履を口にするものか。そんなに言うなら、あんたがまずくわえてみてはどうか P207

◎アゴ、アゴ P208

No.68 ＝ アルフレッド・ノーベル

名言

◎科学技術の進歩は、つねに危険と背中合わせだ。その危機を乗り越えてはじめて、人類の未来に貢献できるのだ P209

◎人間なんて、回転する地球の上に棲息する一四億匹の、二本足で歩くしっぽのない猿にしかすぎないのに、どれほど雑多な群衆の中で一廉の人物になろうとし、その努力することはまったく無益なことです P210

◎私の遺産の一部を寄付し、ヨーロッパ各国の平和実現に最大の貢献をした男性または女性に対して、5年に1度の平和賞を与える基金にしたいと思います P211

◎基金を設立し、利子を毎年、その前年に人類に大きな貢献をした人々に賞の形で分かつことにする P211

◎身体を大切に、可愛い子ちゃん。くよくよしないで P212

迷言

◎この世に生を受けた瞬間に、慈悲深い医者ならそっと首を締め、息の根を止めてくれたであろう、哀れな人間 P210

◎無駄なことに思い悩む価値のない輩である。しかも天涯孤独である。誰も想像ができないほど辛い思いに囚われている悩み多き人間である P210

◎名をはせた俳優か凶悪な殺人鬼ならいざ知らず、誰が好き好んで私なんかの伝記に目を止めるものですか P210

◎ダイナマイトやゼラチン状爆薬の発明が鉄道網の発達に貢献し、莫大な金が節約できたと世間では言われている。だが、どうやらそれは真実ではないらしい。どんなに礼儀知らずの田舎者だって、私に招待状を送ってよこさないはずがないからだ P211

◎ケチで欲深いという批判を受けたほうがよほどましだと思うくらいの寄付の要請だった P212

No.69 ＝ アルベール・カミュ

名言

◎ペストと闘う唯一の方法は誠実さだ P213

◎それでも、ぼくにはこれ以上のことができる気がしている。推敲もしなくては。ぼくは土曜に母の家に引っ越して小説を書き始めるつもりだ P213

◎ぼくの人生に純粋なものはそう多くありません。書くことはそのひとつなのです P214

迷言

◎欲望が迷い出し、思考が拡散するのを禁じること。ただ一つの一貫した瞑想の主題を選び、それ以外を拒否すること。時刻を決め、継続的に気を散らさず、仕事をすること、などなど道徳的禁欲も含めてだ P214

◎一カ月間の五感の禁欲が必要だ P214

◎私は、去勢されてしまった！ P214

◎金をよこせと言うんですか？ P214

No.70 ＝ リヒャルト・ワーグナー

名言

◎美と栄光と光がわたしには必要なのです。世間には、わたしが必要としているものを与える義務がある P216

迷言

◎ぼくが人生に別れを告げたときの最後の痙攣を、きみは感じ取った。あの日、ぼくは苦悩の最後の段階に足を踏み入れた P215

◎何者にもなれず、おんぼろ騎士団の騎士にさえなれず、犬も喰わない歌を書き、ここに眠る P215

◎あなたの尊敬するバッハ先生みたいに、惨めったらしいオルガン奏者の地位に甘んじて生きていくなんてできない P216

No.71 ＝ 松下幸之助

名言

◎古来、偉大なる人は、逆境にもまれながらも、不屈の精神で生き抜いた経験を数多く持っている P217

◎逆境は尊い。しかしまた順境も尊い。要は逆境であれ、順境であれ、その与えられた境涯に素直に生きることである。謙虚の心を忘れぬことである P217

◎大切なのは、まず信頼すること。信頼してだまされるなら本望と思えば、案外、人はだまされん P218

◎賃上げも、クビ切りも結構やな。だがしかし、ウチはよそのように人のクビは切れん P218

◎首切りはない。生産は半分、勤務も半日。給与は全額払う。しかし、休日返上で在庫を売るんや。ここは凌ぐしかない P219

◎水道の水のごとく、物資を豊富に、かつ廉価に生産提供しなければならない。その結果、貧乏を克服し、人々に幸福をもたらすことができる P219

迷言

◎まことに逆境は尊い。だが、これを尊ぶあまりに、これにとらわれ、逆境でなければ人間が完成しないと思いこむことは、一種の偏見ではなかろうか P217

◎血のしょんべんがでるほど努力しましたか P219

No.72 ＝ ジョナサン・スウィフト

名言

◎見事な出来栄えですよ。驚くほどに、世の悪を正すことでしょう P220

◎私は憤怒を冗談に費やす P221

◎風刺は万人を対象とするがゆえに、個々人は誰もみなそこで槍玉に上がった悪徳を自分とは無関係だと平然とする P221

◎もはや激しい憤怒に、胸を切り裂かれることもない P221

迷言

◎さよう、してもらったのは、犬の教育です P221

No.73 ＝ ピタゴラス

名言

◎万物の根源は、数である P222

迷言

◎豆を踏みつけるくらいなら、殺されたほうがましだ P223

No.74 ＝ 高村光太郎

名言

◎僕の前に道はない僕の後ろに道は出来る P224

◎落第したといふことは自分への一つの鞭になるのだから、自分に鞭をあてられたと思わなければいけない。それにへこたれてしまふようなだらしのない男では駄目だ。鞭に応えて、鞭をはね返すだけの実力を自分で養へ P225

◎選択は自由に任せる。ただ意気地なく悲観していては駄目だ P225

◎誤字や宛字を決して書くな。少しでもおかしいと思ったら、必ず字引をひいて、正確な字を書かなければいけない。字引をひくことを荷厄介にするな P225

◎いやなんです　あなたがいつてしまふのが P226

迷言

◎金はいらない。船賃さえ出してくれればあとは必ず向うで皿洗いをしてでも自分でやって見せる。決してお父さんに迷惑をかけないと堅く約束するから、やるだけやらせてくれ P224

◎歌など作るのはけしからん。若い勉強ざかりに、そんなことをしている暇がどこにあるのだ。うただかぬただかわからないものをひねくり廻している暇があったら語学をやれ P226

◎自分はそんなことで時間を潰したことを、今悔んでいるくらいだ。歌などはやめてしまへ P226

◎経歴がそうさせただけのもので、くだらないことだ P226

No.75 ＝ オーギュスト・ロダン

名言

◎私は腕、頭、脚の各部をつくった。それから像全体にとりかかった。私は一挙にすべてを理解した P227

◎私は創造しません。ただ見るのです。作る事の出来るのは見るが故です P228

◎自然はつねに完全です。決して間違いはない。間違いはわれわれの立脚点、視点の方にある P228

◎彫刻を掘りあてるために私は全力をつくし、できる限りのことをした P229

◎よく仕事ができましたか？ P229

迷言

◎ああ、最初のアトリエのことを、私は決して忘れないだろう P228

◎当時私がつくったものは、ひとつも私の興味を引かない P228

◎私は50歳まで貧乏がもたらすありとあらゆる苦労を味わった P229

No.76 ＝ 南方熊楠

名言

◎人となれば自在ならず、自在なれば人とならず P231

◎小生の書くものはいずれも（ちと大層だが）世界の学者を相手にする心懸けに出で、日本の凡衆啓発また娯楽用にかくにあらざれば、誰も読まぬも知れず P232

◎日本にあるほどのことはヨーロッパにあり、ヨーロッパにあるほどのことは日本にもある P232

◎相手が高名な学者じゃからちゅうて、間違っちょるもんを正しいと心にもない世辞を並べたてるような未開人はイギリスにはいても日本にはおらん！ P232

◎まちがい誤りを正すほどの気概もない卑屈な奴など生きておっても何の益もない！ P233

◎本日珍しき菌を入手、先刻より図記せんとすれど手不自由筆を運び得ず候 P233

◎天井一面に美しい紫の花が咲いている P233

迷言

◎忘れるためには奥歯をギュッと噛み締めてひとつひとつ消すんだ P230

◎一番になったところで天下が取れるでなし、われはただ落第せず無事卒業して見すべし P231

◎お前たち、わし今朝からめし食ったか P231

No.77 ＝ ココ・シャネル

名言

◎私はなんにでも、ノンといった。それは、ひたすら愛されたいという、激しい生命の欲求からほとばしりでる結果だったのである P235

◎私はジャージーを発明して、女の体を自由にした P235

◎黒はすべての色に勝つ P235

◎首のまわりに小切手をぶらさげるのも同じだ P235

◎かけがえのない人間であるためには、人と違っていなければならない P236

◎公爵夫人はたくさんいるけれど、ココ・シャネルは私一人しかいないから P236

◎お金を持っていれば、自分が愛している人々を、何かいうべきものを持っている人々を助けることができる P236

◎仕事は念を入れてやる。これは病気のようなもので、どうすることもできない P237

◎ほらね、こうやって人は死んでいくのよ P237

迷言

◎私らしく私を書いた言葉が一言もない。私はこれを発表したくない P234

◎お父さんが、そのうちに大きな家を買ってくれるの P234

◎まったく、王女や公爵夫人たちときたら絶対にお金を払わないんだから。なぜ私が無償で何かあげないといけないの？　私には、誰も何もくれなかったわ P236

◎みんな働きたくないの？　恥ずかしいことだわ。働くのは、あなたたちのためなのよ P236

◎有名になるとはこんなものよ、孤独になることだわ P237

No.78 ＝ 黒澤明

名言

◎俺は中庸ではないところがあるから、どうしても表現に出る。中庸っていうのは、凡庸という意味もある。凡庸じゃつまらないよね P239

◎芝居なんて、そんなに急に、上手くなるもんじゃないんだ。薄い紙を重ねていくと、分厚くなるだろう。一枚一枚は薄くても、毎日、重ねていく。気がつくと、それだけ、分厚くなってる。芝居もそれと同じでね P239

◎どんな人間だってある角度から見れば、そいつは主人公なんでね、すべての人間が P240

◎歌麿や北斎や写楽も、逆輸入されて、はじめて尊重されるようになったが、この識見の無さはどういうわけだろう。悲しい国民性というほかはない P240

◎ぼくはまだ映画はよくわからない P240

迷言

◎父は、何事も経験だ、と云ったが、その仕事の経験のすべては、二度と経験したくない経験ばかりだったからだ P238

◎あの小便小僧の像は醜悪で、見るに耐えない。すぐとってしまえ！ P239

◎何も考えない。だからいいのだ P240

No.79 ＝ チャールズ・ブコウスキー

名言

◎小さな種火を残し、その火を絶やさないで。種火さえあればまた燃え上がるから P241

迷言

◎愛は地獄からの犬だ。それなりの苦しみがある P241

No.80 ＝ 高杉晋作

名言

◎真があるなら今月今宵、あけて正月、だれも来る P242

◎国の一大事なので脱藩を決行するために、もはや孝行はできない P244

◎おもしろきこともなき世をおもしろく P244

迷言

◎心が糸の如く乱れている、何をしたらいいのか分からない、学問の方向も分からなくなってしまった P243

◎僕、一つの愚父を持ちおり候。日夜、僕を呼びつけ俗論を申し聞かせ候。僕も俗論とは相考え候えども、父の事ゆえ、いかんとも致し方ござなく候 P243

◎父の戒言にそむき候えば不孝になり候ゆえ、そむく心にはなりかね申し候 P243

◎寅次郎（松蔭）のために身を失うような事は致さず候 P244

◎私の性は鈍で才は疎であるのに、はからずもこんな大命を受けてしまいました。しかも私には男兄弟がいません。いま海外に遠遊したら、父上のもとで孝養をなす者がなくなります P244

No.81 ＝ カール・マルクス

名言

◎資本がまるで吸血鬼のように元気になるのは、生きた労働を吸い取るときだけであり、多く吸えば吸うほどますます元気になる P246

◎きみがいなければ、私はこれを完成させることはできなかった P247

◎学問をするのに簡単な道などない。だからただ学問の厳しい山を登るのをいとわないものだけが、輝かしい絶頂を極める希望を持つのだ P247

◎出てけ、失せろ。最期の言葉なんてものは、生きているうちに言いたいことを全部言わなかったバカ者どもが口にするものだ P247

迷言

◎どうしたらいいのか皆目分からない。実際、状況は5年前よりさらに絶望的だ。どん底はもう経験済みだと思っていたが、とんでもなかった P246

◎腐りきった借金取りから、三度目の、そして最後の通告を受けてしまった。もし月曜までに払えないなら、月曜日の午後に質屋に寄越すと言う。そんな状態なので、もし可能なら、数ポンド送ってもらうわけには…… P246

No.82 ウィンストン・チャーチル

名言

◎我々は、断じて降伏しない P248

◎私は、この世で何らかのことを成し遂げるという運命を信じているのです P249

◎我々は、海岸で戦う。敵の上陸地点で戦う。野戦や市街で戦う。丘陵で戦う P250

迷言

◎少年時代と成年までの中間にある学校時代が、私の歩んできた足跡に憂鬱な汚点を残したのである。その汚点のどれをとっても、けっして忘れることのできない、砂を噛むような苦い経験の連続だった P248

◎やることなすことすべてが無意味としか思えず、味気ない徒労の日々だった。創造のよろこびはまったくない。不快、束縛、退屈、無意味の年月だった P248

◎私は、この学校が心の底から嫌いだった。2年以上も不安におびえながらすごしたのだ。勉強の成果など、あるはずはなかった P249

◎体操にいたっては、まったく絶望的だった。はやく休暇になって、この憎むべき奴隷社会から両親のもとへいつ帰れるか、それこそ毎日毎時間、指折り数えている日々だった P249

◎今、僕は下院の議場で話しているのだ P250

No.83 棟方志功

名言

◎板画のことになると、鬼にもなり、蛇にもなり、仏にもなり、神にもなってもらいたいのです。わたくしの板画にそういうものを表現してもらいたいのです P251

◎自分でするのではなく、してもらいたいのです。ですから、わたくしがした仕事ではなく、板画がした仕事になってもらいたいのです P251

◎この美しさはオレのものだ。この美しさを表現出来る人になろう P251

◎ただ無性に描きました。朝も昼も夜も、夜中に目がさめると手を動かしていました。知らず知らずに、宙に浮いた手が円を描き、三角を描いているのでした P252

迷言

◎世界一！ P252

◎わだばゴッホになる！ P252

No.84 フィンセント・ファン・ゴッホ

名言

◎いったん手をつけると、夢中でやっています。朝の四時に起きることも、珍しくありません P255

◎自然を描きます。あまり細部を書きこまないようにしています。夢のような性質が失われることのないように P255

迷言

◎そろそろ結婚する時期じゃないだろうか P253

◎私が我慢できた時間だけでいいからケーに会わせて欲しい P254

◎今日もまた仕事で、つらい一日だった P254

◎画家の生活こそ『男の中の男』のすることだ P254

◎これを大事に預かっておいてくれ P255

◎それがなんだかわからないのか。それを聞くと、ぼくは嬉しいよ P255

No.85 石川啄木

名言

◎節子はまことに善良な女だ。世界のどこにあんな善良な、やさしい、そしてしっかりした女があるか？　予は妻として節子よりよき女を持ち得るとは、どうしても考えることができぬ P258

◎時代に没頭していては時代を批評する事ができない。私の文学に求める所は批評である P258

迷言

◎社に行こうか、行くまいかという、たった一つの問題をもてあました。行こうか？　行きたくない。行くまいか？　いや、いや、それでは悪い　P256

◎無論何の事もなかった。そして、ここに来ていさえすれば、つまらぬ考えごとをしなくてもいいようで、何だか安心だ　P256

◎何という馬鹿なことだろう！　予は昨夜、貸本屋から借りた徳川時代の好色本『花の朧夜』を三時ごろまで帳面に写した――。ああ、予は！　予はその激しき楽しみを求むる心を制しかねた！　P257

◎写真を下さるということで、首を長くして待っています　P257

◎あれ無しには私はとても生きられない　P258

No.86 ＝ マリリン・モンロー

名言

◎シャネルの五番よ　P259

◎完璧を手にするまでには時間がかかるのよ　P260

◎有名でなくなったらどうするかって？　どうにか生きていくわ！　P260

迷言

◎生きていくために闘っていたというのが最初の記憶ね　P259

◎優れた女優、本物の女優になりたいわ。幸福にもなりたいけど、でも幸福な人っているかしら。幸福になろうとすることは優れた女優になろうとするのと同じくらいむつかしいことね　P260

No.87 ＝ エイブラハム・リンカーン

名言

◎私はあなたの訴訟を勝たせることができる。６００ドル儲けさせてあげられる。また正直な一家族をみじめにすることもできる。しかしあなたの事件は引き受けないし、料金も受けとらない　P261

◎私の政策は、老婦人のダンスのように短くて、やさしいものです。私は国立銀行を支持します。私は内国改良制度と高関税を支持します。これが私の政見であり、信条です。もし当選すれば、私は感謝いたします。当選しなくとも、感謝の気持ちにかわりありません　P262

◎内輪もめしている家は倒れる　P263

迷言

◎読んでいるんじゃない、勉強しているんです　P261

◎現在の結婚生活を、理性の判断だけでなく、感情の上でも幸せだと思っているのか？　P262

◎地獄だよ　P263

◎40歳を過ぎたら、人間は自分の顔に責任を持たねばならぬ　P263

No.88 ＝ 湯川秀樹

名言

◎苦しいということそれ自体が、同時に楽しいことでもあった時期である。重い荷を背負った旅人が、上り坂にさしかかったようなものであった　P264

◎メルヘンといいますか、子供の世界というんですか、そういうところへ戻りたいという気持ちがいつもあるんです　P265

◎一日、生きることは、一歩、進むことでありたい　P265

迷言

◎みんなも分かったか？　授業つづけるで。あ、岡君、ありがとうな　P265

No.89 ＝ アーネスト・ヘミングウェイ

名言

◎勇気とは、窮しても品位を失わないことだ　P266

◎心の底からやりたいと思わないなら、やめておけ　P266

迷言

◎ぼくにとって天国とは、最前列にぼくのために指定席が2つある大闘牛場、ぼく専用の鱒釣りの川、町に二軒の家があるところだ。その一軒には妻と子どもたちが住み、一夫一妻制をとっていて、ぼくは妻子を心から愛している。もう一軒の9階建ての家には各階に一人ずつ、ぼくの美しい愛人がいる　P267

◎誰かにつけられている　P267

◎どうにも仕上がらん。できんのだ　P267

◎一日中、仕事机に向かい、一日中ここに立ったまま、がんばって、ほんの、ほんのちょっと1行かそこらを書き足すだけ、いやもっとかもわからん、が、とにかくできんのだ……　P267

No.90 ＝ 広岡浅子

名言

◎かくては永久に家業が繁昌するかどうかは疑わしい。一朝事あれば、一家の運命を双肩にになって自ら起たねばならぬ　P269

◎簿記法・算術・その他、商売上に関する書籍を、眠りの時

間を割いて、夜毎に独学し、一心にこれが熟達を計りました P269

◎九転び十起き P270

◎これこそ私が少女時代から寸時も念頭を離れなかった、我が国女子を哀れな境遇から救わんとの熱望を果たさるべき光明であるかのように覚えました P270

迷言

◎女子といえども人間である P268

◎学べば必ず習得せらるる頭脳があるのであるから、どうかして学びたいものだ P268

◎嫁してみれば、富豪の常として、主人は少しも自家の業務には関興せず、万事、支配人任せで、自らは日毎、謡曲・茶の湯等の遊興に耽っているという有様であります P269

No.91 川端康成

名言

◎夜通しの仕事の机にも小さい美術品をおいて自分を支えた。支えると思ったのに過ぎないのかもしれない P272

◎古いものほど新しい力があった。私は時を超えた美を感じる一方時代の宿命を感じた P273

◎勿論、作家は無頼、浮浪の徒であるべきだ。栄誉や地位は障害である P273

迷言

◎今 P272

◎あの、どうかしましたか P272

◎ないものはない。いずれ払います P272

◎あの作品は睡眠薬を飲んで書いたから、私にも訳わからないんですよ P273

No.92 ジャン・ジャック・ルソー

名言

◎私は考える前に感じた。これは人間性に共通することである。私は、それを他の人よりも強く感じた P274

◎すべては、創造主の手を離れるときは善であり、すべては人間の手の中で悪くなる P275

◎何もしないことから始めることによって、あなたは、教育の驚嘆にすべきことをしたことになる P275

◎人間は生来、王様でも、高位高官の身分のものでもない。朝臣でも、金持ちでもない。すべての人は人生の悲惨・苦痛・害悪・貧乏、そしてあらゆる種類の苦しみを免れることはできない。最後には、すべての人は死ななければならない。ここに人間の真実がある P276

迷言

◎渇望と無気力は、かならず人をこのような結果にする P274

◎どうにもこの仕事が我慢できなくなり、私は嘘をついたり、怠惰をきめこんだり、盗みを働いたりして、非行に走ったのだ。こういうことはもともと私の嫌うところの悪徳だったのに P275

◎父親の義務を果たすことのできないものは、父親になる権利をもたない P276

No.93 手塚治虫

名言

◎この連載が、二、三か月続いたために、僕は、はっきりとマンガ家になる決心をした P277

◎僕は描きたいんです。描くことならいくらでもある P279

◎隣へ行って仕事をする。仕事をさせてくれ P279

迷言

◎こんなものでよろしいか P278

◎30分も眠るとつらくなるから、10分で起こしてください P278

◎マンネリだ、マンネリだと読者の手紙が殺到し、なにを描いても評判が悪く、しかも助手は劇画に熱中する P278

◎十年前はわれこそは新分野と力んでいた私自身が、現在四苦八苦して漫画本来の姿を求めて暗中模索しているとは何という矛盾だろう P278

◎あんなものはマンガじゃない P278

◎人は信じよ　しかし人は信じるな P279

No.94 津田梅子

名言

◎明日、私の人生の新しいページがめくられます。どうか素晴らしいものでありますように! P280

◎人は無知を見て初めて知識の力の大きさを実感する P281

◎私はいまや自由なのです。いわば船をすべて燃やしてしまいました P281

◎私たちの始まりはまことに小さなものでした。しかしほんとうに強い人間は自分の子供時代を恥じることはありませんし、規模そのものは価値の基準には全くなりません P281

迷言

◎余りの落差なので、私は新しい人生にまだなじめず、落ち着きません。時には自分はほんとうに日本にいるのかしら、これがあんなにも恋い慕っていた私の生まれた国とその国の人びとなのだ、と独り、自分に語りかけることがあります P280

◎私が死ぬことで日本の娘たちの地位を高めることができるのなら、喜んでそうするでしょう P281

No.95 ニール・アームストロング

名言

◎これは一人の人間にとっては小さな一歩だが、人類にとっては偉大な一歩である P282

◎彼の苦悩は十分理解できる P284

◎ああして月を歩いたのはゴミを集めるためだったんだ P284

◎月へ到達するだけの技術を持った人間がいるのなら、私たちの環境問題を解決できる人間も必ずいるはずだ P284

迷言

◎人間、とにかくうまい葉巻が吸いたいなあと思うだけのときだってあるのさ P283

◎あの人の吹聴したことは、みんな間違っているように思える P283

◎どんなに思い返してみても、私が彼の観測所に行ったのは一回きりだ。望遠鏡を覗いて月や宇宙について内輪話をしたということなどなかった P283

◎作り話だね。あのころの私の志望は飛行機関係一辺倒だった。宇宙飛行など、非現実的な野望だったはずだ P283

◎単独インタビューのあとで、その記者が嘘をつくという嫌な経験が何度かあった。一度間違った報道をされたら、それを正す有効な方法はあまりない P284

No.96 藤田哲也

名言

◎すべての嵐が同じではないんです。人間と一緒です P285

◎一番重要なことは、嵐から人を守ることです P285

◎恥ずかしがらずに、言いたいことを言いなさい P286

◎とにかく私の人生は面白い。安定とは無縁だった P286

迷言

◎カメラを手にとって、屋根にのぼります P285

No.97 レフ・トルストイ

名言

◎農業こそ万人にふさわしい、最大の独立性と幸福とを与える唯一の職業なのである P287

◎僕は三十四の歳まで生きてきて、これほど人を愛し、これほど幸せになれるとは思ってもみませんでした P289

迷言

◎人間ではなく、上流社会を愛するのは恥ずべきことです P288

◎寝る前に〈きょうわたしはだれかのためによいことをした、自分自身もせめてほんの少しはよくなった〉と言えるように生きることが大切です P288

◎われわれは人生観が違うので、あなたが私に追いつくか、私が後もどりをするか、二つに一つしかない P288

◎ぜいたく三昧にぶらぶら暮らすなど、もう続けていけない。子供たちの教育のことだって、僕が有害だと判断した環境で受けさすわけにはいかない。もう家や領地の所有者でいることはできない P289

No.98 大久保利通

名言

◎貴方の意見には佳いところもあるが、また佳くないところもある。よく考えましょう P290

◎組織を支えるのは人心であり、人心を納得させるのは当事者の公正な態度である P291

◎なにぶんにも、天下の一大変革のあった跡というのは、これを整理し、守成していくのは難しい。かかる場合には、やらなければならぬことはたくさんあるが、しかし、やり過ぎるのはよろしくない P291

◎私は実に、よい時代に遭遇した。死後の面目はこれに過ぎたるものはない。私一個においては、一点の思い残すこともない P292

迷言

◎なんじゃっちい P290

◎私のような年をとった者はこれから先のことはとても駄目じゃ。もう時勢に応じられんから引くつもりじゃ P291

◎あの男はそんな男じゃない P292

No.99 ハンス・クリスチャン・アンデルセン

名言

◎童話は詩の最も広い領域だ。それは古代の血なまぐさい墳墓から、子どもらしい敬虔な伝説の絵本まで広がり、

民話から芸術童話までを含んでいる。それは私にとってあらゆる詩の代表者なのだ P296

◎前に発表したものの反復になりそうな着想が浮かんだり、気分が起きたりすることがよくあったが、そのようなときには、その着想を捨ててしまうか、それとも新しい衣をつけて発表しようとした P296

迷言

◎ぼくがえらくなったら、ぼくのお城の乳しぼりにしてやるよ P293

◎僕は、都に出て有名な人になりたいんです。たくさんの苦しい目にあうでしょうが、それを乗り越えれば、きっと夢は叶うはずです P294

◎それこそ、かえって大きな罪ではないでしょうか! P294

◎紹介状を持たずにまいりました。私の名を全然ご存じないことはないだろう、と思いまして P295

◎みじめな思いをするのは兄弟のどちらかひとりのところでたくさんだった P295

◎彼女が私を愛していることを、私は少しも疑わなかった。それは彼女の言うことなすこと、どれを取ってみてもわかった P295

◎僕のために成人している若い娘は一人としていないのだ P296

◎私の生涯は一篇の美しい童話である。それほど豊かで幸福なものだった! P296

No.100 ＝ 渋沢栄一

名言

◎国力の基本は、経済にある P297

◎自分が事業のために奔走するのは、ただ国家の利益を図るためであり、成立の見込みある事業ならば幾つでも作ることに尽力し、国家経済の発展を助ける P297

◎人間はいかに円くとも、どこかに角がなければならぬもので、余り円いとかえって転びやすいことになる P298

◎夏の夕方、蚊がたかってくるように、用のたかってくる人にならなければいかんよ。役に立つ者には用が跡から跡から追いかけてくる。役に立たん人は用のほうで逃げていってしまう P299

◎そもそも銀行は大きな川のようなものだ。役に立つことは限りない P299

◎およそ目的には、理想が伴わねばならない。その理想を実現するのが、人の務めである P299

迷言

◎われわれは幕府を倒す捨石になれば本望だ。事の成否はあえて問うところでない。今さら君は何に臆したのだ? P298

◎しくじれば死ぬまでだと、死ぬことをまるで芝居見物でもするように、一つの楽しみにしていたくらいだったが、この時ばかりは真に弱り果てた P298

◎脂っこくてなかなかうまかったよ P299

あとがき

「どうして偉人の本を書くようになったのですか」

メディアの取材を受けるときに、よく聞かれる質問の一つである。そんなときは、もともと「名言」から入って「偉人」に関心を持つようになったと答えている。

名言に関心を持ったのは、大学3年生の頃である。大学のキャンパスが京都に移転する際に、宝塚の実家を出て、四条と五条の真ん中あたりに7畳ワンルームを借りて、下宿することになった。買ったばかりのノートパソコンで、コツコツと歴史人物や政治家の名言を集め始めたのは、その頃であった。マスコミの就職活動を意識したのだと思う。新卒の就職活動は連戦連敗が続いた。そんなときに文芸評論家の小林秀雄が残した言葉には、よく励まされたものである。

「絶望するにも才能がいる」

何をそんなに大げさな、と今ならば思うが、当時は自分が選ばれないという事実に「何かの間違いではないか」と心底、不思議に思っていた。ネガティブなのか、ポジティブなのかよくわからないが、そうして名言に勇気づけられているうちに、言葉を放つ偉人たちの型破りな生き様に惹かれるようになったのであった。

これまで偉人や名言の本を数多く書いてきた。そんな筆者にとって、本書は集大成となる一冊といってよいだろう。名言だけではなく「迷言」も取り上げることで、偉人伝としても読める事典に仕上げることができた。

それにしても、我ながら１００人もよく書いたものだ。担当してくれた副編集長の山口晶広氏の助けをなくしては、完成させることは難しかっただろう。心から謝意を示したい。

また、驚くべきことに編集長の村尾雅彦氏とは、もう何年も前から筆者とＳＮＳでつながっていることを、打ち合わせのときに知った。何でも以前から本書の企画を考えていて、筆者がフリーになったタイミングで「今だ！」と実現に至らしめたのだという。思えば、人間というものは「なにか陰で悪口を言われてはいないか」と気にすることはあっても「こうしている今も、陰で褒められているのではないか」とはあまり思わないものである。だが、案外に人は、努力し挑んでいる姿も見てくれていたりもする。本書の企画の背景を知り、そんな思いを強くしている。

本書に登場する偉人たちは誰しもが、どこかで人生の転機を迎えている。私たちだって、人生を一変させる好機がいつ訪れるかわからない。それは明日、来るかもしれない。

本書のすべての読者と１００人の偉人たち、そして、名言と迷言にあふれた筆者の毎日に感謝したい。また、どこかでお会いしましょう。

真山知幸

真山知幸（まやま・ともゆき）

著述家、偉人研究家。1979年、兵庫県生まれ。2002年、同志社大学法学部法律学科卒業。上京後、業界誌出版社の編集長を経て、2020年より独立。偉人や名言の研究を行い、『君の歳にあの偉人は何を語ったか』『最高の人生に変わる天才100の名言』など著作多数。『ざんねんな偉人伝』『ざんねんな歴史人物』は計20万部を突破しベストセラーとなった。名古屋外国語大学現代国際学特殊講義、宮崎大学公開講座などでの講師活動も行う。

偉人名言迷言事典

2021年4月30日　初版第1刷発行

著者――――――――――真山知幸

発行者――――――――――池田圭子

発行所――――――――――笠間書院

〒101-0064
東京都千代田区神田猿楽町2-2-3
電話03-3295-1331　FAX03-3294-0996

ISBN 978-4-305-70938-7

アートディレクション――――――――細山田光宣
装幀・デザイン―――鎌内文（細山田デザイン事務所）
本文組版――――――――――キャップス
印刷／製本――――――――――大日本印刷

本書収録の名言迷言には、現在の社会通念から見て不適切と思われる表現が含まれておりますが、史料的な価値を考慮し、当時の表現をそのまま採用しております。ご了承ください。

https://kasamashoin.jp